Kurt Drawert

Schreiben

Inhalt

Kommen und Gehen (I)   9

I. TEIL BEDINGUNGEN
o. *Vorbereitung. Anfänge.*   10

I. Lesung *Das Andere. Der Andere.*   13
             Das starke Subjekt und das schwache   17
             Die ersten Formen der Spaltung   20
2. Lesung *Der Text für sich. Die Stimme der Mutter.*   22
             Subversionen der Arie   24
             Den richtigen Ton finden   29
3. Lesung *Ahnungen. Zwischentexte.*   32
             Gedächtnis und Erinnerung   34
             Männliche und weibliche Texte   38
             Was heißt «verstehen»?   40
4. Lesung *Masken. Spiele. Triebstrukturen.*   45
             Mythische Bildungen: Der «stehende Text»   46
             Die Sprache streikt: Blockaden   53
             Die poetische und die pathologische Metapher   60
5. Lesung *Schreiben ist physisches Tun ganz unmittelbar*   64
             Handschriftlichkeit und Digitalschrift   66
             Der entrissene Text. Internetmodus.   72
             Soziale Auskoppelungen. Idiosynkrasie.   79
             Psychose und Produktion   86

II. TEIL BILDUNGEN

6. Lesung *Sphären (I): Literaturbildungsprozesse*   93
             Erfolge gibt es keine. Aber gute Autoren.   94
             Gegenpole   99
             Tagebücher   108

Briefe 112

Was ist Kitsch? Eine Körperverletzung. 115

Jurys 117

Textwerkstätten 122

Therapeutische Initiationen 127

Die literarische Kritik 130

Das Buch ist eine Meinung zum Text 134

7. Lesung *Sphären (II): Die Verpflichtung zur Lust* 136

Der Text und die Stimme.

    Konstative und Performative. 139

Die öffentliche Lesung. Zeremonien. 147

Ein Schauspieler liest 148

Der Autor liest 149

Gut lesen oder schlecht. Gern oder gar nicht. 150

Noch einmal Kleist 152

Metaphern der Bühne 157

Ich ist nicht Ich. Formen der Selbstverwaltung. 162

III. TEIL TECHNIKEN

8. Lesung *Struktur und Ornament. Zur Rhetorik der Zeichen.* 167

Sprechakte. Interjektionen. 168

Die Rhetorik der Zeichen 172

Vom Rhythmus 177

Metaphern (II) 187

Ironie 192

Pathos 198

Klischees 204

9. Lesung *Orte der Prosa. Die Zeit und der Blick.* 206

Standorte des Erzählens 207

Erzählperspektiven 213

Der auktoriale Erzähler 215

Der Ich-Erzähler 218

Der personale Erzähler 221

Der neutrale Erzähler   223
Erzählte Zeit. Zeit des Erzählens.   227
Erzählmuster   235

10. Lesung *Orte der Lyrik. Strahlkraft der Worte.*   242
Die Dominanz der Hypertexte   242
Jakobson und Mukařovský: Die Prager Schule   244
Saussure und Bühler: Zwei Modelle   248
Wie Gedichte entstehen   251
Poesie und Religiosität   256
Klopstock   259
Reform und Verfall: Der freie Vers   261
Die Rückkehr der Mutter   266
Dispersionen der lyrischen Rede   268
Parallelismus   270
Die Macht der Reime   276
Metaphern (III)   277

Kommen und Gehen (II)   279

Wortregister   280
Literaturregister   283
Namensregister   286

«Wir dürfen das Schweigen nicht brechen,
außer wir haben etwas zu sagen, das besser als Schweigen ist.»

Abbé Dinouart

Bei Lacan habe ich einen Satz gefunden, der mein Anliegen, über das Schreiben zu schreiben, fast buchstäblich zum Ausdruck bringt: «Liebe ist, wenn man gibt, was man nicht hat.» Dieser Satz bezeichnet ein Paradoxon und ist zugleich eine Aufforderung, es anzuerkennen und sich einzulassen darauf. Mit anderen Worten: Das Unmögliche zu verschenken, ist das Mögliche dessen, der liebt. Wie nun ließe sich besser erklären, worum es mir in diesem Buch geht – nur eben bezogen auf die Literatur, die genau dort ihren Platz hat, wo sie etwas dauerhaft Abwesendes mit Sprache durchdringt und damit auch vorstellbar macht. Mein Text zu diesem schier unendlichen Thema bewegt sich in Form einer Terzine. Das hat sich aus dem Material so ergeben. Die Motive, die sich wiederholen, sind jedoch nie Wiederholung an sich, sondern Übergänge in einen anderen, neuen Verlauf. Genau das regelt die Terzine auch: sie kehrt in ihrer Verpflichtung zum Reim immer auf den zweiten Vers der letzten Strophe zurück, um dann zwei Verse voranzukommen. Ihre Langsamkeit wird so zur Genauigkeit des Denkens, das seinen Abschluss oft erst in einer Parallelfigur findet. Das gefällt mir gut. Ebenso gefällt mir, mich in Begriffen zu bewegen, die schon festgelegt und eingeführt sind. Es erspart Zeit. Außerdem sind sie aus ihren jeweiligen Denksystemen nicht beliebig und ohne Verlust an Verständlichkeit und Sinn herauszulösen. Ich werde sie, wo ich sie als bekannt nicht voraussetzen darf, erläutern, zumal ihre Verwendungen auch in der enzyklopädischen Literatur nicht einheitlich geregelt sind und entsprechend kommentiert werden sollten. Die Markierung (*) hinter dem betreffenden Wort signalisiert den Kommentar, der sich im Wortregister am Ende des Buches befindet. Dabei erhebe ich keinen Anspruch auf Geltung und möchte nur, dass ich so verstanden werde, wie ich verstanden habe, was ich erzähle. Und nun danke ich allen, die sich mit mir auf einen Weg begeben, der genaugenommen nirgendwo hinführt und schön allein dadurch ist, dass es ihn gibt.

I. Teil   Bedingungen

Vorbereitung. Anfänge.

0. «Im Anfang war das Wort.» Das, zum Beispiel, ist ein Anfang, wie er besser nicht sein kann. Die Aussage ist performativ, Aufruf und Gegenwart des Aufgerufenen fallen im Sprechakt zusammen. Es gibt nicht einmal ein kurzes zeitliches Nacheinander, wie es das lineare Lesen erzwingt, denn «Im Anfang» (und nicht «Am Anfang») verweist auf Gleichzeitigkeit von Benennung und Erschaffung. Im selben Moment also, in dem das Wort *aus*gesprochen wird, ist es Materie und gilt. Zu vergleichen nur noch mit einem Bekenntnis der Liebe während des Liebesvollzugs. Der Einführungssatz (die eröffnete Klammer der Geschichte) ist damit gesetzt.

0.1.   Erste Sätze sind insofern die schwierigsten, als sie eine Begründung zu liefern haben, warum ihnen ein zweiter Satz folgen soll. Dem Verfasser des ersten Satzes ist diese Begründung nicht klar, denn er schreibt vom Ende seiner Geschichte her, von der aus ein Sinn auf den Anfang zurückführt. Das Ende, von dem aus er seinen Anfang setzt, ist nicht das vollendete Ende der Geschichte, aber es ist das Ende seiner Vorstellung von ihr. Ohne auch nur ein Wort schon geschrieben zu haben, liegt sie dem Schreibenden bereit, und er vergisst darüber, dass der Lesende nichts von diesem Vorwissen weiß und mit dem ersten Satz genau darauf gebracht werden will. Denn nicht der Schreibende, sondern der Lesende hat das Problem der Begründung des zweiten durch den ersten Satz. Und wenn sie der erste Satz nicht liefert, fällt das Problem auf den Schreibenden zurück, denn der Lesende hört gleich zu lesen wieder auf und macht etwas anderes.

0.2.   Auch dieses Buch braucht einen ersten erfolgreichen Satz. Aber es sucht ihn noch und lässt erst einmal andere sprechen. Johannes Bobrowski: «Es ist vielleicht falsch, wenn ich jetzt erzähle, wie mein Großvater die Mühle weggeschwemmt hat, aber vielleicht ist es auch nicht falsch.» Ja, was denn nun, könnte man denken und denkt es nicht. Denn in diesem wunderbaren Einleitungssatz ist alles schon aufgerufen, was uns in «Levins Mühle» auf knapp dreihundert Seiten beschäftigen wird: die Suche nach der Wahrheit des Erzählers seine Herkunft betreffend. Und wir haben ein Gefühl für die tiefe Ambivalenz, in der diese Suchbewegung vollzogen wird. Ja, wir lesen weiter.

0.3. «Ich bin nicht Stiller!» Wie kann man bei einem solchen ersten Satz nicht gleich wissen, dass uns hier die Geschichte einer verlorenen Identität erzählt wird? Ehe nun der Roman mit diesem Ausruf seiner Hauptfigur beginnt, hat er bereits einen anderen übersprungen, der nur nicht geschrieben wurde. Denn wir fallen mit unserer Lesung sofort *in* die Geschichte, weil die Selbstverständlichkeit, mit der uns eine fremde Person direkt anspricht (und natürlich uns, die wir noch nicht wissen können, wem diese Anrede in der Erzählhandlung gilt), schon eine Vorgeschichte ist. Der unerzählte Roman schiebt sich somit vor den erzählten, er überlagert ihn wie der Schatten sein Objekt.

0.4. «Wo nun? Wann nun? Wer nun? Ohne es mich zu fragen.» In Becketts «Der Namenlose» gibt es keinen ersten Satz mehr, weil alles in der Kontinuität eines dauernden Sprechens geschieht. Die Geschichte, an und für sich, ist nur ein Stück herausgelöstes sprachliches Gewebe aus einem Schatten von Texten, die unendlich waren und unendlich sein werden, solange die Sprechenden, die Sprechenden und die Hörenden, überhaupt sind.

0.5. Und hier ist nun auch unser erster Satz: Wer nach Erfolgsrezepten für gute Bücher sucht, wird heilsam enttäuscht. Denn Schreiben, literarisches Schreiben, ist nur bedingt zu lehren und zu erlernen. Andernfalls müssten die Erfolgsschriftsteller im Rhythmus publizierter Ratgeberlektüren nur so aus dem Boden der Bücherwelt sprießen, die Literaturgeschichte würde sich allenfalls noch im Kreislauf ihrer Vorstellung bewegen, wie Literatur auszusehen hat, und nichts Neues, Überraschendes käme hinzu. Dabei ist nicht zu bestreiten, dass Schreiben Handwerk ist und Handwerk braucht; es ist sogar hauptsächlich Handwerk, weil die meisten Texte unseres Lebens nur handwerklich geschrieben werden – denken wir an Zeitungsartikel, Gebrauchsanweisungen, Gesetzestexte oder dergleichen. Aber schon, wenn wir einen Brief schreiben wollen, der mehr sagen soll, als die Grammatik der öffentlichen Rede es erlaubt, wird es schwer. Wir haben alles gelernt, was es zu lernen gibt – jetzt aber, in diesem intimen Moment, stellt sich kein brauchbarer Satz ein und verweigern sich die Wörter ihrem besonderen Sinn. Wir streichen weg und schreiben neu und streichen abermals weg, und kein Ratgeber in dieser Lage weiß Rat.

0.6. Wir haben den Gebrauchstext hinter uns gelassen, die Makulatur und die erste Form der Entfremdung des Gesprochenen vor dem Gemeinten. Der Liebesbrief ist nicht zu schreiben gewesen, weil uns die Worte für eine Mitteilung fehlen, die unverwechselbar wird. Das hat mit Literatur noch nicht viel zu tun, sondern mit einem Notstand im Zustand der Sprache, die nicht zur Verfügung steht. Und es geht auch nicht um die Wörter an sich, die im Handwerksbuch keine Worte werden; es geht um die besondere Art und Weise ihrer Ordnung im Satz, aus der heraus das Besondere eben doch gesagt und der Liebesbrief geschrieben werden kann. Künftig werden wir es *das Andere* nennen.

0.7. Jetzt überschreiten wir auch die Schwelle vom Text als Nachricht zum Text als Literatur. Denn genau dann, wenn dieses Arrangement einer Ordnung der Wörter jenes Abwesende in der Sprache berührt, das abwesend immer auch sein wird, haben wir den Brief geschrieben – und lesen kann ihn nur der Empfänger. In der Liebe gibt es nur den einen Empfänger, in der Literatur gibt es viele. Diese vielen sind dann viele einzelne, und sie alle bekommen den gleichen, nur für sie geschriebenen Brief.

0.8. Diese Überschreitungen wollen wir beschreiben. Denn es geht uns nicht um den Text, sondern um *das Andere* in ihm, das im Text erst noch generiert werden muss.

0.9. Vorher aber brauchen wir einen Vertrag, der immer eine Option *des Anderen* ist.

Das Andere. Der Andere.

«Irgendwer spricht, doch was er sagt, sagt er nicht von irgendwo her.»

Michel Foucault

1.0. Wir können nicht über das Schreiben schreiben, als würde es nicht in der sozialen Welt lesender, sprechender, anteilnehmender Menschen stattfinden. Schreiben ist keine allein auf sich bezogene und sich selbst erfüllende Tätigkeit und braucht immer das Bündnis mit dem, der es entgegennimmt und kommentiert. Der Kommentar ist die Antwort, die der Schreibende erwartet hat, auch wenn er von dieser Erwartung nichts wusste.

1.1. Diese Bezogenheit auf den empfangenden Anderen ist der unausweichliche, glückliche oder unglückliche, aufgesuchte oder verdrängte, bewusste oder unbewusste Sinn. Der Schreibende schreibt nicht, weil er etwas mitzuteilen hat, sondern weil er gehört werden will.

1.2. Der Leser ist das Ohr des Vaters. Er hört, lesend, zu. Im Lesen hört er die Stimme des Schreibenden, wie sie fordert oder bittet, aufdringlich ist oder diskret, Zuwendung gibt oder erwartet. Im Leser liegt die Antwort auf die Frage des Schreibenden begraben. Aber sie ist, was der Schreibende nicht weiß, auch wieder nur eine Frage.

1.2.1. Wenn der Andere das Grab eines Textes ist, dann ist er auch dessen Erzeuger. In ihm formt sich nach, was dem Schreibenden selbst nur eine Ahnung war. Der Schreibende schreibt immer aus einer Ahnung heraus. Wenn er aus einem Wissen heraus schreibt, kopiert er, was schon bekannt ist.

1.2.2. Aus einem Wissen heraus schreiben und Bekanntes kopieren, ist durchaus ein Verfahren der Sachkundigkeit; man schreibt für Journale, Fachbücher, eine Dissertation. Es ist langweilig insofern, als es auf alte Erkenntnisse zurückgreift – wie ständig die gleiche Kleidung zu tragen, beispielsweise. Ein immer gültiges Argument für die Kopie ist der aktuelle Stand auf dem Konto; das versteht jeder und verzeiht es entsprechend.

I.2.3. Das automatische Hinschreiben und die Angst vor einem Bogen leeren Papiers: interessant allein aus therapeutischer Sicht. Die Signifikanten* sprechen, auch wenn sie nichts zu sagen haben. Das Unbewusste, sagt Lacan, ist strukturiert wie eine Sprache. Mit Lacan* lässt sich verstehen, was unverständlich ist. Aber es ist nicht mehr für den Leser, sondern für den Analytiker bestimmt.

I.2.4. Der Leser will nicht analysieren, sondern ergriffen sein, und er will nicht wissen, warum er ergriffen ist. Das zu übersetzen ist Aufgabe der Kritik. Sie ist gut, wenn die Differenz ihres Irrtums zur Intention eines Textes klein ist. Da Absicht und Gestalt eines Textes nie übereinstimmen, kann es auch keine Kritik geben, die einen Text vollständig erfasst. Die Differenz des Textes zu sich selbst ist das Abwesende [Objekt klein a]* bei Lacan; es ist das Begehren nach einem Objekt, das immer schon verloren ist. Ich werde es *[das Fehlende]* nennen.

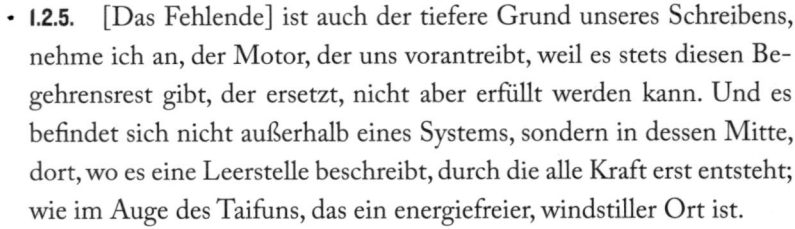

I.2.5. [Das Fehlende] ist auch der tiefere Grund unseres Schreibens, nehme ich an, der Motor, der uns vorantreibt, weil es stets diesen Begehrensrest gibt, der ersetzt, nicht aber erfüllt werden kann. Und es befindet sich nicht außerhalb eines Systems, sondern in dessen Mitte, dort, wo es eine Leerstelle beschreibt, durch die alle Kraft erst entsteht; wie im Auge des Taifuns, das ein energiefreier, windstiller Ort ist.

I.2.6. [Das Fehlende] ist eine Auslassung in der Textur, der 27. Buchstabe, der umschlossen ist vom Alphabet und doch nicht mehr zu ihm gehört. Wir kennen das alphabetische Quadrat, mit dem die Kinder spielen, indem sie die einzelnen Buchstaben so lange verschieben, bis sie das Wort ihrer Wahl zusammengesetzt haben. Das Spiel funktioniert, weil es eine Lücke in diesem System gibt, eine Nichtbezeichnung, die für eine Beweglichkeit der Bezeichnungen sorgt. Und ist das Gesetz der Sprache nicht auch und gerade dadurch zu gebrauchen, weil es seiner Regel nach unvollständig ist? Wir werden noch sehen, dass es die Defekte sind, durch die Dinge überhaupt funktionieren; es sind die Nächte, die den Tagen ihren Sinn verleihen; die kranken Befunde, die uns erklären, was Gesundheit ist. Es ist die leere Zeile auf dem beschriebenen Papier, die Pause zwischen den Akten, der blinde

Fleck eines Spiegels. Und eben deshalb, weil eine Auslassung ein Generator für Bedeutungen ist, tobt auch ein Kampf um jede leere, noch unbenutzte Fläche (und nicht nur in der Werbung).

1.2.7. Poetischer Mehrwert: Was also anderes könnte das sein, als eben eine solche Markierung von Abwesenheit und Präsenz in einem einzigen, tiefen, unendlichen Moment?

1.3. Wir kommen auf das Schreiben im Zustand der Ahnung zurück. Was heißt das konkret? Ich habe eine Mitteilung zu geben, die sich noch nicht mitgeteilt hat, die es zu entdecken gilt, die es aus den Formationen der Sprache sprechend hervorzubringen gilt.

1.3.1. Sprache und Sprechen durchdringen sich wechselseitig. Die Sprache gibt vor, was zu denken ist, und das Sprechen denkt, indem es diese Vorgabe verfälscht. Das Verfälschende findet statt im Akt des Gebrauchs von Sprache und konstituiert das Subjekt. Ein schwaches Subjekt fällt immer auf den Status der Sprache zurück, es denkt, was schon gedacht worden ist, und es wird, von diesem Gedachten, gedacht. Ein schwaches Subjekt kann Literatur nicht hervorbringen – eben deshalb.

1.3.2. Ein starkes Subjekt antwortet dem Ereignis der Sprache *sprechend*. Es nimmt sich, was es braucht, es verwirft, es verändert, es formatiert, unbewusst, um. Es *entwirft sich*. Indem es auf die Sprache (langue) hört und ihr vertraut, *reines Sprechen* (parole) zu werden, kann es reden (langage). Die Rede entspricht dem Zustand der Ahnung und erfüllt zwei Bindungen gleichzeitig: zur Sprache und *zur sprechenden Sprache*. Die Bindung zur Sprache hält den Vertrag aufrecht, der kollektiv getroffen worden ist und in dem das Gesetz seinen Platz hat. Die sprechende Sprache ist der Ort des Subjekts. Später werden wir Vater und Mutter in diesen Bindungen finden.

1.3.3. Die Bindung zur Sprache ist Bedingung des Sprechens als ein Für-andere-Sprechen. Ehe sich die subjektive Rede erfüllt, muss sie einer Vereinbarung folgen, die aus der Sprache hervorgeht und den Kontakt zum Anderen erst einmal schafft. Um Regeln zu brechen, müssen sie, bis zum Ereignis des Bruches, eingehalten werden. Nicht Sprache (langue) ist Rede (langage) minus Sprechen (parole), wie

Barthes es meint, sondern Rede (langage) ist Sprache (langue) minus Sprechen (parole).[1]

1.3.4. Die Konventionen des Schreibens bereiten dem Schreibenden Mühe, sie sind wie ein Langstreckenlauf, ein Arbeitstag ohne besondere Vorkommnisse. Es ist dieses So-schreiben-Müssen, dass der Andere ein Verständnis vom Sinn des Geschriebenen bekommt (obwohl der Sinn des Geschriebenen *nicht das Geschriebene ist*). Zugleich aber bereiten sie schon ihren eigenen Zusammenbruch vor – die Sprache wird im Gebrauch selektiv, sie repräsentiert das Subjekt, dessen Status sie aufnimmt.

1.3.5. Im Anschluss der Rede zur Sprache und ihrer konventionellen Diktion liegt die Vorbereitung einer Absicht des Sprechens. Der Schreibende, wenn er ein Schriftsteller, ein Dichter ist, hat sich der Sprache nicht angenommen, um sich ihr zu unterwerfen, sondern um sie zu gebrauchen. Er schreibt sie und fordert sie schreibend auf, ihr Geheimnis preiszugeben, denn sie ist, wie der Andere die Antwort auf das Geschriebene ist, das Bildnis der Ahnung. Nicht im Sprechen, sondern in der Sprache setzen sich die Subversionen des Sprechens durch, und die Subversionen des Sprechens verändern die Sprache.

1.3.6. Bartleby, die große Figur bei Melville, ist mit seinem *I would prefer not to* das eingeführte Sprechen im Gewebe der Sprache.[2] Er ist nicht deshalb subversiv, weil er auf der Straße randaliert, sondern weil er im Herzen der Gesetze die Gesetze vertritt, sie aber so übertreibt, dass er ihre Bedeutungen stört. Er stört durch *Übererfüllung*. Auch Kafkas Subversion war die einer Normenstrapazierung bis zum Fall über einen Höhepunkt hinaus in die Absurdität. Das Geheimnis der Subversion ist erkannt: es findet im System des zu Kritisierenden statt und nicht in einem anderen.

1.3.7. Das heißt, unser literarisches Sprechen vollzieht sich im Inneren der Sprache und gewinnt genau dort seine Kraft, wo es scheinbar in der Ohnmacht ihrer Vorschriften liegt. In dieser Anerkennung eines

---

1 Vgl. Barthes, Roland: Elemente der Semiologie, Frankfurt am Main 1964/1983.
2 Vgl. Melville, Herman: Bartleby der Schreiber, München 2011.

sprachlich (Vor-)Gegebenen entgehen wir dem Idiolekt*, der immer das Sprengen einer Verbindung zum Anderen ist und mit Poetizität an sich nichts zu tun hat.

I.3.8. Wir stoßen erneut auf die Ahnung, um die es uns eigentlich geht; auf den Zwischentext zwischen den Texten des Unbewussten, die wir nicht lesen können, und des Bewussten, die wir schon kennen. Der Langstreckenlauf beginnt, sich zu lohnen, die ersten Ereignisse durchbrechen die Langeweile des Mit-der-Sprache-Schreibens. Neue Kombinationen bilden sich im zusammengetragenen, grammatisch vorsortierten Material, das widerständig wird, ein eigenes Vorhandensein markiert, sich abkoppelt von jeder Absicht und mit mir, dem Autor, zu sprechen beginnt.

Das starke Subjekt und das schwache

I.4. Jetzt bin ich angekommen, *in* der Sprache zu sein, die Zuspiele von Bezeichnendem und Bezeichnetem zu verfolgen wie ein Spiel, in dem es keine Gewinner gibt, aber Tore und Punkte. Was aber genau antwortet mir aus der Mitte der Sprache heraus? Was formt die Ahnung zur Gewissheit, wenn es die Sprache nicht ist und das Sprechen nicht sein kann und die Rede nicht wird? Das kann uns die Lyrik später genauer erklären – hier bleiben wir noch in einem Transferbereich zwischen Sprache und Literatur.

I.5. Das schwache Subjekt, haben wir gesagt, fällt auf den Status der Sprache zurück. Es kann sich nicht durchsetzen, es behauptet sich nicht. Es rebelliert, aber nur kurz, nur so lange, bis die Stimme des Vaters, dessen unhinterfragbare Ordnung der Sprache, in der Sprache erscheint. Das schwache Subjekt wird nie zur See fahren und neue Kontinente entdecken; es hockt nur am Strand und stellt sie sich vor.

I.5.I. Aber auch diese Vorstellungen imaginieren das *Andere* nicht. Das schwache Subjekt sieht, was alle sehen, und es sieht es so, wie alle es sehen. So werden die Bücher überflüssige Bücher. Oder was hätte Odysseus zu erzählen gehabt, wäre er bei Penelope geblieben?

1.5.2. Das starke Subjekt, das in seinem Sprechen hinaustreibt auf die offene See, ist nicht stärker dadurch, dass es stärker ist, sondern dass es seine Schwächen *anschauen kann*. Seine Ahnung, dem fremden, noch ungeschriebenen Text gegenüber, kommt aus seiner Krise, seinem problematischen Verhältnis, das es zu sich und dem Anderen, der immer ein Spiegel des Eigenen ist, unterhält. Diese Ahnung ist eine Verletzung, die ein schwaches Subjekt nur in seiner Schwäche an sich, nicht aber in einem Objekt dieser Schwäche besitzt.

1.5.3. Das schwache Subjekt ist schwach, weil es seine Schwäche nicht als seine Stärke versteht. In «Madame Bovary» – ein Roman, der auch eine komplette Schule des Schreibens in sich verbirgt – ist es der Klumpfuß des Stallknechts Hippolyte, der vom ehrgeizigen Apotheker Homais als doch «sehr unschön» beanstandet wird und am Ende operiert werden soll (was natürlich misslingt). Dieser Klumpfuß aber ist, da er viel energischer beansprucht wurde, das stärkere Bein.

1.5.4. Wenn das schwache Subjekt, das zu seinem Unvermögen, produktiv schwach sein zu können, noch den Ehrgeiz entwickelt, seine Schwäche der Stärke auch noch mit einem Ausdruck beweisen zu wollen, haben wir die Konstellation einer Liebe, die keine Erwiderung findet. Denn die Literatur liebt nicht, nur weil sie geliebt worden ist, auch zurück.

1.5.5. Das schwache Subjekt tut uns deshalb nicht leid. Es ist mitleiderregend allein in der Position des Schreibenden, nicht in der eines Lebenden in einem anderen Zusammenhang, in dem eher wir sein Mitleid erregen. Der Schreibende und der Lebende haben nichts miteinander zu tun, außer dass der Schreibende natürlich auch ein Lebender ist, was umgekehrt ja nicht gelten muss. Das schwache Subjekt kommt aus einem anderen System; dem der Sprache, der Gesetze, der Väter. Das ist weder gut noch schlecht, sondern rein phänomenologisch begründet.

1.6. Ob schwaches oder starkes Subjekt – im Grunde interessiert uns der Schreibende gar nicht, sondern das Geschriebene. Wir sind nur auf ihn zu sprechen gekommen, weil er nichts hinterlassen hat, über das zu sprechen sich lohnt. Denn je schwächer ein Textsubjekt ist, umso mehr wird unser Interesse auf die Außenseite des Textes gelenkt, dorthin, wo die sozialen und psychologischen Verweisungen die Wirklichkeit kreuzen und Literatur ersetzt wird mit Biographie. Das greift auch den Autor persönlich an. Was hätte sein Schutz sein können: das Material der Konflikte in ein neues, ästhetisch gestaltetes Objekt zu verschieben, wird nun zur Selbstverletzung. Jetzt, in dieser psychophysischen Übereinkunft von Figur und Person, ist das starke Subjekt eben ein schwaches – oder auch nicht.

1.6.1. Wenden wir uns lieber dem starken Subjekt zu, das imstande sein kann, eine Figur zu erschaffen, die souverän und tauglich, das womöglich Banale ihrer Geschichte so um die eigene Achse der Existenz zu bewegen, dass sie außergewöhnlich wird und auch [das Fehlende] in Sprache bringt. Und natürlich lassen wir jetzt die Vorstellung fallen, von Subjekten der Psychologie oder Soziologie oder dergleichen zu sprechen. Wir sprechen allenfalls von Konstellationen, die es ermöglichen, sich einem Akt des Sprechens vorbehaltlos anzuvertrauen, gleichviel, wie tief er ins Unbewusste führt. Der Gegenstand, um den sich alle Bemühungen des Sprechens bewegen, wird so ein Verbündeter sein – (so wie auch das Symptom in der Psychoanalyse Erzähler und Erzähltes zugleich ist).

1.6.2. Der Referent* – wie im semiotischen Dreieck, auf das wir später noch kommen – ist das dunkle Gegenüber des Signifikanten (das Reale bei Lacan und das Unbewusste bei Freud). Wir haben es [das Fehlende] genannt und werden noch verstehen, wie es das Abwesende zur Anwesenheit bringt durch ein Netzwerk semiotischer «Haltepunkte»*. Hier interessiert uns das starke Subjekt in seiner Bereitschaft, sprechend auf Sprache einzuwirken und sie dort für sich zu gewinnen, wo sie defekt ist. Denn nur der Defekt im Gesetz garantiert, dass es auch eingehalten wird.

1.7. Beschreiben wir [das Fehlende → Objekt klein a] etwas genauer. Nach Lacan ist das Subjekt mit einem irreduziblen Mangel ausgestattet. Er stellt sich zum ersten Mal ein mit der Geburt und im Sturz auf die weißen Laken der Welt. (Ein weißes Laken aus Leinen – ein weißes Blatt Papier: zwei Metaphern, die komplementär sind.) Die Umschlossenheit durch eine innere Hülle der Mutter war der Schutzraum, der fortwährend fehlen wird; die erste Mangelerfahrung liegt demnach im Verlust einer embryonalen Vollkommenheit. Zum zweiten Mal wird dieser Verlust kenntlich im Augenblick der Entdeckung des Selbst als ein körperliches Ganzes im Spiegel. Das Subjekt formt sein Ich in diesem Bildnis, identifiziert sich mit sich als einem Anderen, denn das Bild ist eine Verzerrung, unberührbar und fremd wie das Imaginäre. Das Subjekt spaltet sich in *moi* (ideales Ich) und *je* (soziales Ich). Daraus folgt: *Das Ich ist nicht ich.*[3] (Rimbaud sagte das schon fast einhundert Jahre vorher: «Ich ist ein Anderer.»)

1.7.1. Dieser Verlust des Subjekts als ein illusionäres Objekt der Vollkommenheit wird partiell überwunden mit dem Eintritt in die symbolische Ordnung der Sprache. In ihr liegt der Schlüssel für einen Zutritt in die Räume des Vaters. Sie ist Initiation der Belohnung wie, gleichermaßen, der Unterwerfung. Genau an dieser Stelle entscheidet sich auch, ob wir ein starkes oder ein schwaches Subjekt im Sinne einer poetologischen Verfügbarkeit von Sprache entdecken. Die geglückte Korrespondenz des Textes mit dem Unbewussten des Autors ist kein genialisches Wunder, sondern eine sehr besondere Psychophysik der Person. In ihr fängt der Weg für eine Begabung zum Schreiben gerade erst einmal an; sie ist das innere Fundament des Schreibens. Darauf, und nur darauf, lässt sich später auch schulisch (im Sinne von Handwerk) aufbauen.

1.7.2. Der irreduzible Mangel ist durch eine Überzeichnung des Imaginären mit dem Symbolischen auf Dauer nicht zu befriedigen, so

---

3 Vgl. Lacan, Jacques: Schriften, Bd. 1–3, Berlin 1966/1986.

dass es entweder zu einem Rückfall in die narzisstische Verliebtheit zum eigenen Spiegelbild kommt, oder zu dem Versuch, die notorische Lücke im System des Subjektes zu schließen. Das Subjekt stillt dann sein Begehren nach Vollständigkeit mit Objekten, die temporär für Befriedigung sorgen. An dieser Stelle können wir sagen, dass unser Schreibwunsch auch ein Substitut dieses Mangelobjektes ist und gleich diesem sich niemals erfüllt. Denn wenn wir allen Verhältnissen und Verstrickungen folgen, die zum Schreiben führen und vom Schreiben ausgehen, dann beziehen wir immer ein ebenso komplexes wie disparates System der Textentstehung mit ein, und das ist der Triebökonomie durchaus entsprechend. Man kann es *dispositive Bedingtheit** nennen, diese nicht mehr zu beschreibende Verzahnung von inneren und äußeren, individuellen und historischen, phänomenologischen und ästhetischen Abhängigkeiten. [Das Fehlende] ist also eine Festschreibung der Differenz von Mangel und Begehren; es ist das stets unerreichbare Ding, das nur im Phantasma* erscheint; es ist die poetische Ahnung, der Zwischentext, *das Andere* in der Literatur.

1.7.3. Das Reale, das Symbolische und das Imaginäre sind die drei psychologischen Register bei Lacan, und sie zeigen dort, wo sie sich überschneiden und ein Objekt werden, [das Fehlende]; zugleich aber positionieren sie an ebendieser Stelle auch den Fehler, der nicht *nicht* zu machen ist, den Defekt, wo er positiv endet und übergeht in die Erfüllung eines Begehrens.

1.7.4. Die Physik kennt negative Materie. Warum soll die Psychophysik frei davon sein?

Der Text für sich. Die Stimme der Mutter.

> «Das Äußere ist ein Geheimniszustand erhobenen Inneres.»
>
> *Novalis*

2.0. Wenn, wie wir sagten, die Sprache das Gesetz ist und die Stimme des Vaters, dann ist das Sprechen die Stimme der Mutter und die stille Unterwanderung des Gesetzes. Wir kennen diese Stimme jenseits einer Sprache des Verstehens; sie war bereits da, ehe jedes Verstehen da war. Diese Stimme ist auch weit mehr als eine Beziehung des sprechenden Organs zu einem symbolischen Wert – sie ist reiner Klang, Ausdruck des Körpers, der für sich selbst spricht. In ihr haben die Zerstörung von Bedeutungszusammenhängen, Lautverschiebung und Lautverdichtung, Isolation von Vokalen und Silben, kurz: die gesamte Entstehungsgeschichte des sprachlichen Zeichens ihren Platz und ihre Natur – und sie bedient ausschließlich den Signifikanten. In dieser vorsprachlichen Welt ohne Sinnanspruch an das Gesprochene hat es das «reine Sprechen» also schon einmal gegeben. Sie war wie Musik und in Melodiebögen zerlegt, in hohe und tiefe Töne, in Belohnung und Tadel, ohne auch nur ein Wort dafür erfolgreich benutzt zu haben. Ein wenig davon erkennen wir wieder, wenn wir im Ausland sind und eine fremde Sprache hören. Wir achten nicht so sehr auf den Mund, wie er etwas spricht, sondern mehr auf die Augen, die Stirn, den Ausdruck des gesamten Gesichtes; wir sehen die Person, die uns angesprochen hat, in ihrer Beziehung zu dem Raum, in dem sie erscheint, zu dem Ort, zu dem Land und seiner Kultur – und aus allen diesen Teilen eines augenblicklichen Eindrucks deuten wir den Sinn der geheimnisvollen Rede. Kurz: wir sehen und hören unsere Mutter, wie sie das Verborgene der Sprache im Sprechen offenbart. Diese «Muttersprache» ist nicht übersetzbar, und wer sie nie hörte, kann sie nicht finden.

2.1. Der Vater musste überwunden werden, die Mutter müssen wir erinnern. Alle Formen der nichtsignifikativen Rede sind mütterlich konnotiert. Sie, die Mutter, ist die Stimme, die keine Inhalte braucht, um erkannt zu werden; in ihr fallen Absicht und Ausführung zusammen (wie in unserem Beispiel vom ersten Satz im «Prolog des Johannes»). Das heißt, auch die Anteile der Rede, die weder zur Rede noch zur Stummheit gehören, die also keinen direkten Bezug zur Sprache mehr haben und semantisch übersprungen (gefüllt) werden können, sind, im Sinne eines Sinnes, präsent.

2.2. Das Wiederholen oder Verzögern von Lauten, das «Hängenbleiben» in einer Betonung, das Räuspern, Stammeln, Stottern, kurz: der Ton, der sich zwischen die Signifikanten schiebt und ihre Signifikation* verhindert, das ist die Subversion des weiblichen Textes. Wir haben vom Defekt als einem Sitz des poetischen Ereignisses gesprochen, weil das *Andere*, um sich gründen zu können, eine Lücke im sprachlichen System benötigt. Jetzt können wir sagen: Das Sprechen als subjektive Antwort auf die Sprache ist der Übergriff der Mutter in die symbolische Ordnung des Vaters. «Muttersprache» als ein fester Begriff ist dadurch auch besser verständlich, und wir haben jetzt eine Vorstellung davon, dass sie unmöglich übersetzt werden kann. Ihr Antagonist ist «Vaterland»; Muttersprache und Vaterland heißen Körper und Ordnung. Denn das Land zu regieren heißt, den Körper zu zähmen.

2.3. Die Texte des Vaters, die auf Regeln verweisen und auf diese zurückzuführen sind, können übersetzt werden; die Texte der Mutter sind *dispositiv**. In der Zwischenlage beider Textformen lesen und schreiben wir, neigen uns einmal dem Vater zu, ein anderes Mal der Mutter. Ganz bestimmt aber suchen wir nach «Muttersprache», wenn der Körper bedroht ist und ganz unmittelbar eine Antwort erwartet. Das letzte Wort der Sterbenden, heißt es, ist eine Anrufung der Mutter. Das Kind, das einen Schmerz erleidet, ruft auch zuerst nach der Mutter; sie hat, was der Vater oft nicht haben kann: eine Stimme, die nicht nur technisch, sondern auch existentiell ist.

2.3.I. Der Begriff des Dispositivs ist belegt und meint nicht lediglich «Rückseite des Positivs». Ein *Dispositiv* umfasst alle Handlungsströme denkender und agierender Subjekte in einem historisch festgelegten Raum, das Gesagte ebenso wie das Nichtgesagte, die *Positive* (Gesetz,

Recht, Struktur, Instanzen und so weiter bei Hegel) wie deren unsichtbare soziale und kulturelle Produktionen. Ein Beispiel: das Telefon. Sein «Positiv» wäre die Apparatur und ihre Gebrauchsanweisung, hinzu kämen das Telefonbuch und die Kongruenz dieses technischen Systems beim Empfänger. Die «Rückseite des Positivs» würden die Inhalte sein, die gesprochen wurden und die auch dokumentiert werden könnten durch eine Aufzeichnungsschleife. Das Dispositiv nun ist die Zusammenfassung beider Positive plus der kommunizierten Energien, die sich nicht mehr nachweisen lassen: die Erwartung auf ein Gespräch, die Enttäuschung nach dem Gespräch, die Verweigerung des Gesprächs und vieles mehr. Aber auch der *nicht erfolgte Anruf*, das Ausbleiben und Vergessenwerden ist *dispositiv*.[4]

Subversionen der Arie

2.4. Diese Stimme ist mit dem Unbewussten direkt verknüpft, und wir wissen nicht so recht, ob sie überhaupt noch auf der Seite der Sprache steht oder nicht eher schon auf der atavistischer Rituale wie dem Tanz oder dem Gesang – also ein Objekt jenseits des Symbolischen bildet. Sie ist im Grunde ein Lied, das Musik mit Erzählung verbindet, und ebenso, wie das Gesprochene zusammenbricht, wenn es seinen musikalischen Rahmen verliert, büßt die Musik ihre Tiefe ein, die erst im Resonanzraum der Worte entsteht. Das genau ist die Arie: die hohe Kunst der Stimme im Moment ihrer Uneigentlichkeit. Die Arie holt die Stimme in die Sphäre eines mütterlichen Sprechens zurück, das heißt, sie entreißt dem Vater den Text. Zwar verstehen wir kaum ihren Inhalt und lesen ihn in einem Begleitbuch (heimlich) mit, doch wir *genießen* ihn, weil er *gesungen* wird und zusammenfällt mit einer Botschaft, die nur *diese* Stimme zu geben imstande ist. Natürlich hält sich die Arie an die Dramaturgie einer Beziehung zum Hörer, löst sie ihr erzählerisches Versprechen ein – aber sie widerspricht ständig dem

---

4 Vgl. Agamben, Giorgio: Was ist ein Dispositiv?, Zürich 2008.

Vater! Der Vater ist die Tragödie, die Mutter der Gesang, der sie komisch werden lässt und versöhnt.

2.4.1. Instrumentalmusiker müssten Arien eigentlich hassen, denn sie entreißen ihnen ebenso, wie sie dem Vater seinen Text entreißen, die Musik. Ihre Anbindung an Sprache ist die Bedingung der singenden Stimme; ohne Text hat sie keine Substanz, ihre Form und ausgebildete Kunstfertigkeit unter Beweis zu stellen. Diese doppelte Bindung der Stimme zur Musik wie zur Sprache, ist im Wort gleichermaßen arrangiert: es verhält sich im Klang seines Materials musikalisch, und in seiner Eigenschaft, ein Träger von Bedeutung zu sein, symbolisch. Eine dieser Bindungen zu kappen, ist ästhetisch nicht möglich – der andere, verschwiegene Teil legt sich wie ein Schatten hinter den, der präsentiert werden soll; das ist die Sackgasse der atomaren Poesie, die, um ideologische Schattentexte auszusondern, Worte (Bedeutungen) zerfallen und zerstreuen lässt. Die lyrische Stimme ist hier nicht mehr die Stimme der Arie, sondern ein Zwischenlaut, der in seinem Vollzug unterbrochen worden ist und auf der Stelle tritt wie die Nadel eines Schallplattenspielers, wenn sie nicht über einen Kratzer auf der Scheibe hinwegkommt. Die Stimme der Arie ist immer Mutter und Vater zugleich.

2.4.2. Trotzdem hat die singende Stimme ihr Ziel noch nicht allein dadurch erreicht, dass sie die harten und weichen Formationen der Sprache und des Sprechens miteinander verbindet. Denn etwas anderes ist, ob die Arie gut oder schlecht ausgeführt wird und ob die Stimme, die sich der «Muttersprache» anvertraut hat, nicht dadurch, dass sie physisch immanent ist und bedingungslos *wirkt*, auch Schaden anrichten und Vertrauen missbrauchen kann. Die Arie der Königin der Nacht in Mozarts «Zauberflöte» ist ein solcher Schnittpunkt der Beweisführung, ob die Stimme (der Mutter – das Kind) schützt oder (ihm) schadet. Die Sängerin ist auf der Bühne allein; alle theatralische und musikalische Energie konzentriert sich auf sie und will von ihrer Stimme «einzigartig» hervorgebracht werden. Auf der letzten gesteigerten Höhe dieser Arie, dort, wo die Stimme ihre ganze Meisterschaft braucht (um die absolute Versicherung zu geben, dass die Texte des Vaters nicht gelten), auf diesem kalten, einsamen Gipfel eines unerhörten Triumphes, stürzt die Stimme der Sängerin ab. So habe ich es in einer Dresdener Inszenierung erlebt, und es war, als wäre mir ein Messer zwischen die Rippen gefahren und hätte mich getötet; alle waren getötet in dieser einen, ewigen Sekunde, ehe die Sängerin, konsterniert und um ihren guten Ruf gebracht, den Ton etwas tiefer ansetzte und die Arie beendete. Diese unendlich tiefe Stille im Augenblick der Störung (die natürlich keine Ruhe war) hat gezeigt, dass die Stimme der Mutter nicht unbedingt der bessere Text sein muss, und wenn sie misslingt, tiefer zerstört, als der Vater jemals zerstören kann. Denn die Erfolglosigkeit dieser Szene lag ja gar nicht so sehr in der nicht erreichten Höhe der Stimme, sondern in ihrem Verrat. (Oder, wie der Vater allegorisch hätte antworten können: «Ich habe ja schon immer gesagt, dass Musik eine schädliche Kraft ist.»)

2.5. Vielleicht ist deshalb die Stimme der Mutter an einer Psychoseproduktion stärker beteiligt, als die Stimme des Vaters es ist. Das Gesetz macht Angst, aber nicht verrückt. Das heißt für den Schreibenden, er entkommt seiner Verantwortung nicht, die tief verankert im Gebrauch der «Muttersprache» liegt und durch den «richtigen» Ton signalisiert, ob er (das heißt sein Erzähler) eine konstruktive oder eine destruktive Beziehung zum Erzählten unterhält; und das heißt weiter:

• ob die Mutter ihr Kind liebt oder nur vorgibt, es zu tun. Dann kann sie ihre Liebe beteuern, so lange und so oft, wie sie es will – wenn ihre Stimme den Ton nicht hält, ist die «Muttersprache» die Sprache einer körperlichen Lüge. Auf die Erzählung übertragen: der «gehaltene Ton» entscheidet, ob wir als Leser auch Betroffene sind oder nur angesprochen wurden – so von der Seite, wenn wir es eilig haben und irgendwer bettelt.

2.5.1. Im gleichen Maße, wie Poetizität hervorgebracht wird von einem *Anderen* im bezeichneten Umfeld der Rede, von einer Leerstelle quasi, die sich außerhalb der Sprache (durch Sprache) mit Bedeutungen füllt, ebenso hat auch die Musik eine «leere Note», die darüber entscheidet, ob die gesetzten Noten gut oder nicht gut gespielt werden können. Wäre es anders, wäre jeder Musiker, der seine Instrumente beherrscht und den Notenlauf lesen kann, bei gleicher intensiver Übung gleich gut oder schlecht. Die Indifferenz der Leistung wäre dann ein Beweis für eine Vormacht der Technik – und dann hätten wir auch unser Handbuch des Schreibens wieder und könnten es nutzen. Aber die Muttersprache kennt vielleicht den Verlust ihrer Glaubwürdigkeit, nicht aber die Form einer verständlichen Regel. (Das Poetische bleibt unentdeckt; [das Fehlende] entzieht sich, denn es ist *das Reale**.)

2.6. Aber auch die Zwischenlaute, die zur Stimme nicht mehr gehören und nichts anderes mitzuteilen haben, als dass die Mitteilung eine Unterbrechung erfährt, verzögert oder verhindert wird – durch ein leises Husten etwa, ein verschlucktes Lachen oder Weinen, das semantisch ungebunden ist –, sind Bestandteil einer muttersprachlichen Äußerung. Denn die Unterbrechung *redet* natürlich und sagt mehr, als die Rede ohne Unterbrechung gesagt haben würde.

2.6.1. Eine offensichtlich pathologische Stimme hätte zur Übersetzbarkeit geführt; sie wäre ein erkennbarer «Defekt», der ganz und gar unsere Zuwendung verdient. Die pathologische Stimme ist nicht symbolisch überformt wie die gesunde Stimme, sondern Bestandteil des Körpers außerhalb seiner Fähigkeiten zur Täuschung. Das sagt nicht, dass die gesunde Stimme täuscht – es sagt nur, dass sie täuschen kann. Diese Unfähigkeit zur Täuschung lässt die pathologische Stimme gefährlich werden, denn sie fordert heraus und hält (im Akt ihrer Störung) fest, dass sie nichts anderes meint, als sie gemeint hat.

2.6.2. Der pathologischen Stimme haftet ein Potential des Anarchischen (und Anarchistischen) an; sie durchbricht die konventionelle Verstehensordnung und ersetzt sie mit einer im Subjekt erzeugten Leerstelle; sie ist dem reinen Sprechakt am nächsten. Die Auflösung, die von ihr ausgeht, schafft Unruhe, Irritation, sie destabilisiert das festgefügte und im allgemeinen auch gut funktionierende Sprechsystem.

2.6.3. Die Abwehr der pathologischen Stimme gilt nicht der Person dieser Stimme, sondern der unumgänglichen Gewahrwerdung, dass die Sprache eine abgründige, unzuverlässige, in Täuschung und Enttäuschung verstrickte ist. Der verzögerte, gebrochene, atomisierte Sprechakt zeigt an, dass es keine gesicherte Beziehung zwischen den Elementen der Rede und ihrer Aussage gibt, und ebenso keine Übereinstimmung der Rede mit einem sozialen Verständnis dieser Rede. Das ist die kulturlose Direktheit des Kindes, dem die Mutter, nicht aber der Vater verzeiht. Die pathologische Stimme ist demnach von derselben Substanz und Beschaffenheit wie unser [Fehlendes] und gehört zum starken Subjekt im Kontext des Ästhetischen und zum schwachen in dem des Politischen, Sozialen und so weiter. Wir werden das Thema weiterverfolgen, wenn wir über den öffentlichen Raum nachdenken, über den Auftritt und die Szene der nichtinszenierten Schrift.

2.6.4. Fassen wir kurz zusammen: Die Stimme des Vaters, die das Gesetz vertritt, kann keine pathologische Stimme sein; andernfalls wird sie zur Stimme der Mutter, die aus einem väterlichen Mund spricht. Wenn nun aber die Stimme des Vaters *fest sein muss*, dann kann sie keine poetische Produktion einleiten, die in unfesten Bindungen entsteht und freie Bezeichnungen braucht, um sich entfalten zu können.

2.7. Ebenso aber, wie die Stimme des Vaters nicht für die Arie taugt, ist die Stimme der Mutter ein Idiolekt; sie löst ihren Wert nur in einem Einzigen ein, der auserwählt wurde und die konnotativen Resonanzen, die «Begleitmusik» ihres Sprechens versteht. Dieser eine ist der kleine König der Mutter, der seine Macht jederzeit erhalten und verlieren kann. Er achtet nur auf den Mund, wie er sich öffnet oder verschließt, bewegt oder erstarrt, sein Status ist oralfixiert und verändert sich, sobald diese Fixierung «väterlich wird» (das heißt, mit Freud gesprochen, anal-sadistisch). Jetzt kann der Mund auch einverleiben oder ausscheiden, er wird aggressiv.

2.7.1. Wir nähern uns, ob gewollt oder nicht, einer Schrift gewordenen Psychoanalyse: Das weiße Blatt am Anfang eines Textes ist durchzogen von ödipaler Vorbedeutung. Wir haben eine Geschichte, misstrauen aber unseren Möglichkeiten, sie zu erzählen. Der Vater steht uns im Wege. Wir singen und treffen den Ton nicht. Jetzt, nach diesem «großen Verrat», folgen wir dem Gesetz und verlassen uns auf eine souveräne Grammatik, die uns schon führen wird. Die Geschichte schreibt sich. Wir kommen voran, Figuren treten auf, sprechen, gehen wieder. Auftritt und Abgang sind organisiert. Wir haben alles unter Kontrolle und bemerken gar nicht, wie sehr wir selbst kontrolliert sind, Figur einer Erzählung, die wir erzählen wollten. Wir sind zwar der Herr und haben unseren Hund an der Leine, aber der bleibt andauernd stehen, wo wir nicht stehen bleiben möchten, um uns zum Laufen zu bringen, wo wir lieber stehen geblieben wären. Bald merken wir es: wir, nicht er, sind der Hund und ein Sklave des Sklaven. Jetzt gibt es nur eine Lösung: die Leine, die uns mit dem rebellischen Tier verbindet, loszulassen. Der Hund läuft also weg, und wir fangen mit unserer Erzählung noch einmal an.

Den richtigen Ton finden

2.8. Anfang zwei: den richtigen Ton finden. Zu früh anfangen heißt, noch keine Form zu haben und nicht zu wissen, wohin die Reise gehen soll. Nur ins Innere der Sprache zu reisen, ist noch keine Erzählung. Zu spät anfangen heißt immer: es ist zu spät. Die Erzählung ist *weg*; sie hat sich dort verschlossen, wo sie ihr Geheimnis hätte haben können, ihre halb geöffnete Tür in die Verliese einer bleibenden Undurchdringlichkeit. *Weg* heißt natürlich bei uns, sie, die Erzählung, ist zu deutlich geworden. Wir haben sie vollständig vor Augen, wie sie sich exponiert, ihren Konflikt entdeckt, Wendemarken setzt, Figuren bewegt, auf einen Höhepunkt zutreibt und einen Schluss erfindet, der das Ende (die «Unterweisung») markiert. Allein der «Höhepunkt» ist kein Höhepunkt, keine Explosion der Erregung, sondern eine rein technologische Errungenschaft, wie ein Porno. Die Erzählung simuliert, eine Erzählung zu sein, aber sie ist nur eine Geschichte. Der Stringenz ihrer Handlung folgt keine Bewegung der Sprache; sie braucht diese Bewegung auch gar nicht, weil sie nichts mehr zu suchen hat. Das Schreiben dieser Geschichte ohne Erzählung ist denkbar langweilig.

2.8.1. Die Langeweile des Schreibenden wird zur Langeweile des Lesenden. Langeweile aber ist nicht gleich Langeweile. Flaubert ist auch langweilig, wenn er seine Emma über mehrere Seiten Beschreibung die Servietten falten lässt. Aber es ist eine interessante Langeweile, so dass wir unentwegt entschädigt dafür werden und sie gar nicht als *lange Weile* empfinden. Langeweile nicht langweilig zu erzählen, das ist nur mit Begabung möglich. Die Langeweile des Pornos (der bloßen Geschichte) aber, die entsteht, weil alles absehbar ist und der Erzählfluss nicht nur nicht ins Stocken gerät, sondern gar nicht ins Stocken geraten kann, hebt die Lesezeit über die Zeit des Gelesenen hinaus; wir sehen immer schon weiter, *hinter den Orgasmus*. Also lassen wir die Geschichte liegen, wenn sie sich nicht mehr erzählen lässt, weil sie bekannt ist.

2.8.2. Den richtigen «Ton» finden heißt, die Sache des Erzählens in einem Moment zu entdecken, in dem sie noch weibliche Natur ist, aber bereits auf der Seite der Sprache nachgebildet wird. Es ist die Waage im Mittelstand zwischen Muttersprache und Gesetz. In diesem günstigen Bedingungszeitraum kann der Ton nicht mehr falsch sein; aber er kann einen Missklang haben, und dann legt er einen psychischen Riss frei und zeigt, dass unser schreibendes Subjekt die zu erzählende Sache unmöglich bewältigen kann. Große Literatur ist nicht dadurch «groß», dass sie frei ist von psychischen Rissen, die sich zwischen Erzähler und Erzähltem drängen, sondern dass diese «Risse» im Erzählten *erscheinen* (ohne kommentiert zu werden). Ein Missklang ist also eher therapiewürdig als literarisch. Schließlich haben wir *Stil* als einen Ausdruck der Persönlichkeit des Schreibsubjektes erkannt, als die Oberfläche gewissermaßen, die eine innere Welt an die äußere bindet.

2.8.3. Bizarre Oberflächen sind nicht nur eine Verformung im Design, sondern die ganze Figur «kippelt». Übertragen gesagt: es gibt keinen falschen Stil und auch keinen schlechten, sondern immer nur einen *unangepassten*. Der Unterschied ist: das defekte Verhältnis zwischen Sache und Satz ist irreduzibel. Einen *Stil* kann man nicht verändern, in ihn eingreifen wie in eine Maschine, sondern er ist ja eben ein Resultat und fasst alles in sich zusammen, was nur als Ganzes, als ganzer Strom von Gefühlen und Gedanken den Gegenstand, den er erfasst hat, durchdringt. Wenn Tadeusz Borowski in seiner großen Erzählung «Bei uns in Auschwitz»[5] einen lakonischen Ton angeschlagen hat, der die Leser seiner Zeit tief irritierte, dann liegt es nicht an einem inadäquaten Stil, sondern an der Präsenz des Monströsen *durch seinen Stil*. Wenn aber ein Porno damit beginnt, dass sich die Protagonisten einer enthemmten Sexualität steif und reserviert auf einem Sofa vor dem Büro ihres Chefs kennenlernen, dann verrät der «Stil» (bis er *action* wird und sich selber nicht mehr benötigt), dass es keinerlei Beziehungen gibt zwischen dem Anfang des Films und seinen folgenden Teilen, und dass «Stil» nur etwas Obszönes sein kann. In beiden Fällen gibt es keinen möglichen Eingriff – die Dramaturgien sind festgelegt; unwillkürlich zum einen, kalkuliert zum anderen. Ersetzt man beim Porno das Kalkül, bleibt nur mehr eine fickende Masse, die keine fremde Erregung mehr einleiten kann. Die Erzählung hingegen hat keine leere Substanz, die ersetzt werden könnte; alles baut auf allem in jedem Sinne auf, und «Stil» repräsentiert nichts, sondern er *ist*.

2.8.4. Auch das ist eine Erzählung, die im Erzählten entsteht: Pornographie und Auschwitz zusammengedacht zu haben, unwillkürlich, im Stil einer Bemerkung.

---

5 Vgl. Borowski, Tadeusz: Bei uns in Auschwitz, Frankfurt am Main 2007.

Ahnungen. Zwischentexte.

«Denn nicht *wir* wissen, es ist allererst
ein gewisser *Zustand* unsrer, welcher weiß.»

Heinrich von Kleist

3.0. «Ich gehe schwanger» ist doppeldeutig. Der eine Sinn ist die Geburt eines Kindes, der andere die eines Textes. Der Text und der Körper sind eins, auch wenn sie getrennt erscheinen. «Das ewige Wort Gottes ist Fleisch geworden», sagt uns die Schrift. Im Text also repräsentiert sich der Körper *ganz*. Dieses «Ganze» des Textes ist die Ahnung von ihm, geschrieben werden können immer nur Teile. Die Differenz zwischen Ahnung und Schreiben ist also auch die zwischen Mangel und Begehren. Jetzt, in dieser festgestellten *Lust* am Schreiben, sind wir ganz bei uns, bei uns *als einem Text*, und bei einem Text, *der bei uns ist*. Stil bildet sich von selbst, wir kümmern uns darum jetzt nicht mehr. Die Verhältnisse stimmen, der Text ist ein Zwischentext, die Gewissheit eine Ahnung: das ist der Anfang! (Denn die Ahnung ist ja schon die Einlassung auf einen Text; sie ist dessen Vorform und Erregung der Sprache als eine sprechende.)

3.1. Im Spiegelstadium, wie Lacan es beschreibt, liegt auch die Entdeckung der Ahnung. Das Kind sieht sich das erste Mal in einem Spiegel. Vorher war der Blick partiell und hat sich das Selbst nur in der Form einzelner Objekte erkannt. Jetzt *ahnt* es seine Größe, Schönheit und Vollkommenheit, indem es sich *vollkommen sieht*. Aber das Bild ist ein Zerrbild und Täuschung zugleich. Erstens zeigt es immer eine Stelle des Körpers *nicht*, und zweitens zerfällt es, wenn es als Ganzes auch berührt werden will. Über die Ichspaltung in ein ideales und ein soziales Ich haben wir schon gesprochen, aber nicht von der *Ahnung*, die aus dieser Spaltung hervorgeht. Wie also das Kind seine Vorstellung von sich als einem Ganzen immer wieder dadurch verliert, dass es auf die Wahrnehmung seiner Partialobjekte zurückgedrängt wird, so sind die Teile des Textes, die geschrieben werden können, zwar im

Ganzen des Textes enthalten, doch niemals das Ganze an sich. Der vollständige Text ist, auf religiöser Ebene, Gott.

3.1.1. Jeder geschriebene Text ist also ein Fragment des vorhandenen (unendlichen) Textes, das können wir sagen. Die Lücke, die sich niemals schließt, ist die aufgerissene Stelle im Subjekt, dessen Spaltung in lose verknüpfte Teile. Wäre die Verknüpfung dieser Teile unterbrochen, würden wir nicht mehr über das Subjekt reden können; es wäre unansprechbar, auch im literarischen Sinn. Unansprechbarkeit ist zwar eine abschließende Form des Für-sich-Seins – und wir kennen natürlich auch den unansprechbaren (das heißt inkommensurablen) Text, der nicht gelesen werden will –, aber sie bleibt dadurch sozial, dass sie transitorisch ist und eine spätere Bereitschaft zum Kontakt hinterlegt. Unansprechbarkeit als Zustand ist eine Versteinerung in Gestalt des letzten gesprochenen Satzes; sie ist eine andauernde Wiederholung dieses Satzes, eine unendliche Schleife. Bildlich haben wir einen stuporösen Patienten vor Augen, der in einer einzigen Haltung verharrt. Diese Haltung ist ein Schutz vor der Veränderung der Sätze um ihn herum, von denen er sich bedroht fühlt, in seiner Statik, seiner Undurchlässigkeit. Ändert er seine Haltung, spricht er. Dann wieder nicht. Wir können diesem Gespräch ohne Geschwindigkeit nicht weiter folgen.

3.1.2. Der unansprechbare Text ist entweder reine «Muttersprache» (idiolektisch), oder eine Abweisung in sich; das vorhandene [Fehlende] soll auf jeden Fall «beschützt» werden, beim Schreibenden bleiben. Warum aber dann überhaupt Text? Weil dieser Akt des Rückzugs den Zeugen braucht, um sich erkennen zu können. Die Botschaft heißt: «Ich hätte Dir, Leser, etwas zu sagen, aber es wäre eine Mitteilung von einer solchen Bedeutung, dass ich diesen Reichtum unmöglich (zumal ohne Gegenleistung) freigeben darf.» Das «Klammern» am Text ist auch ein Text, *der gelesen werden kann*; er ist wie ein Brief, der nicht abgeschickt wurde und den der andere in seinem Ausbleiben *liest*.

3.2. Die Ahnung als ein Vorspiel der Geburt eines Textes muss kenntlich werden; eine Ahnung, die sich nicht findet, ist wie ein Traum, der nicht erinnert werden kann. Es war etwas, aber es ist immer etwas, und wir wissen es nicht. Evident wird die Ahnung, weil sie bereits über eine Matrix an Bezeichnetem verfügt – dicht genug, um weitergewebt zu werden, nicht dicht genug, um Sätze bilden und Gedanken «festhalten» zu können. Diese Ahnung nun produziert einen Zwischentext, der den Text erst ermöglicht. Der Zwischentext ist unser literarischer Einstieg, er ist der richtige Moment des Beginnens und der richtige Ton, der sich findet.

Gedächtnis und Erinnerung

3.3. Hier nun unterscheiden wir auch Gedächtnis und Erinnerung. Das Gedächtnis besitzt keine Ahnungen, sondern nur Fakten. Es ist chronologisch und auf Tatsachen gegründet; mehr noch: es vertritt diese Tatsachen, als wären sie tatsächlich. «Am Montagabend sind wir an einer Bäckerei vorbeigekommen und kauften ein Brot.» Dieser Gedächtnissatz ist sich seiner Aussageteile vollkommen sicher, **1.**) dass es ein Montagabend war, **2.**) dass der Bäcker kein Fleischer oder Friseur gewesen ist, und **3.**) dass Brot gekauft wurde. Seine Gewissheit ist seine Stärke – aber sie ist dennoch nur «Protokoll». In Wirklichkeit wissen wir von der Wahrheit dieses Satzes nichts, denn der Erzähler kann sich in allem geirrt haben, ohne es selber zu wissen. Nun gut, er hat seinen Kalender befragt, seine Eintragungen, sagen wir mal einem Rechtsanwalt, als Beweis vorgelegt. Aber wer sagt uns (die wir jetzt einmal Rechtsanwalt spielen), dass diese Einträge nicht nachträglich erfolgt sind? Und wer sagt uns weiter, dass, wenn die Einträge nicht nachträglich erfolgt sind, der Gedächtnissatz nicht im Rausch einer labilen Verfasstheit entstanden ist? Das Spiel der unbeweisbaren Beweisführung lässt sich beliebig fortsetzen. Und wenn die äußere Welt abgeschritten ist, beginnt die innere Welt, gegen die Aussage zu rebellieren und hermeneutisch entgegenzuwirken.

3.3.1. Es ist leicht einzusehen, dass sich die praktischen Belange unseres Lebens in einer Gemeinschaft an Gedächtnissen orientieren müssen. Die gesamte Geschichtsschreibung basiert auf dem Gedächtnis einzelner und auf den Gedächtnissen aller, die sich zusammenschließen und eine kollektive Annahme von Wahrheit ergeben. Und sei es auch, dass Gedächtnissätze wahre Sätze sein können, so sind sie wahr immer nur in Beziehung zu sich selbst. Sobald sie auf eine Wahrheit verweisen, die übergreifend ist, finden sie die passenden Anschlüsse nicht und verlieren an Kontinuität, kurz: sie haben keinerlei Archäologie, um Wahrheit zu produzieren. (Und wenn wir «Wahrheit» als Begriff überhaupt retten wollen – so wie etwa Hannah Arendt es in ihrem Wort von der «Tatsachenwahrheit» versucht hat –, dann müssen wir sie in einer Tiefe denken, die einschließt, was das Sichtbare, Kenntliche und Bekannte ausschließt). Denn nicht die Kultur ist die Wahrheit, sondern die Natur der Kultur und das Reale des Symbolischen demnach. Der Satz ist wahr also erst, wenn er über sich selbst hinaus wahr ist, und das kann er nur, wenn er der Ordnung seines Gedächtnisses misstraut und ihr auch die Infragestellung gestattet. Die Frage aber kommt in Protokollen nicht vor. Der Vater hatte auch nie Fragen, sondern immer nur Antworten. *Er wusste Bescheid* – so sicher, wie die Ordnung eben die Ordnung ist.

3.3.2. Die Texte, die wir suchen, die wir lesen und schreiben wollen, sind also mit Gedächtnissätzen schwer zu erreichen. Alles ist festgefügt, fertig, eines Beweises nicht mehr bedürftig. Aber wenn wir nichts zu beweisen haben, brauchen wir im Grunde auch gar nicht zu sprechen. Es reichen Axiome, auf die man sich einigt, und der Rest kann ein Signal in zwei Farben sein oder eine Bewegung der Hand.

3.3.3. Proust, schreibt Beckett, litt unter seinem «Gedächtnis». Er konnte nicht *erinnern*, das heißt, die Substanz in der Substanz nicht finden, und deshalb musste alles minutiös beschrieben werden, über Seiten und viele Stunden Erzählzeit hinweg. In den Schnittstellen des Gedächtnisses aber taucht die Erinnerung kurzzeitig auf, und diese Splitter des Erinnerns sind dann so intensiv, dass sie den gesamten Text literarisch umspannen. «Auf der Suche nach der verlorenen Zeit» heißt auch: auf der Suche nach *erinnerter Zeit* – und die führt zur Mutter zurück.

3.3.4. Was aber ist Erinnerung, wenn sie nicht zum Gedächtnis gehört? Sie ist die *ganze Erzählung in einem Bild* (so wie die Bibel die Erinnerung an Gott ist). Der Bruch des kontinuierlichen Fließens der Bedeutungen – jener *Strom*, der die Geschichte schreibt, nicht aber erzählt – ist auch ein Einbruch des Realen in die symbolische Welt des Gedächtnisses (als einem Gedachten). Das Gedächtnis denkt, dass es wahr ist – die Erinnerung *ist* wahr. Sie ist dadurch wahr, dass sie jedes Verhältnis zum Begriff des Wahren aufgegeben hat und auch nichts mehr beweist. Kein Rechtsanwalt könnte mit der Erinnerung an eine Tat im Sinne einer Präjudizierung etwas anfangen; er könnte sich allenfalls amüsieren, wenn er hört: «Dann war ich die Straße herabgekommen, wie ich immer die Straße herabkomme um diese Zeit, irgendwie gelangweilt, leer, im Wissen um die ewig gleichen Rituale im Betrieb an einem Montagmorgen um acht. Ich meine, ich wollte sagen, ich sah nicht, was ich sah. Außerdem hatte es geregnet, ich zog den Mantelkragen hoch und verbarg mein Gesicht. Geregnet? Nein, es hat nicht geregnet. Das dachte ich nur, weil es im Wetterbericht so angekündigt war», und so weiter und so fort. Die Aussage hat keinerlei Kohärenz. Außerdem ahnt man mehr, als man versteht, was die Sätze mit der Tat, die sie gar nicht erwähnen, zu tun haben sollen. Unmittelbar gar nichts. Der Zeuge ist einfach nur unzuverlässig (wie jeder gute Erzähler es ist). Und dennoch verklammert er die eine Sache, um die es geht, mit vielen Sachen, um die es nicht geht, die aber dadurch, dass sie aufgerufen werden, plötzlich auch Gegenstand der verhandelten Sache sind. Die Erzählung des Hergangs einer Tat hat uns Spuren gelegt, die ohne sie nicht gelegt worden wären. Denn es kann ja durchaus so sein, dass die Zusammenhänge der Tat über den Ort ihres Geschehens hinausweisen; nein, sie weisen ganz sicher über diesen Ort hinaus, der nichts anderes festhält als den bloßen, unverbundenen Fakt.

3.3.5. Der Gedächtnistext hätte niemals den Ort des Geschehens verlassen; er ist die Fotografie, die schnell angefertigt wurde, um einen Beweis zu erbringen, dass etwas geschehen ist. Aber dieses Bild sagt nur etwas, es *erzählt nichts*. Man sieht zwei verunglückte Fahrzeuge und versteht, dass beide tragisch miteinander verstrickt sind. Die Erinnerung hingegen *sieht alles*. Aber eben das macht sie unverständlich. Literatur *ist unverständlich*. Oder genauer: das, was die Literarizität des Literarischen ist – also was sich qualifiziert, etwas Außerordentliches mitzuteilen –, kann nicht verstanden werden, weil es sich einer Verstehensordnung der Protokolle entzieht; es ist ja eben *das Andere* (im Bekannten) und bürgt für [das Fehlende]. Wir werden gleich noch einmal über den Unterschied von semantischer und poetischer Verständlichkeit reden; hier finden wir uns damit ab, dass das Literarische ein Einschluss des Unverständlichen im Verständlichen ist und ein Agent unserer Ahnung, die uns zum Text führen konnte.

3.3.6. Wir sind wieder mit unserer Mutter beschäftigt. Sie schiebt sich vor das Protokoll, das wir gerade anfertigen wollten, und hat uns verführt zu erzählen, anstatt zu berichten. Das gelingt natürlich sehr schnell, denn zu berichten ist langweilig und verhindert den Genuss. Die besondere Formulierung, die Farbe der Sätze, der Geschmack der Wörter, alles, was nicht mehr ins Protokoll passt und der Erinnerung entspricht, *lässt sich genießen*, denn es zieht von der Sprache Sprache wieder ab. Man kann auch sagen: der Text substituiert seinen Sinn; er will «Muttersprache» werden, Musik sein und die Stimme für die Arie gebrauchen; er will, auf dieser Ebene, auch nicht verstanden, sondern *empfunden* werden. Im literarischen Text geht es primär um die Archivierung eines Gefühls, das aktuell werden kann im Augenblick des emphatischen Lesens. Die Geschichte der Literatur ist eine Geschichte der Gefühle und nicht der Ideen; auch der Ideen, aber der Ideen, die sich verkörperlicht haben und dem Körperlichen entstammen. Soziale Ideen sind Folge, nie Anfang – und eben dafür brauchen sie die Literatur.

3.3.7. Erzählen und Erinnern kann dennoch nicht für sich allein stehen, weil es die Zugänge zu den väterlichen Texten benötigt und nur in einer Ökonomie des Zuspiels weiblicher und männlicher Sprachen funktioniert. Wir haben schon gesehen, wie nah die Muttersprache an einem kryptischen Sprechgeschehen liegt und wie eng ihr Möglichkeitsfeld einer Verständigung wird. Zu erkennen war auch, dass sie nicht frei von Aggression ist und die Symbiose energisch verlangt. Wendet sich ihr kleiner König ab und einer symbolischen Welt zu, um beispielsweise einen Beruf zu erlernen und das väterliche Haus zu verlassen – also um selbst *Vater zu werden* –, senkt sich die Stimme der Mutter und verfärbt sich ihr Ton. Der Verlust des Einzigen, in dem sich die Muttersprache realisierte (weil sie für ihn, und nur für ihn, geschaffen worden war), ist auch Entwirklichung ihrer selbst. Sie zerfällt noch nicht, weil der Einzige zurückkehrt (solange er zurückkehrt), aber sie büßt an Macht ein, die gerade dort installiert war, wohin der Vater nie kommt: in die kulturellen und psychophysiologischen Sphären *hinter der Sprache*. Für das Erzählen heißt das, Gedächtnissätze zuzulassen, die Verletzungen einer arroganten Sprache ohne Selbstbeobachtung auszuhalten und sie in den Erinnerungstext einzubauen.

Männliche und weibliche Texte

3.4. Kann man vielleicht also doch von einer männlichen und einer weiblichen Literatur sprechen? Gemeint ist damit nicht das Geschlecht des Schreibenden, sondern die sprachliche Konstitution des Geschriebenen (wobei Frau = weiblicher und Mann = männlicher Text die wahrscheinlichere Variante ist). Aber auch Mädchen können Väter werden – Frauen in männlichen Positionen.

3.4.1. Männliche und weibliche Texte belegen verschiedene Areale, in der Schrift wie im Gehirn. Neurophysiologisch könnte man es wahrscheinlich zeigen, was sich prozessual verändert, wenn bestimmte visuelle, akustische oder skripturale Reize auf den Rezeptor wirken. Die berühmte Zitrone auf einem Foto genügt, um den Speichelfluss anzuregen. Schwere Musik wird Trauer, leichte Musik Heiterkeit erzeugen. Eine sexualisierte Sprache als Reizindikator funktioniert ebenso. Wenn die Frau, die wir begehren, sagt: «Magst du noch auf eine Tasse Kaffee zu mir kommen», dann ist wohl klar, dass sie mit der Tasse ihr Geschlecht und mit deren Inhalt ihre Lust meint (oder sie hätte das

Verlangen ihres Gegenübers nicht bemerkt, und dann wäre sie Opfer ihrer Naivität). Etwas anderes wäre, sie sagte: «Willst du mich ficken?» – (die Eigentlichkeit von: «Willst du mit mir schlafen?», denn miteinander *ein*schlafen wollen sie ja gewiss nicht). Vom Ende her gedacht, wäre diese Aussage zwar identisch mit der ersten, nur eben um einige Zwischenschritte verkürzt, so wie sich jemand sofort seiner Kleidung entledigt, weil ihm jetzt danach ist. Kein Flirt mit den Augen, keine Erotik des Blicks, kein knisterndes Vorspiel – es geht sofort um *das*, und dann darum, es schnell wieder zu verlassen. Noch genauer: es geht um das Schon-verlassen-Haben dessen, was gerade noch wird; es ist die Vorstellung von einem Akt, der bereits Vergangenheit ist und erinnert werden kann, so wie sich alte Leute an ihre Jugend erinnern. Sex ist dann nur eine Anschaffung für die Vitrine in unserem Gedächtnis, eine Art von Trophäe, Material, um berichtet (oder besser: erzählt) zu werden. Wir kennen es vom Sport, dieses Gefühl danach und die Gewissheit, *Sport betrieben zu haben*. Das «Wegführende» und das «Hinführende» in der Sprache ist ebenso: das eine verzögert, genießt, kostet aus, und das andere beschleunigt und ist nur an dem Ende interessiert (dem Ergebnis, dem Orgasmus, der Ejakulation). Wenn *wegführende* und *hinführende* Sprachbewegung zu einem Chiasmus* werden, wird der Leser nicht so recht wissen, wem er sich anvertrauen soll: der Lust oder der Begierde, dem Körper oder dem Leib. Diese Ambivalenz kann dann zu einer Neutralisierung männlicher und weiblicher Textteile führen, und obwohl Erzählung und Bericht ein Paar sind, *erzeugen sie nichts*.

3.4.2. [Das Fehlende] liegt zwar in den Sphären der Mutter und ist weiblich betont, kann aber, um erscheinen zu können, nicht ohne Gesetz sein. Dementsprechend braucht der literarische Text auch eine ökonomische Balance zwischen Gedächtnis und Erinnerung, Vater und Mutter, Struktur und Chaos. Der Vater muss die Mutter zügeln, die apollinische (väterliche) der dionysischen (weiblichen) Rede einen Anfang und ein Ende schenken, weil andernfalls ihr Inhalt im Unendlichen eines bedeutungslosen Stoffes versinkt. Das anwesende Abwesende wird zu einem reinen Abwesenden, der Text verschließt sich;

er will nicht nur nicht verstanden werden, *er wird nicht verstanden* (kann nicht verstanden werden).

Was heißt «verstehen»?

3.5. Was eigentlich heißt «kompliziert», außer dass es zu einem Schimpfwort denkfauler Konsumenten geworden ist, und zweitens: was bedeutet «ich habe verstanden» in Zusammenhang mit Literatur? Kompliziert sein und verstanden haben liegen nah beieinander. Wenn wir «verstanden haben», dann ist das Komplizierte sehr einfach und wir verstehen nicht mehr, warum wir es einmal nicht verstanden haben. Noch weniger verstehen wir, warum es nicht alle verstehen. Das Unverständnis gegenüber dem Komplizierten hat sich also nicht aufgelöst, sondern nur verschoben auf die Frage: was ist so unverständlich an dem, was wir verstanden haben. Diese Frage irritiert und fragt uns zurück, ob wir denn auch *wirklich* verstanden haben oder es uns nur einbilden (weil wir es referieren können).

3.5.1. Um Gedanken aufbauen zu können, müssen sie das Recht auf Verkürzungen haben, so wie ein Schneeball auch nur dadurch größer wird, dass er seine Masse vorwärts bewegt und nicht mit jeder Bewegung um sich selbst auf das Kristall seines Anfangs zurückfällt. Das heißt, wir können Operationen nicht jedes Mal vollständig durchführen und müssen uns einig werden, dass die Auslassungen sinnvoll besetzt sind. Bei Frege können wir lesen, dass sich die Möglichkeiten eines sprachlichen Handelns auf den Willen der Übereinkunft gründen, die unscharfen Relationen der Rede anzuerkennen und dadurch mitzuverstehen, dass sie in die scharfen übernommen und eingefügt werden. Der Wille zu verstehen und der Glaube, verstanden zu haben, sind grundlegende Bedingungen für jedes Verständnis.

3.6. Dass der poetische Text nun genau dort sein Zentrum besitzt, wo die Lücke im Gewebe der Sprache ihren Platz hat und bereit ist, das Außerordentliche der Nachricht (in seiner dauernden Abwesenheit) zu beherbergen, haben wir besprochen. Die Begriffe «Ich will verstehen» und «ich glaube, verstanden zu haben», bezeichnen von vornherein eine Form des Verstehens, die außerhalb ihrer Zeichen liegt – mehr noch: die nur außerhalb ihrer Zeichen eingelöst werden können. Mit den Missverständnissen eines funktionalen Sprechens im Alltag hat das rein gar nichts zu tun; ebenso nicht, wie die Sprache der Literatur mit der einer Zeitung etwas zu tun hat.

3.6.1. Und eben deshalb haben wir ja die Zeitung gerade weggelegt, weil wir neugierig auf das *Andere* sind, das nicht nur in keiner Zeitung mehr steht, sondern in deren sprachlichen Ordnung auch unmöglich aufgehen kann. Wir haben uns also gerade von dem (Verständnis-) Verständnis getrennt, das eine Welt so aussagt, als wäre sie mit dieser Aussage identisch. In der politischen Rhetorik ist sie es sogar: sie ist das, was von ihr festgestellt wird. (Was nicht festgestellt wurde, existiert nicht – wirkt aber, ohne beachtet zu werden, fort). Auch wir sind die Summe dessen, was wir gesagt haben über uns; und wo wir gelogen haben, sind wir es auch. Nein, wir verstehen den poetischen Text gerade dadurch, dass wir ihn nicht verstehen, nicht jedenfalls so, dass er reproduziert werden kann; wenn er reproduziert werden kann.

3.6.2. Verstehen also heißt, die Ahnung eines Textes von sich als einem absoluten Text geteilt zu haben mit einer eigenen Ahnung darüber. Denn jeder Text ist ein Zwischentext, auch wenn er, für sich betrachtet, vollendet ist. Hinter der singulären Vollendung aber steht immer das unvollendete Ganze, der Megatext, vor dem und dem gegenüber es nur Fragmente gibt. Das Scheitern am Textunternehmen ist also immanent und unabdingbar. Der fertige Text wäre ein Palimpsest*.

3.6.3. Das Einfache übrigens, das, was sofort eingängig ist und ins Ohr fließt und durch die Augen ins Hirn, wo es gleich verstanden und abgelegt wird, ist das Komplizierteste, sobald man darüber nachdenkt. Wir kennen so viel und brauchen es nicht mehr zu ordnen. Aber ehe Newton verstanden hat, warum der Apfel zu Boden fällt, war dieser einfachste aller Vorgänge ein physikalisches Rätsel. Also verstehen wir jetzt, dass einfach nichts einfach ist, sobald es in Sätzen erscheint; nur dort aber kann es verständlich und verstehbar werden.

3.6.4. Es gibt nichts Einfaches. Oder alles ist einfach. Eines von beiden ist wahr. Nur «ein wenig schwer» oder «etwas kompliziert» sind unmögliche Vorstellungsfiguren und können nur tautologisch beantwortet werden. Sie sind Erfindungen der Unentschiedenen, die sich auf nichts wirklich einlassen können und immer die andere Möglichkeit vermissen – den Vater hier, die Mutter dort. Reines Vergnügen, Zerstreuung, *jouissance** wollen sie nicht, da es dem Vater gesagt werden könnte, wie süchtig nach Vergnügungen sie sind; die Strapazen des *logos* wollen sie aber auch nicht, weil sie nicht sofort zum Genuss führen (die Stimme der Mutter ändert ihren Ton, verliert ihre Liebe) – eine dramatische Situation, wie in der griechischen Tragödie.

3.6.5. Kontinuität ist eine Illusion; und doch benötigen wir sie, um uns zu beruhigen und einbilden zu können, dass alles in einem ruhigen Fluss ist. Wir erzeugen diese Illusion in den Erzählungen, die alle Brüche, Risse, Lücken und Sprünge auffüllen mit erfundener Geschichte. Das Irreguläre kommt nicht vor; das Diskontinuierliche; die Aporie*. Genau das aber ist die große Täuschung, dass es etwas geben soll, das keine Aporie ist. Die Erzählung im simulierten Realismus der Ereignisse ist die unrealistischste Form des Erzählens, die es gibt. Wir können ihr nicht glauben, weil sie uns kein Angebot gemacht hat, das sich bedingungslos glauben lassen könnte. Doch wir wollen unseren Glauben verschenken – aber sinnvoll und frei.

3.6.6. Das poetische Verstehen hat also mit einem Verstehen im herkömmlichen Sinne nichts mehr zu tun, denn es ist extensiv und dehnt sich auf die Freiheiten des Körpers aus, die keine alphabetische Sprache mehr werden oder auf andere Weise symbolisch überformt sind. Nicht, es zu erwerben, ist das Problem, sondern es *zuzulassen*. Wir erinnern uns an das schwache Subjekt – es konnte nichts zulassen, was zu einem Bruch mit der Ordnung des Vaters geführt hätte; es konnte auch kein Leser werden, kein Empfänger des zweiten Textes, der immer im Schatten des Geschriebenen steht. Denn das poetische Verstehen *öffnet sich ganz*, es nimmt die innere Stimme des Schreibenden an und antwortet mit der eigenen inneren Stimme; es lässt zu, berührt zu werden, auch dort (und gerade dort), wo die Berührung eine schmerzliche wird. Das poetische Verstehen ist der tiefste Eingang in die Mysterien des Anderen, die denkbar sind, tiefer noch als Psychoanalyse, deren Beruf es ist, das Verformte rückzuformen und nicht gelten zu lassen, was gilt. Das poetische Verstehen hingegen *verzeiht a priori*, es verzeiht die Lücken im System der Mitteilungen und die Aufforderung, sie mit eigener Imagination zu ersetzen. Im Grunde ist Sprechen ein symbolisches Tauschgeschäft und wie in der Warenwelt reguliert: Wert gegen Wert, Zeichen gegen Zeichen, Bedeutung gegen Bedeutung, und wie der Geldfälscher falsche Münzen in Umlauf bringt, so bringt der Schwätzer falsche Sätze in Umlauf.

3.7. Diese unbedingte Dichte an Kontakt mit der Sprache schafft zweierlei: die tiefste Berührung (positiv) und die größte Gefahr (negativ). Positiv ist die Intensität, weswegen es gleichgültig ist, wie viele etwas lesen, *wenn sie es lesen*; negativ die Möglichkeit, betrogen worden zu sein, emphatisch einen Text angenommen zu haben, und dann spüren zu müssen, dass er lügt (weil seine Teile das Konzept des Ganzen verraten und Intentionen freisetzen, die plötzlich eine andere Richtung einschlagen). *Dieser Glaube also wurde missbraucht*, und der besondere Vertrag, den der Leser geschlossen hat mit dem Verfasser, ist annulliert.

3.8. Der *hinführende* und der *wegführende* Text: das wollen wir uns noch einmal etwas näher betrachten. Beides ist semantisch mit *Glauben* und *Verstehen* verbunden. Man könnte eine Reihe bilden: a) hinführend → verständlich → «ich glaube nicht nur, ich weiß», oder b) wegführend → unverständlich → «ich weiß es nicht, *aber ich glaube*». Das stimmt in dem Fall, dass hinführende Texte immer extrovertiert sind, narrativ, mit Sprache eine Handlung ausbreiten, Spannung über Handlungsverläufe erzeugen, Konflikte bauen und lösen, Figuren verändern und so weiter. Wegführende Texte wären demnach narzisstisch, mehr mit sich als mit dem Leser beschäftigt, statisch, in Sprache *verstrickt*, spannungsverlustig, nicht reproduzierbar, von einem unzuverlässigen Erzähler erzählt. Der wegführende Text *erinnert sich*, der hinführende Text *stellt fest*.

3.8.1. Der Leser, der sich dem wegführenden Text *hingibt*, ist ein Ausnahmeleser, der beste, den es überhaupt gibt, und genaugenommen ist er auch Autor. Denn er geht nicht nur einen Weg auf den Text zu, sondern ihm quasi hinterher. Er folgt ihm, weil er seine Scheu spürt, seine Ängstlichkeit im Umgang mit seinem Geheimnis. Der «hinterhergehende Leser» ist immer emphatisch, denn er sucht dasselbe, was der Schreibende sucht (und ohne es je abschließend finden zu können). Er interessiert sich nicht für den Schreibenden, sondern allein für das Geschriebene, und deshalb ist es auch von Bedeutung, dass das Geschriebene ein starkes Subjekt hat, das autonom ist und mit dem des Schreibenden nicht kollidiert. So neigt er sich dem Textverlauf zu und «will hören», was der Vater des Schreibenden *nie hören wollte*. Und dabei erinnert er sich an seine eigene Geschichte, wie es war, dieses Weggehen ohne Ankunft und Ziel.

3.8.2. Die Beziehung von wegführendem Text und hinterhergehendem Leser ist außergewöhnlich und durch keine andere Beziehung an Tiefe und Nachhaltigkeit zu ersetzen. Der wegführende Text findet im hinterhergehenden Leser seine eigentliche unerhörte Offenheit, seine gebundene (einzig an ihn gebundene) Ekstase. Bis zu diesem Moment der außergewöhnlichen Begegnung hielt sich der Text «bedeckt», hütete, was er besitzt. Scham spielt eine Rolle, Furcht vor Enttäuschung und Angst vor Entblößung, kurz: die gesamte Ökonomie des Psychischen spiegelt sich in diesem Verhältnis zurück, drückt es aus und bestimmt es.

4. Lesung

Masken. Spiele. Triebstrukturen.

«Ich soll Ich werden!»
Johann Gottlieb Fichte

4.0. Der Text hat genauso viele Masken, wie der Schreibende des
Textes sie hat. Wo der Schreibende sie erkennt, spielt er mit ihnen und
seinen Lesern – also mit uns. Und wir lassen gern mit uns spielen und
spielen auch – mit unseren Masken. Unsere und die Masken des Textes ergeben zusammen ein berauschendes Spiel. Die Masken des
Schreibenden interessieren uns dabei nicht, weil uns der Schreibende
nicht interessiert. Hin und wieder aber sehen wir ihn, kurz, wie einen
vorbeihuschenden Schatten hinter seiner Textur. «Wir waren beim
Lernen, als der Direktor hereinkam …» – für diesen einen ersten Satz
ist der Erzähler in Flauberts «Madame Bovary» präsent, so flüchtig
wie Hitchcock, wenn er für wenige Sekunden ins Bild seiner Filme
kommt. Dann begegnen wir ihm nie wieder.

4.1. Das Spiel der Masken war Flauberts größtes Talent; sie tanzen in
seiner Prosa wie Papierdrachen im Wind, und wir können mit ansehen, wie sie, Stück für Stück, fallen. Hinter ihnen ist nichts außer ontologischer Leere. Das «Nichts», das zu beschreiben seine Obsession
war, stellt sich andauernd dar und bedarf keiner Kommentierungen
mehr. Genau das war der Stachel im Fleisch einer reizbaren Zensur:
nichts wirklich zu finden, das zensiert werden könnte. Hinführender
und wegführender Text tauschen andauernd die Positionen; wir glauben uns in einer Geschichte und spüren, wie sie sich auflöst im feinen
Ton des Erzählens. Endlos lange Seiten geschieht buchstäblich nichts,
und genau das ist das literarische Ereignis. Erinnern und Erzählen,
Gedächtnis und Beschreibung, Introversion und Extroversion schieben sich ineinander und verhindern die Auflösung der Geschichte
durch die Geschichte, wie sie die Sabotage der Sprache im reinen Akt
eines Sprechens verhindern. Dieses Gleichgewicht ergibt einen *stehenden Text.*

4.1.1. In diesem Fall ist der erzählerische Ausgleich eine Kopie der gleich starken mütterlichen (weiblichen) und väterlichen (männlichen) Anteile im Affekthaushalt des Kindes. Zudem transportieren sie (die psychisch implementierten Anteile der Eltern) die Inhalte und Brüche des französischen Bürgertums zu Beginn des 19. Jahrhunderts in die Geisteswelt des werdenden Schriftstellers.

Mythische Bildungen: Der «stehende Text»

4.2. Der stehende Text ist eine absolute Setzung, ein Ereignis, ein Monument. An ihm gibt es nichts mehr zu verrücken, zu verändern, zu vervollständigen; er verfügt über eine stabile Verschaltung der Teile und zeigt nur bedingt seinen Bauplan. Er will nichts vom Leser, aber er gibt sich ihm hin, wenn dieser es will. Mit jeder Lesung verändert er seine Meinung, seine Farbe, seinen Ton, wie ein Chamäleon. Wir brauchen nur einmal mitzuvollziehen, wie viele Bedeutungsschichten dem Text (Roman, Erzählung, Drama) mit jeder Generation, die ihn gelesen hat, zugewachsen sind; und jeder Zuwachs ist auch eine Verlängerung des Textes, der einen Generator besitzt zur Erzeugung von Mehrwert. Auf eine mit sich selbst argumentierende Weise ist der stehende Text freigestellt von zeitlicher Ordnung. Zeit haben die Figuren und die Orte der Figuren, aber sie bleibt literarisch arrangiert.

4.2.1. Flauberts «Madame Bovary» ist ein solcher «stehender Text». Interessant daran auch, dass dieses «Meisterwerk» nicht frei – jetzt sage ich es mal im Deutschlehrerton – von handwerklichen Fehlern ist. Schon der Expositionalsatz bringt einen Erzähler ins Spiel, der gleich wieder aufgegeben wird. Das erste Kapitel im ersten Teil, das sich ausschließlich Charles Bovarys Kindheit widmet, hat mit der Handlung, die folgen wird, so gut wie gar nichts zu tun; außer dass es erklärt, warum er ein so blöder Kerl geworden ist – aber das müssen wir im Grunde nicht wissen. Emma, die Hauptfigur, ist im zeitlichen Verlauf des Romans nur eine (gewiss ausgedehnte) Episode. Die chronologische Klammer bildet Charles – ihm gehören die ersten und die letzten Worte des Erzählers; (nicht ganz: das letzte Wort gehört dem Apotheker Homais). Wir können also streiten darüber, ob der Titel nicht eine Ablenkung ist, weil sich die egozentrischen Anteile des Autors im Spiegel der hysterischen Frau besser gefallen als in dem des normalbürgerlichen Langweilers. Die Proportionen der szenischen und erzählenden Teile sind oft unökonomisch, und die grandiose Fähigkeit zum fotografischen Detail gerät bisweilen zur Lyrik und verliert ihre dramatische Beziehung zum Handlungsverlauf. Dann die sich immer wieder bildende und wild vorantreibende Verkettung von Metaphern – jede für sich ein Kunstwerk, in der Summe oft schwer zu ertragen; es gibt Passagen, in denen man gar nicht mehr weiß, auf welcher Ebene der Bedeutungen man sich eigentlich befindet. Gewiss haben diese ständig wechselnden Bezugssysteme des Erzählens mit dem Schock der Moderne zu tun, die Signifikanten nicht mehr unter Kontrolle zu haben – ästhetisch erzeugen sie Brüche und sabotieren den geschlossenen Text. Oder die labile Beschreibung der Figuren: Emma hat einmal braune, dann schwarze, dann wieder blaue Augen; León, ihrem ersten Liebhaber, werden einmal blonde, ein anderes Mal kastanienbraune Haare zugeschrieben – der Autor weiß es einfach nicht und erschafft die Physiognomien und Körper seiner Figuren jedes Mal, von Szene zu Szene, neu.

4.2.2. Und dennoch ein Meisterwerk? Ein «stehender Text»? Unbedingt, sofern wir anerkennen, dass poetische Perfektion nicht Perfektion des Poetischen heißt – also keine reibungslos in Gang gebrachte Maschine ist.

4.3. Das Perfekte ist das Reibungslose, das seine Sichtbarkeit verliert, weil es einfach so ist, wie es ist. Der Körper ist perfekt (ehe er krank wird), oder das Auto (ehe es streikt). Indes, wenn die Sprache perfekt ist, verstehen wir sie nicht mehr (oder wir verstehen sie, aber sie ist ein Befehl, der keine Widerrede mehr zulässt). Der leere (nicht der «fehlende») Buchstabe ist der, durch den sich unsere Bausteine im alphabetischen Sprachgitter verschieben lassen, wie wir es schon festgestellt haben; er ist die Weiche, ohne die kein Wort zu einem anderen kommt;

er ist der Sinn, der noch nicht gefunden und geschrieben, aber, in dieser Leerstelle, *immer schon vorhanden ist*.

4.3.1. Übertragen auf unser Beispiel: Die ästhetischen Fehlleistungen bedingen die Größe der literarischen Textur – denn eben weil die Konturen der Geschichte unfest und die Figuren labil sind, glauben wir, dass das Erzählte dem Erzählen entspringt und nicht dem Protokoll. Das freilich gilt nicht für den auktorialen Erzähler; er ist nicht freigestellt zu erinnern, ohne das Erinnerte nicht noch einmal auf eine Logik der Anschlüsse hin zu kontrollieren. Der auktoriale Erzähler – wir werden es später noch genauer sehen – simuliert eine Perspektive der Ganzheit und wird mit Enttäuschung bestraft, wenn dieses künstlich erzeugte Ganze zerfällt.

4.3.2. Ob die Fehlleistung ein Misserfolg des Erzählten ist oder dessen produktive Bedingung, hängt von dem Verständnis ab, das wir – in einer größeren Summe von Lesern – ihr entgegenbringen. Wenn ein entflohener Häftling in einem Roman von Anna Seghers den Blicken der Patrouille dadurch entgeht, dass er sich unter Wasser auf den Boden legt und ein Schilfrohr wie einen Schnorchel benutzt, um Luft zum Atmen zu bekommen, dann sehen wir auch darüber hinweg, dass ein Schilfrohr im Inneren verknotet ist und keine durchlässige Röhre bildet. Denn wir wollen, dass der Mann überlebt, und die Wahrheit des Bildes geht mit ihrem Fehler einher. (Unmöglich wäre der umgekehrte Fall: Wir empfinden Abscheu und müssen lesend mit ansehen, wie ein Verbrecher durch einen sachlichen Fehler des Autors entkommt.) Der sich irrende emphatische Text, der geglaubt werden will, hat mit dem sich irrenden nichtemphatischen Text, der geglaubt werden muss (und das greift die Freiheit des Lesens als eine *Freiheit zur Freiheit* auch maßgeblich an), nichts zu schaffen; die Defekte des Erzählens sind, im Umfeld einer umfassenden Wahrheit des Textes, ebenso wahr. (Denn das Erinnern kann sich nicht irren – *es ist ein Irrtum*.)

4.4. Ein «stehender Text» kann nicht verändert werden – und das schließt seine Fehlleistung ein. Die Genauigkeit im Detail, die zur Glaubwürdigkeit eines Ganzen wird, ist zwingend für Texte, die sich noch beweisen und den Leser überzeugen müssen. Jeder «erste Text», unerprobt im Umgang mit dem anderen, braucht ein Kontingent an Erfahrung, das ihn legitimiert. Dann aber, ausgezeichnet durch die Bestätigungen des vielfachen Lesens, ist er, gleichviel, wie seine Teile zueinander gebaut sind, nicht mehr aus der Welt zu denken.

4.4.1. «Stehender Text» heißt also auch, dass er nicht mehr zu beeinflussen ist. Er ist historisch geworden. Literarische Historizität muss mit der Chronologie von Geschichte nicht zwingend einhergehen, aber erst der tote Autor, der Autor also, der nichts mehr verändern kann, ist die Garantie für die Unumstößlichkeit seiner Schriften. Solange wir sind, können wir ändern, sagt Sartre, und solange wir ändern können, ist eine Setzung vorübergehend.

4.4.2. Das wiederum bedeutet, dass die Setzung der Schrift, ihre Einschreibung in den «Universaltext», nicht mehr nachweisen muss, über einen Wert zu verfügen; der «stehende Text» ist gelassen und unendlich geduldig, frei von den Bewegungen des Marktes und seiner Meinungslabilität. Gewiss gehen die Aktien einmal höher und einmal tiefer, und gewiss wird alles Außerordentliche irgendwann einmal getötet, weil seine Größe plötzlich zu erdrückend wird – aber eine Inschrift ist eine Inschrift und bleibt es auch. (Das lehrte uns Rom.)

4.4.3. Diese Einschreibung ist auch eine Verneigung vor dem Mangelhaften – plötzlich lieben wir, was wir andernfalls hassen und ausgrenzen wollen. Der Text hat sich durchgesetzt, erhalten, er hat, mit einem sehr starken Wort: «überlebt», und das macht ihn heilig. Von Canetti kennen wir die Auratisierung der Person allein dadurch, *dass sie überlebt hat*. Das Überlebthaben ist an sich Wert genug, es braucht keine weiteren Qualifikationen, und wenn ein Führer, so Canetti, Anschläge, Kriegsereignisse, Krankheiten oder was auch immer überlebt, ist er der Unsterblichkeit nähergekommen und der vermeintlichen Unbesiegbarkeit auch. Jeder Angriff, der abgewehrt wurde, ist demnach eine Empfehlung und bereitet den Mythos von der Unsterblichkeit vor; und dieser Mythos hat die schließliche Kraft, für Unsterblichkeit zu sorgen.[6]

---

6   Vgl. Canetti, Elias: Masse und Macht, Frankfurt am Main 2011.

4.4.4. Der «stehende Text» ist eine mythische Produktion – er hat unendlich viele Angriffe, Beleidigungen, Verzerrungen, Vereinnahmungen und Ausgrenzungen «überlebt», dass er allein schon dadurch in den Status seiner Unumstößlichkeit versetzt worden ist. Man wird sich also an ihm messen müssen, immer wieder aufs neue. Und auch die Schönheit des Fehlerhaften leuchtet im Hintergrund der festgesetzten Schrift. (Der «stehende» Text wird *ruhend*, er wird zu einer Einlassung, *die universal ist.*)

4.4.5. Das heißt nicht, dass die Infamien und Entwertungen an ihr Ende gelangt wären, weil der einzelne Text in den Kanon der «stehenden/ruhenden Texte» aufgenommen ist – im Gegenteil. Es wird immer eine junge Generation geben, die rebelliert und die Bibliotheken der Väter vernichtet. Die universale Bibliothek allerdings ist keine Einrichtung am Marktplatz der Stadt, sie kann nicht erobert und geplündert werden. Sie besteht auch gar nicht mehr aus Büchern, sondern aus Wissen, das lange schon die Materie der Sprache verlassen hat und auch als Bild- oder Tonwissen zum kulturellen Unbewussten einer Epoche gehört (die in das kulturelle Unbewusste einer nächsten und abermals nächsten übergehen wird). Es ist eine Zirkulation von Wissensmaterie, die unendlich bewegt wird und erst endet, wenn die menschliche Zivilisation beendet ist. Aus diesem reißenden Strom kann man nichts mehr herauslösen – alles ist eingespeist und festgefügt und schon dadurch unauslöschlich, dass es in zersplitterter Weise andernorts vorkommt; das kann eine Abschrift sein, das kann eine Fortführung sein, ein Zitat, eine Transformation, *eine Arie.*

4.4.6. Im Mythos der universalen Bibliothek ist das Humane beherbergt. Dies nicht in Form einer Agenda, die verzeichnet, was zum Humanen gehört, sondern durch die Anerkennung der Störungen und Fehler, die Bedingung für ein vollendetes Werk sind; (vollendet meint hier den feinen Riss im Gewebe, den zarten Bruch im System, ohne den wir *keine Ahnung von Vollkommenheit hätten*).

4.4.7. Das Vollendete ist immer unvollkommen, das heißt, es behält einen Abstand zu sich selbst – so wie Mangel und Begehren nie in einer Überschneidung der Linien, in einem Punkt, der ein Ort wäre, sich treffen können.

4.4.8. Was aber geschieht mit dem Unvollendeten, das kein Vollendetes um sich herum geschaffen hat und Ausschuss wird? Denn ebenso, wie es ein Verdienst ist, das Defizitäre, Insuffiziente, Pathologische aufzunehmen und ästhetisch anzuerkennen, braucht es doch den stabilen (Hintergrund-) Text, der es bündelt und organisiert. Es muss also einen poetologischen Zusammenhang geben, der die einen (unvollkommen vollendeten) Texte als besonders erhält gegenüber den anderen (unvollkommen vollendeten) Texten; so wie der eine Zwilling erfolgreich und der andere, mit den gleichen Grundmerkmalen und soziokulturellen Ausgangsbedingungen versehen, eben nicht erfolgreich ist. Es kann also durchaus sein, dass kleinste Verschiebungen im ästhetischen System große Auswirkungen haben und dass es eine Art von Belastungsgrenze für – sagen wir es einfach – «Fehler» gibt. Gemeint sind damit jetzt nicht die leicht erkennbaren Fehler im literarischen Handwerk, sondern Fehler, die ein ganzes Koordinatenfeld von Zeichen verletzen, ohne dass der Verletzungsgrund offensichtlich wird. Man könnte sie *systemische Fehler* nennen, weil sie isoliert gar nicht verstanden werden können, sondern eben nur kontextuell und bezogen auf alles. Dass der zum Text erwählte Text keine Zufälle gestattet und mit allen seinen Teilen gleichzeitig an seinen Überschüssen arbeitet – immer einer Sprache *des Anderen* auf der Spur –, bedarf jetzt keiner Erklärungen mehr. Denn wie nichts sonst ist klar, dass der Sprechende eines Textes immer auch darüber spricht, worüber er nicht spricht. Das heißt, der Sprechende, Schreibende, verrät sich und seine Verstecke *immer*. Die Masken des Erzählens funktionieren wie die ineinandergeschachtelten Matrjoschka-Puppen, die sich mit jeder weiteren Figur verkleinern, bis es eben keine Figuren mehr gibt; und am Ende einer Verschachtelung aller Masken gibt es auch keine Maske mehr, und der Text schaut aus seiner schlussendlichen Leere auf den Produzenten zurück.

4.4.9. Dieses unbedingte Mitwirken aller Teile am Ganzen – unmöglich zu kontrollieren und zu verwalten für den Autor – schließt also den Zufall a priori aus. Natürlich stellen sich aus der Arbeit am und im Unbewussten des Textes zufällige (assoziative) Verbindungen her, Überschneidungen und Überlagerungen gegensätzlicher semantischer Blöcke – und nichts anderes stattet das Geschehen im Text mit Spannungen aus –, aber diese Zufälligkeiten sind Möglichkeiten eines verborgen bleibenden Bauplans, der sich zur Konstruktion durch den Autor so etwa verhält wie das Es zum Über-Ich oder das Reale zum Imaginären. Diese dem Text innewohnende Zufallslosigkeit verpflichtet und macht verantwortlich für Störungen (die eben stören). Diese Verpflichtung ist allerdings nur bedingt einzulösen; man kann es sich vorstellen wie die Verantwortung eines Vaters für seine Kinder – er kann nicht überall und immer dabei sein, und wenn sie Unsinn machen, wird er bestraft. Nun könnte man noch ein wenig weitergehen und sagen: Erziehung ist alles, aber dann wären wir wieder bei unserem halbklugen Anleitungsbuch zum «erfolgreichen Schreiben», das uns über eine bestimmte Schwelle des literarischen Gelingens nicht bringen kann.

4.5. Nach all dem, was wir schon zusammengetragen haben im Geflecht von Autor, Text und Gesellschaft, vom Wert der Zeichen und Mehrwert der Sprache, von Intention und Produktion können wir sicher sagen: Literarische Texte – und je «literarischer» (poetischer), umso mehr – sind weder aus ihrer Entstehungsgeschichte (Initiation, Idee, Konzept) noch aus ihrer technischen Umsetzung heraus (poetischer Stimmungsaufbau, Bildverwirklichung, assoziatives Gleiten) abschließend verstehbar; sie können nicht im reinen Formwillen erscheinen und ebenso nicht im dissoziativen, unbewussten Vollzug; sie haben ein Bewusstsein, das unbewusst bleibt, wie sie über ein Unbewusstes verfügen, das sich mitteilt – sie sind nur als eine fortwährende Durchdringung aller möglichen Bewusstseinslagen zu denken, die ihrerseits gleich große Anteile evidenter oder nichtevidenter, kalkulierter oder erzeugter, überblickter oder unterlaufener Passagen einbringen. Der literarische Text ist *dispositiv* im wahrsten Sinne dieser Bezeichnung. Das schließt auch seine vollkommene Erkennbarkeit aus.

4.5.1. Literatur also ist immer eine Setzung von Aporien und Verweigerung von «Klarheit» (im Sinne eines normativen, anstatt eines dispositiven Verstehens). Und das heißt nicht Dunkelheit, Irrationalität, sondern Struktur, Sprache – als Instrument des Erzählens *und als Erzählendes selbst.* **4.5.2.** Hier bindet sich auch unsere Subjektvermutung noch einmal an: dass er, der Schreibende, der sucht, sich freigeben muss, in Räume der Sprache (und des Körpers der Sprache) vorzudringen, die er noch niemals betreten hat. Das heißt: er muss sich berühren können, dort, wo der Schmerz sitzt.

Die Sprache streikt: Blockaden

4.6. Mit diesem Modell können wir nun auch die Blockade verstehen – also jene Erstarrung in der Dynamik des Schreibens, die einer Statur (einem *Block*) gleicht und nichts, keinen Sprachkörper mehr bewegen kann. Dann nämlich, wenn das Begehren, das aus dem Mangel hervorgeht, erschöpft ist – weil es sich augenblicklich erfüllt hat oder weil die Erfüllbarkeit so weit von ihren Objekten abgerückt ist, dass auch keine Ahnung davon reproduziert werden kann – , gibt es nicht nur keine «Lust am Text» (Barthes) mehr, sondern auch keinen Sinn, den Sinn zu erkunden. Denn *wir müssen ja nicht schreiben*, und die Kräfte, die uns daran hindern, sind jetzt größer als die, die es bewirken. **4.6.1.** Was aber tun, wenn der fehlende Einschluss eines Genießens am Schreiben nicht sachlich betrachtet, sondern trauernd erlebt wird? Wenn, als eine Hülle, die keinen Inhalt mehr hat, das Begehren erhalten bleibt – gewissermaßen als ein Begehren nach dem Begehren? Das ist eine Marter, wie Impotenz im Augenblick der Lust. Wieder und wieder wird eine leere Seite eröffnet, und mit jeder Eröffnung ist die Hoffnung auf einen Anfang verbunden. Nach einer Handlungsschleife, die mehrmals Erwartung und Versagen durchläuft, stellt sich Panik ein. Was, wenn es nie wieder einen ersten haltbaren Satz gibt, der weiterführend ist? Wäre der Generator, der Stachel im Fleisch, die

Wunde, die sich nicht schließen kann, ausgebrannt, würde die Schreib-energie abgelöst werden von körperlichen Widerständen; die Trieb-struktur, die daraufhin eingerichtet war, dass es diese externalisierten Objekte gibt, die Konflikte im Textgeschehen lösen oder zumindest Basen für Verschiebungen sind, gerät außer Kontrolle.

4.6.2. Der Text ist beschaffen wie der psychische Apparat, der ihn pro-duziert hat. Alle Durchdringungen und Wechselspiele, somatischen und sprachlichen Kohärenzen, Positive und Dispositive finden im Text ihren Ausdruck – und das kann natürlich nur für literarische Texte gelten, die ja schon von der Sprache als einer vergesellschafteten Ent-fremdungsprozedur abgezogen sind. Von daher lassen sich die Störun-gen im Textmuster ebenso wie im Produktionsprozess erkennen *wie ein Symptom*; und das wiederum ist ein Signifikant, der interpretiert werden kann. Gleich nun, wie wir den Text als einen Körper und den Körper als einen Text verstehen, verstehen wir ebenso den ungeschrie-benen Text – wie wir ja auch einen Brief lesen können, der nicht ein-getroffen ist. Einzige Voraussetzung dafür ist, dass der ausgebliebene Brief eine Vorgeschichte hat, eine Ankündigung, die ihn lesbar macht, so, als wäre er geschrieben worden; andernfalls ist die Leerstelle ein Raum ohne Wände, ohne Abgrenzung, ohne Bezug und Beziehung. Und so sagen wir ja auch ganz alltagsmetaphorisch: «Keine Antwort ist auch eine Antwort.» Soll sagen: Ich habe etwas mitgeteilt, das eine Mitteilung an mich erforderlich machte, deren Ausbleiben aber eben-falls mitteilend ist; im Grunde die Verneinung als Tatsache, nichts weiter und durchaus verständlich.

4.6.3. Der ungeschriebene Text ist – gleich der Antwort, die nicht erfolgte – deshalb lesbar, weil er ein Begehren nach sich selbst schon geäußert hat (in der Trauer über den Verlust). Der ungeschriebene (nicht zustande gekommene) Text ist quasi die Rückseite des geschrie-benen Textes, dessen radikale Auslassung. Diese Auslassung hat einen psychischen Grund – und der bestimmt die Blockade. Wir können es uns vorstellen wie ein ruhendes oder ein nicht fahrendes Auto. Das ruhende Auto ist abgestellt, niemand bedient es, niemand will es be-dienen; es steht auf einem Parkplatz und wartet auf seinen Sinn. Das nicht fahrende Auto wird bedient, aber es streikt und verweigert die Anfahrt (den ersten Satz). Der Besitzer, der den Sinn des Autos durch seinen Willen, es zu bedienen, bestätigt, macht etwas falsch, kann die Technik nicht richtig verwalten oder versteht nicht, warum sie ausgefallen ist. Im Ergebnis haben wir das gleiche erstarrte Objekt – aber das eine erzählt und das andere nicht, das macht sie verschieden. Um diesen Unterschied geht es auch in unseren nicht zustande gekommenen Texten: die einen sind stumpf, leer, eine Lücke der Sprache, die keine semantischen Kontakte vermisst – für den Fall erlebt der Autor auch keinen Mangel, und das Ausbleiben der Möglichkeiten des Schreibens teilt sich gar nicht erst mit, weil es keinen Grund dafür gibt, es zur Kenntnis zu nehmen; und die anderen wollen ja ihre Potenz, das starke Geschlecht, wirken aber derart gegen sich selbst, dass sie einen Triebstau ergeben, eine Neutralisierung gleich starker Affektanlässe. Die Schreibblockade ist ein Wunsch ohne Erregung, wie platonische Liebe; *sie ist ein Triebkonflikt.*

4.6.4. Ein Grund, um hier auch ein Beispiel zu geben, könnte die Gleichzeitigkeit von Wünschen sein, die einander ausschließend sind – der Fahrer gibt Gas und tritt zugleich auf die Bremse. Offenbarung und Verheimlichung sind zwei dieser disparaten Kräfte, und für beide steht der Text zur Verfügung und bietet Raum; er will eine (außerordentliche) Mitteilung geben, aber er will sie so geben, dass sie im Grunde niemand versteht (aufdeckt) – oder eben versteht in der vagen Unschärfe einer Metapher, *also ahnt.* Diese Ahnung ist jetzt noch keine literarische/poetische, sondern eine zur Chiffre verschmolzene Ambivalenz. Der Text als Bestandteil des Psychischen und dessen Energiefelder interessieren uns hier ja auch nur, weil er in unserem Kontext einen Anspruch erhebt und gelesen werden will *als Literatur* (als eine Form der Transformation also). Der Autor ist Schriftsteller oder will es werden, und damit erzeugt er natürlich andere Wünsche des Lesens und sorgt für andere Deutungsszenarien. Der unwillkürliche Text, der dem Schreibenden/Redenden *passiert* und der offenlegt, was er *nicht sagen wollte* (weil die sprachliche Festlegung immer auch zum Zeichen einer Auslassung wird), ist im therapeutischen

Geschehen interessant und willkommen; allein deshalb die Rituale einer unendlichen Exploration: nicht, weil wir den Inhalten glauben dürften und für unbedingt wichtig erachten, sondern weil sie uns das produktive und Bedeutungen freisetzende Netzwerk zeigen, das symbolisch über die Inhalte gespannt ist und auf deren Paradoxe verweist; auf die Nichtinhalte also, auf die dunkle Komplexität. Auch hier sind es die Schatten, die von den Dingen besser erzählen als diese über sich selbst. Die Sprache, die den Körper in die Krankheit zwingt, in die Fehlleistung, Neurose, Psychose, bietet zugleich den einzigen erfolgreichen Zugang in Prozesse der Heilung. Alle nonverbalen Therapieangebote sind Vorstufen dessen, allenfalls nützlich, Sprache «zu lockern», um im günstigsten Fall aus einem schwachen ein starkes Subjekt auszubilden, das seine Verletzungen auch zulassen und anerkennen kann; aber sie werden niemals ersetzen können, was erst mit und in der Sprache zu einer Struktur wird, die dauerhaft Halt gibt und sich auch rückfließend wieder somatisiert. Eben das hat die Sprache in ihrer Vergesellschaftung bewirkt: keine Subjektgründung außerhalb ihrer selbst zuzulassen; und so auch ermöglicht sie, sich *die Freiheit zur Freiheit* (wie sie aus jeder Subjektgründung erwächst) anzueignen und nutzbar zu machen – denn Freiheit und Züchtigung, Anarchismus und Domestikation sind untrennbar miteinander verbunden wie «Muttersprache» und Gesetz.

4.6.5. Die Kodierung der Sprache und ihre immerwährende Geschichtlichkeit ist auch im poetischen Text nicht außer Kraft zu setzen. Was aber den therapeutischen Vorgang der «Redekur» von unseren Transformationen der Sprache (einem *Anderen entgegen*) grundlegend unterscheidet, ist nicht der Heilungsversuch mit den infizierten Instrumenten einer kranken und krankmachenden Sprache, sondern deren Sterilisation eben dadurch, dass sie sich am poetischen Text *reinigt*.

4.7. Die zweite Form der Blockade, nach einer Ambivalenz der Wünsche, ist die Eröffnung des Verdrängten. Das Konfliktobjekt konnte sprachlich verschoben werden, es hat sein Syntagma* (seine metonymische Reihe – und damit auch seine *wiedererkennbare Uneigentlichkeit*) verlassen und das System gewechselt (sich auf die metaphorische

Achse bewegt, auf der *nichts mehr wiedererkannt werden kann*, sondern interpretiert werden muss).

4.7.1. Kurze Zwischenerklärung: Die Metonymie vertauscht lediglich die Begriffe innerhalb eines gleichen semantischen Feldes. Psychoanalytisch ist sie horizontal gesetzt, also → in → Serie → ihrer → Bildproduktionen. Diese Serialität verschließt sich dem Verständnis noch nicht. Ein Ausdruck wie: «Ich habe den ganzen Goethe gelesen» für: «Ich habe alle Bücher gelesen, die Goethe geschrieben hat» ist umgangssprachlich toleriert und leicht übersetzbar. Für Lacan/Freud steht die Metonymie für die Verschiebung des Objektes und würde sich allenfalls neurotisch konnotieren. Die Metapher ist komplizierter (und auch intelligenter), weil sie den unbeherrschbaren Konflikt auf eine → ↑ Bildachse → ↑ setzt, → ↑ die → ↑ systemisch → ↑ verändert, also vertikal organisiert ist (wie das RSI bei Lacan). Unser Beispielsatz: «Ich habe den ganzen Goethe gelesen» könnte jetzt heißen: «Ich bin verfangen/ im goldenen Haar/ seiner Sprache.» Den Kitsch dieses Satzes, der sich ergibt, sobald Metaphern auf sich selbst gestellt sind, einmal beiseite: «Goethe», der Name (des Vaters), kommt *nicht mehr zum Vorschein*. Er ist *verdrängt*. Diese Verdrängung sorgt für Unansprechbarkeit und «Symptomrettung». (Bei Freud heißen Objekte, die zur Metapher wechseln, «Verdichtung»; ich verwende die Begriffe gleichwertig, wiewohl Verschiebung und Verdichtung zwei Qualitäten von Verdrängung beschreiben.)[7]

4.7.2. Das Symptom ist hier in den Stand eines Besitztums gekommen, der erhalten bleiben soll. Das bedeutet, von ihm muss eine Leistung ausgehen, die für alles entschädigt, was es an Nachteilen bringt, an Schmerzen und Leid. Man kann sagen, die gesamte psychologische Ökonomie hat sich diesem Symptom und seiner Affektstruktur angepasst und untergeordnet. Das sind dann die Patienten, die andauernd bei Ärzten sitzen, nur um sich bestätigen zu lassen, dass ihnen nicht zu helfen ist.

---

7 Vgl. Freud, Sigmund: Die Traumdeutung, Frankfurt am Main 2011.

4.7.3. «Liebe Dein Symptom wie Dich selbst!», heißt es bei Žižek.[8] Wir könnten sagen: «Liebe Deinen Text, als wäre er schon geschrieben.» Die Blockade erzählt nämlich von ihrem Grund, und wir, die wir nicht weiterkommen im Text – oder ihn gar nicht erst eröffnen konnten –, sind Leser dieser Erzählung. Wir müssen nur aufgeben, immer Empfänger von Inhalten zu sein, von zweckbestimmter Sprache, um dann zu entdecken, dass in den Ausdrücken hinter dem Ausdruck und in den Sprachen hinter der Sprache *neue Inhalte liegen.* Warum nicht einen Gegenstand von seinem Schatten her verstehen; eine Rede von dem her, was sie *nicht sagen wollte?*

4.7.4. Es trifft sich unerwartet, dass ich genau an dieser Stelle, an der ich über «Blockaden» schreibe, blockiert bin. Seit Tagen ist der Gedankenfluss unterbrochen, lenke ich mich mit anderen Dingen ab. Wie lange wartet man jetzt? Ich weiß es nicht.

4.7.5. Ganze Bücher entstehen in diesem Wartezustand und aus ihm heraus; plötzlich ist eine Sammlung von Texten zustande gekommen, die nur entstanden ist, weil der «Haupttext» ein Geheimnis blieb. Wir kennen das von unserem Schreibtisch, auf dem viel zu viel unerledigt herumliegt: dass wir erst einmal Kaffee kochen und ein für den Moment vollkommen unsinniges Telefongespräch führen. Und genau das ist der Irrtum, zu denken, der Kaffee zu dieser Stunde und das Gespräch am Telefon wären nicht Sekundanten der Arbeit, die auf uns wartet, hinführende Ablenkungen, sinnvolle Paradoxien. Ausnahmslos jeder Gegenstand, und sei es nur eine herumliegende Büroklammer auf der Schreibtischplatte, die in ihre Schachtel gehört, fordert mehr von uns als eine Handbewegung; sichtbar ist nichts anderes, aber in ihrem Vollzug vollziehen sich vielfache weitere Vollzüge, die wir nicht nur nicht sehen, sondern auch nicht denken können.

4.7.6. Eine Topologie von Wissen und Ordnung fächert sich auf in einer einzigen auch noch so simplen Handlung. Das ist auch das Dilemma aller unserer Anschaffungen: dass sie eine Verwaltung benötigen, die uns schnell überfordert, und die meisten Verwaltungen

---

8 Vgl. Žižek, Slavoj: Liebe Dein Symptom wie Dich selbst!, Berlin 1991.

werden unbewusst geführt. Es sind also unbewältigte (unbewusste) Belastungssyndrome, die aus einer Interferenz sozialer Systeme entstehen und mit Hilfsdiagnosen *burn out* oder dergleichen klinisch abgestellt werden. In Wahrheit weisen sie auf die Schattentexte hin, die *mitgeschrieben werden*; sie zeigen uns das semiotische Netz in seiner Vervielfachung zu dem, das wir lesen und verstehen. Kurz: Jedes Ding ist ein System von Dingen, wie jeder Text auch System eines anderen Textes ist. Die Blockade ist also ein Text – ein Riss in der Kontinuität seiner Entstehung.

4.7.7.   Bei einem Spaziergang heute fiel mir auf, dass wir doch eigentlich andauernd lesen; und am wenigsten Bücher.

4.7.8.   Gerade hatte ich gesagt, ich hätte eine Blockade, über die Blockade zu schreiben; dann sagte ich, dass sich in diese Brüche und Diskontinuitäten sekundäre Texte legen, die scheinbar mit dem Text, der erwartet wird, nichts zu tun haben. Jetzt sehe ich, dass genau das hier passiert ist: Eine Passage «bricht aus». Und ich sehe noch mehr: Dieser Ausbruch gehörte dazu und ist Bestandteil einer verborgenen Dramaturgie.

4.7.9.   Der Sinn der Blockade ist die Blockade; sie arbeitet im Unbewussten an der Fertigstellung dessen, das noch nicht bereit ist, fertig (das heißt gesprochen) zu werden. Deshalb hat es keinen Sinn, sich gegen sie aufzulehnen – sie ist so etwas wie ein Tinnitus der Sprache, ihr Widerstand. Widerstand bei Freud heißt, das Symptom soll erhalten bleiben. Vermutlich schützt es vor einem Zusammenbruch der Signifikate, denn es ist ja immer noch geborgen und gehalten in einer Struktur. Während sich nun der Therapeut mit dem Symptom arrangiert, um es zu bekämpfen, haben wir, schreibend, den Triebkonflikt «eingefroren»; *unsere* Metapher ist ein poetisches Objekt und nicht das Resultat einer pathologischen Verschiebung. Was im Geschehen eines psychoanalytischen Verfahrens erst noch zu bearbeiten wäre, weil es rohes Material bleibt, ist in unserem poetischen Text das Resultat, die Perle in der Auster, die krank ist. Es ist also völlig undenkbar, die enorme Leistung weniger Wörter, die so einmalig zueinandergesetzt sind, dass sie das Unaussprechliche sprechen können, durch eine mechanische Rückführung auf ihre Energiebedingungen des Körpers zu erklären; das würde nicht nur dieses einmalige Sprachobjekt zerstören, sondern alle zwischengeschalteten Transformationswege leugnen, die im Prozess der Arbeit eine Rolle gespielt haben – die Dynamik der Phantasie, die Inferenzialität* des Materials und so weiter. Wir haben ja schon gesehen, dass Sprache sprechend sein kann und die Erzählung immer auch den Erzähler erzählt. Jeder literarische Schreibakt ist von dieser Dialektik getrieben: mit Sprache zu erzählen und von Sprache in die Erzählung gezogen zu werden. Wenn wir über Lyrik sprechen, werden wir noch deutlicher sehen, wie sehr das Spiel in den Ernst der Inhalte dringt und den Wert der Aussagen notorisch sabotiert.

Die poetische und die pathologische Metapher

4.8. Der poetische Text ist also nicht die Zwischenstufe einer uneigentlichen Benennung, die den Konflikt zu verdrängen hat, sondern *Lösung des Konflikts* und damit Bestandteil der Literatur und nicht der psychologischen Praxis. Natürlich sind die Formeln dieser Lösung an eine lesende Gemeinschaft gebunden, die sie anerkennen kann, aber sie führen auch ein eigenes Bedeutungsleben und sind entfernt davon, mit dem Schreibenden noch weiter zu korrespondieren. Vielmehr haben sie ihn verlassen wie aus dem Haus gegangene Kinder, die dem Vater immer unähnlicher werden; sie werden immer in Beziehung bleiben, egal, wie nah oder fern, aber *sie sind andere*.

4.8.1. Die poetische Metapher ist konsistent, während die pathologische labil ist und einen Angriffspunkt markiert, über den sich der Analytiker therapeutischen Zugang verschafft. Die poetische Metapher lässt sich genießen, sie ist frei davon, einen quälenden Zustand (der ja auch außersubjektiv sein kann und, Beispiel Zensur, gesellschaftlich eingeschrieben ist) so zu umspielen, dass (unverwechselbar) nur *er* damit gemeint sein kann. Bei Freud können wir lesen: «Sie erinnern sich, wir sagten, dass der Tagträumer seine Phantasien vor anderen sorgfältig verbirgt, weil er Gründe verspürt, sich ihrer zu schämen. Ich füge nun hinzu, selbst wenn er sie uns mitteilen würde, könnte er uns durch solche Enthüllung keine Lust bereiten. Wir werden von solchen Phantasien, wenn wir sie erfahren, abgestoßen oder bleiben höchstens kühl gegen sie. Wenn aber ein Dichter uns seine Spiele vorspielt oder uns das erzählt, was wir für seine persönlichen Tagträume zu erklären geneigt sind, so empfinden wir hohe, wahrscheinlich aus vielen Quellen zusammenfließende Lust.»[9]

4.8.2. Obwohl die Metapher in ihrer symbolischen Verdichtung zwei Beziehungen gleichzeitig eingeht – zum Poetischen durch produktive Polyvalenz und zur Psychopathologie durch sachliche Unverständlichkeit –, bleibt sie natürlich ihrem Ursprung (dem Triebkonflikt) verhaftet. Sie ist dort «frei» und souverän geworden, wo sie, selten genug, ästhetisch transformiert werden konnte – und aus dieser Stellung wollen wir sie auch gar nicht vertreiben. Aber es liegt auch nicht in ihrer Macht, aus der Zeichenmatrix auszutreten, in der sie erscheint; das heißt: sie kann durchaus zusammenbrechen; entweder, weil sie ihren distinktiven Blick, der sie aufwertet, verloren hat – zum Beispiel durch veränderte politische Verhältnisse –, oder, weil sie in ihrer Einmaligkeit erschöpft ist.

4.8.3. Die Erschöpfung der Metapher kann also viele – innere und äußere – Gründe haben. Ich erinnere mich eines Lyrikers, der eine verdrängte Wunschphantasie wieder und wieder metaphorisch umkreiste, bis sich der Text hinter dem Text zu erkennen gab und das Begehren des Textes nach sich selbst damit erloschen war. Kurz: er hörte auf zu schreiben. Der Urgrund war berührt, die Spannung zwischen Erregung und Erkenntnis aufgelöst, *die Ahnung, das Andere* versprengt. Nun berührt dieses besondere Schicksal – anders als im vorherigen Fall – nicht das bis dahin erbrachte literarische Schaffen, das in immerhin zwei, drei gut edierten Bänden zur Verfügung steht, aber es zeigt, wie essentiell verschmolzen Text und Körper einander bleiben und wie der Sturz des einen zum Verlust des anderen wird.

---

9 Freud, Sigmund: Das Lesebuch, Frankfurt am Main 2006, S.157.

4.8.4. Das Verstecken der Botschaft in den Verstecken der Sprache hat poetisch nur Erfolg, solange es keine Täuschungen ausdrückt, sondern Notwendigkeiten. Eine Täuschung verrät sich – nicht im Bewusstsein des Täuschers, sondern im Unbewussten des Textes. Blockaden also schützen vor dem Zusammenbruch der Metapher und sind ein ebenso extensives wie intensives, kollektives wie individuelles, politisches wie psychophysisches Phänomen der Gefahrenabwehr. Sie haben im Moment der Motivbildung gleich starke Kontrahenten, die sich gegenseitig in Geiselhaft nehmen: exhibitionistische und voyeuristische, sadistische und masochistische, manische und depressive Paare. Offenbarungslust und Verheimlichungsabsicht stehen sich dann im Weg und verhindern den Text (der selber zu einem Text wird). Sobald sich das Kräfteparallelogramm verschiebt – wie die Wippe im Gleichstand, auf deren einen Seite sich ein Vogel niederlässt und sie damit bewegt –, kommt der Text in Gang und zur Sprache zurück. Dennoch ist es zu früh, von einer Lösung der Blockade zu sprechen, denn vielmehr, als dass die Stummheit durch erste, noch kaum verständliche Laute durchbrochen wird, ist nicht passiert. Denn jener Widerstand, dessen Anliegen es ist, das Symptom (die Metapher) zu retten, weil es so fließend arrangiert ist im psychodynamischen Verlauf, lässt noch nicht nach, nur weil sich ein Partner gerade oben und ein anderer unten befindet. Denn jetzt gibt es ja immer noch den Text, der sich verweigert und, immerhin sprechend, *nicht verstanden werden will.*

4.9. Der Text, der nur sprechen, nicht aber verstanden werden will, kann seinem Schicksal der Deskription nicht entgehen, denn er kann sich nicht restlos überblicken und zeigt sich dort, wo sein Schleier gelegt ist: in der Unschärfe; sie ist die schwache Kontur, die nachgezeichnet wird und aufgefüllt mit Tönen, Farben und Stoff – der Inhalt war leeres Stroh, Blendwerk. *Auf Inhalte können wir uns nie verlassen.*

4.9.1. Hierzu noch einmal Freud: «Wenn es der Sinn von Träumen ist, den Sinn eines Traumes zu entstellen, dann ist der Traum ein Text, der nicht verstanden werden will.»[10] Der literarische Text als eine Form

---

10 Vgl. Freud, Sigmund: Die Traumdeutung, Frankfurt am Main 2011.

der Externalisierung von Traumgeschehen (Konfliktobjekten) unternimmt nichts anderes: Er spricht aus und dann wieder nicht, er ist fortwährend im Dialog mit sich selbst. Diese Verschiebungspotentiale gehen uns gewiss nicht wirklich viel an, weil wir kein Interesse daran haben, psychoanalytische Deutungen zu liefern; wenn ein Text «schwach» ist, legen wir ihn weg, und wenn er von den Dingen nur redet, sie aber nicht empathisch «ergreift», das heißt, *sie reden lässt*, ebenso. Das betrifft auch jene hermetisch in sich verschlossenen Texte, die abweisend dadurch sind, dass sie vollständig nur in negativer Referenz auftreten – also in Verweigerung, den Signifikanten auf ein Signifikat zu bewegen, frei nach dem Motto: Wer etwas will, muss sich bücken. An dieser Arroganz verliert sich der lesende Blick, und wir können verzichten, die banale Botschaft durch ein Kryptogramm zu erfahren.

4.9.2. Wie schon die Begriffe Täuschung und Notwendigkeit sind auch Hermetik und Arroganz nicht dasselbe – wobei Arroganz nichts anderes als eine Pose der Impotenz ist. Es gibt gewiss die Hermetik, die nicht inkommensurabel bleibt und mit jenem *Spiel der Ahnungen* spielt. Schließlich entscheiden die inneren Spannungen eines Textes, die syntaktisch genauso getroffen werden wie semantisch, ob ein lustbesetztes Lesen möglich wird. Irgendwoher muss unser aus Sprache geformtes Kunstobjekt seine Energiefelder ja beziehen, wenn es Einlass finden will in das *imaginäre Andere*, von dem es spricht.

Schreiben ist physisches Tun ganz unmittelbar

«Worte sind Taten.»

Ludwig Wittgenstein

5.0. Der Text ist ein symbolisches *und ein physisches Ereignis.* Ihn zu schreiben strengt an, körperlicher, als man es gemeinhin annehmen mag. Nicht der Aufschlag der Finger auf die Tastatur des Computers oder die schreibende Bewegung der Hand sind damit gemeint – wenngleich auch das nicht zu unterschätzen ist; gemeint ist tatsächlich dieser Umgang mit «Masse», die immer wieder neu durchdrungen und geformt werden will. Gedichte beiseite – sobald man in Prosa den Anfang gesetzt und auf eine Mitte des Textes hin verlassen hat, bekommt man es mit einem Text-Block zu tun, der etwas Gewaltiges, Erdrückendes bekommt, das recht einschüchternd auf den Autor zurückwirkt: das soll ich verwalten? Störungen und pausierende Tage oder gar Wochen sind verheerend; der Blick muss zu weit zurückgehen, zu viel muss neu ins Gedächtnis gebracht und rekonstruiert werden, plötzliche Einschübe verändern die Architektur. Der Text verliert seine Richtung, seinen Ton, seine Intentionalität. Es ist klar, dass die Länge eines Textes diese Probleme in proportionaler Dichte verschärft, wodurch die Vermutung, ein Roman über fünfhundert Seiten müsse naturgemäß scheitern, nicht unbegründet ist. Auf jeden Fall sind es «Kraftakte», die ein Autor hier anstellt, körperliche Herausforderungen, in denen sich die psychischen und physischen Beanspruchungen vermengen und zu einer immensen Verausgabung führen. Ich bin nach einem Schreibtag von sechs bis acht Stunden erschöpft; erschöpfter vielleicht, als nach einer Arbeit im Wald und mit der Säge in der Hand. Denn diese *Arbeit am Block* (und auch das hat mit «Blockade» zu tun) ist energiezehrend, eine Art Steinmetzarbeit im Alphabet. Ein Roman an seinem Ende bedeutet immer auch Verlust und Übertragung von Energie; was hier dem Textkörper gegeben wurde, ist vom Körper seines Verfassers abgezogen worden, und das ist zu betrachten wie eine Gleichung. Die Mo-

mente einer obsessiven Identifikation des Autors mit dem Handlungsverlauf seiner Erzählung jetzt einmal ausgenommen – Flaubert musste
sich übergeben, als Emma Bovary das Arsenik nahm, und als sie starb,
lag er im Fieber –, allein die Gewissheit, eine Arbeit zu beginnen, die
unvorhersehbar viele Strapazen mit sich bringt, schlaflose Nächte, weil
die Bewegung des Stoffes nicht zur Ruhe oder nicht zustande kommt,
je nachdem, welche Reizbarkeit vorliegt, diese absolute Verfallenheit
einer Sache gegenüber, die auf biologische Konstitution keine Rücksichten nimmt und zum Raubbau an der eigenen Natur verführt, kurz:
auch das kann ein Indikator für Schreibblockaden sein (liebe Lyriker).

5.1. Aber natürlich stimmt das, auf die Lyrik bezogen, so nun auch
wieder nicht, da sich die Masse des sprachlichen Materials im Gedicht
nur anders verteilt respektive «verflüchtigt», als in der Prosa. Der aus-
gewählten Kombination weniger Zeichenfolgen und Sätze steht eine
erhebliche «Masse» gegenüber, die nur unsichtbar ist, weil sie «ausge-
sondert» wurde, gedacht und verworfen, probiert und gestrichen, dennoch aber, in dieser Funktion der Verwerfung, weiter zur Verfügung
steht, stets darauf bedacht, wieder zurückgeholt zu werden; denn jedes
einmal erwogene Wort, ob es geschrieben wurde oder nicht, ist präsent
und Masse geworden. Im Zeitalter der Computer können wir diese
Spurenbewegung einer sich erst noch findenden Sprache oft nicht
mehr nachvollziehen, obwohl es die Textprogramme ermöglichen
würden, jeden Verlauf zu dokumentieren. Aber wie oft sitzen wir da
und suchen nach einer ersten oder zweiten Fassung, die eben weg ist,
obgleich, und so selten ist das gar nicht, *sie* die einzig richtige war?
Denn das ausgedruckte und abgelegte Papier ist immer präsenter als
eine Datei auf dem Desktop, die nur allzu schnell im rauschenden
Strom der Daten verschwindet.

5.2. Flaubert, der stets klagte, wie wenig er schreiben würde, schrieb
unablässig. Er hatte für seine Prosa nur eben exakt das Problem eines
Lyrikers: ein Vielfaches zu verwerfen für einen einzigen Satz. Bildlich
können wir uns das vorstellen wie einen Berg voller Muscheln, die alle
auf dem Abfall liegen, weil sie keine Perle besitzen. Nun gehen wir hier
nicht weiter und fragen, wann ist es denn, auf Sprache bezogen, ein Wort

eine Perle (und eines allein sowieso nicht), oder was war in der Textbehandlung zum Beispiel für Balzac so sehr anders, der seine Romane ja nur so hinschmetterte (auf Deutsch in zweiundachtzig Bänden) als bei dem etwas späteren Flaubert? Wir sehen uns an, wo die Strapaze des Textes eine Strapaze des Physischen wird, bis zur Überforderung oder zum Kollaps. Den gut vierhundert Seiten Buchdruck der fertigen Ausgabe von «Madame Bovary» stehen annähernd zehntausend Seiten Rohtext gegenüber, unleserlich für jeden, der sich in den Mysterien der Überschreibungen und Herausstreichungen, Verweisungen und Fußnoten im Manuskript nicht zurechtfinden kann. Sicher, Flaubert ist der erste Schriftsteller, der, noch auf analoge Weise, einen Computer benutzt, wobei der *delete key* der Radiergummi ist – das heißt: er *dachte* sich den Computer. Hätte er ihn wirklich besessen und diese gleichzeitig grandiose wie verheerende Möglichkeit des Ausschneidens und Einfügens, Kopierens und Löschens gehabt, er wäre verzweifelt – mehr noch, als er es ohnehin schon war.

Handschriftlichkeit und Digitalschrift

5.3. Wollen wir einmal die Zusammenhänge von Handschriftlichkeit und Digitalschrift gegeneinander in Beziehung setzen und sehen, wie sehr das Textereignis durch den Austausch der Instrumente ein jeweils anderes wird. Denn zweifellos – und nicht nur auf die Schrift bezogen, sondern auf das PC-Geschehen in Rückkopplung auf Dichtung an und für sich – ergibt sich eine andere Verwendung der sprachlichen Zeichen, wenn diese «nicht zur Ruhe kommen» wie eben auf einem Blatt von Hand beschriebenem Papier. Die Digitalschrift (auch wenn sie auf dem Monitor «steht» und erst wieder bewegt wird, sobald die Tastatur einen neuen Anschlag erhält) *fließt immer* – nicht sie selbst, sondern in ihrer dispositiven Aufforderung, wie sie sich in Kooperation mit der Maschine zu verhalten hat. Die Ungeduld über ein Verharren im Satz ist am Computerbildschirm ebenso größer, wie der stille Aufruf zur Geschwindigkeit es ist.

5.3.1. Die schreibende Hand indes kommt nicht so schnell hinterher, wie der Satz im Kopf gebildet werden kann, oder sie «schmiert». In der Verzögerung allerdings liegt auch ein Mechanismus der Kontrolle, durch den noch jederzeit in das Satzgeschehen eingegriffen werden kann. Schon aus Angst vor der Unleserlichkeit zögert die Hand und zwingt den Gedanken zu sich selbst. Die «natürliche Seite» (Papier) ist erschöpfbar, wie der Schreiber auch. Irgendwann verträgt sie keine Korrekturen mehr, keine Verrückungen, keine neuen Vermerke – sie ist im wahrsten Sinne des Wortes *verbraucht*. Entweder nimmt der Autor jetzt ein neues Blatt zur Hand und beginnt alles noch einmal, oder er findet sich damit ab, dass es die «absolute Seite» (fehlerfrei, sauber, korrekt) nicht gibt. Und der PC? Er kümmert sich nicht um Erschöpfung als eine physikalische Rückversicherung der Schrift. Seine *site* ist immer weiß, und sie ist verwendbar, sooft auch immer ihr Benutzer die Vortexte löscht. Für die Genealogie eines Textes verschiebt sich damit die Grenze, die eine physikalische und eine zeitliche gleichermaßen ist, von der maximalen Belastbarkeit des Materials auf unendlich. Unendlich lange also kann (könnte) ich am Text laborieren, und niemand kann (könnte) sehen, wie viele Stunden, Tage oder Jahre ins Verhältnis gesetzt sind zu x^n Seiten. Diese Unsichtbarkeit der Zeit im Produkt ist neu und hebt erstens die Zeit auf (was den Menschen, für den sie weiterläuft, noch einmal entfremdet), und inthronisiert zweitens eine Diktatur des Perfekten. Denn wenn die *site* kein Rohstoff mehr ist, der einmal verbraucht ist (so wie die Hand eben auch nach gewisser Zeit «erlahmt»), wird sie zum Unendlichen selbst; sie ist der unbegrenzte Raum, der sich, nach unseren Befehlen, öffnet und verschließt, und sie braucht gar keine weiteren *sites*, um alles, was sie will, in sich aufzunehmen – so lange, bis es eben *perfekt ist*. Damit herrscht die *site* des Computers über die Schrift, die sich auf ihr bewegt, denn sie ermöglicht, was die Konstruktionen der Schrift niemals leisten können: Perfektion (und nicht Vollendung, die immer einen Makel behält und irgendwann, aus ihrer natürlichen Relativität heraus, mitteilt: das Blatt ist *voll*, es ist *zu Ende*). Das entwertet die Textsachen; sie sind, für ihre Autoren, hinfällige Produkte des menschlichen Geistes im Gehäuse einer technischen Allmacht, die, wäre sie Subjekt, sich über uns erheben und uns vorführen würde in unserer Lächerlichkeit. Natürlich müssen wir weiterkommen und die *site* verlassen und eine nächste eröffnen, aber es ist ein Weiterkommen in dem schlechten Gefühl, eine Möglichkeit verpasst, eine Sequenz auf dem Wege zur Perfektion übersprungen zu haben. Erst, wenn der Text ausgedruckt auf seinem Datenträger aus Zellulose vor uns auf dem Schreibtisch liegt, hat er eine Chance, dem Anspruch der Maschine gewachsen zu sein und sich wiederzufinden: sauber in der Formatierung, akkurat im Schriftbild, fehlerfrei in der Grammatik. Diese *Seite* ist einfach etwas anderes als eine *site*. In gewisser Weise ist sie die Auferstehung der Schönschrift im Digitalzeitalter; sie «erhebt», was die Maschine gedemütigt hat: das labile Leistungsvermögen der schreibenden Hand. Der menschliche Wille, so deutlich in seine Schranken eines partiellen Gelingens verwiesen, kann noch einmal triumphieren: *im Text*.

5.3.2. Auch ich habe meine Handschrift verlernt, die Beziehung des Körpers zu ihren Zeichen verloren, die Spuren des Somatischen verwischt, die von der Handschrift auf das Wesen der Person überleiten. Die Wissenschaft von der Graphologie ist historisch. Allenfalls Reste bleiben erhalten: die Unterschriften in einer Behörde, das *Signieren* als ein besonderer Ausdruck von Nähe und subjektiver Unmittelbarkeit. Das Schreiben mit Füllfederhalter und Tinte ist zu einem Bekenntnis geworden, zu einem Signal, eine ernste Unterredung zu sein und etwas *Wichtiges* zu sagen – sonst reichte ja die Maschine oder, flüchtiger noch, eine E-Mail. Früher waren Feder und Tinte Werkzeuge, heute sind sie eine Attraktion. Zwischen Handschrift mit Feder und Tinte (wesentlich, unwiderruflich) drängen sich der Kugelschreiber (pragmatisch, beiläufig), der Bleistift (vorsichtig, unsicher), der Faserschreiber (naiv, verspielt) und die gute alte Schreibmaschine, die eine interessante Zwischenstufe von Physis und Symbolik besetzt. Einen nachprüfbaren Spurenverlauf haben wir verloren, und ich bin mir nicht sicher, ob wir sie vermissen sollten: die Rhetorik der Grapheme und den Charakter der Schrift. Denn selbst wenn wir sie anfertigen – die Handschrift repräsentiert uns nicht mehr.

5.3.3. Das «Schönschreiben» und die «gravitätische Abschrift», wie es sie in dieser Weise des innigen Kopierens in den Mönchsorden seit dem Frühmittelalter gibt, sind ein Akt der Verneigung. Es wird «nachgeformt», ohne dass «nachgefragt» werden muss; mehr noch: es soll gar nicht nachgefragt werden. Die Schönschrift ist, so verstanden, die Vertreibung von Sinn, denn sie gilt nicht dem Sinn, sondern der Erhabenheit, die aus ihm hervorgeht oder mit ihm bereits verbunden ist. Dabei ist egal, was auf dem Blatt steht, dass es steht, ist Grund genug, es zu verehren. Man könnte es mit einem Gesetz vergleichen, das unumstößlich gilt (solange es nicht revolutionär gekippt wird) – nur, ein Gesetz wird nicht in Schönschrift geschrieben, sondern so nüchtern wie möglich; es ist das Schwert, nicht die Krone des Königs. Kurz: das Gesetz braucht keine sakrale Legitimation, um seinen Zweck zu erreichen. Wer es missachtet, wird bestraft, das reicht. Dafür strickt man keine Schleifen um jedes Wort. In der Schönschrift aber ist ein Bekenntnis kodiert, eine Freiheit des Willens, wie kein Gesetz sie erzwingen kann: Hingabe ohne Bedingung. Exakt das, was jeder Herrscher will, gibt die Schönschrift preis: «Ich, der Zeichnende des Gezeichneten, gehöre zu dieser Schrift, und ich diene ihr, so gut ich es kann» (so gut ich *abschreiben kann*). Genau das ist der verzückte, manische Charakter der Abschrift. Ihr Sinn geht dabei vollkommen unter und ein in den Glauben, dass es diesen Sinn immer schon gab, teleologisch abgeschlossen und unüberprüfbar. Das aber heißt auch, dass die gravitätische Abschrift über keine Signifikate verfügt, denn sie wären ein Angriff auf die uneingeschränkte Macht, die hinter den Originalen steht; Gott ist schließlich auch kein Signifikat, sondern eine unendliche Kette von Signifikanten, die Diskurse produziert, ohne dass sie einen Anlass bräuchten. Diese Rückführung auf die primäre Rolle des Signifikanten ist eine Machtentscheidung. Hier dient sie der Sakralisierung von Schrift, der Deifikation*.

5.3.4. Nichts anderes als deifikativ ist auch die Abschrift als eine Form von Bestrafung, wie wir sie von den Schulen totalitärer Systeme her kennen. Die Pflicht zur Schönschrift ist eine Versklavung zur Anerkennung des Textes. «Du schreibst jetzt hundert Mal *Die Rote Armee* *hat uns vom Faschismus befreit die Rote Armee hat uns vom Faschismus befreit die Rote Armee hat uns vom Faschismus befreit»*, so in meiner Kindheit in den 1960er Jahren geschehen. Ich weiß nicht mehr, wie oft ich diesen Satz tatsächlich schrieb, aber ich weiß, dass sich meine Hand bald schon derart verkrampfte, dass ich selbst unter Androhung einer weiteren und noch härteren Strafe nichts, kein Wort mehr schreiben konnte. Gewiss ist das auch ein natürlicher Widerstand gewesen, die Rebellion des stummen Körpers gegen die Arroganz seiner Umwelt, aber mehr noch war es unbewusste Abwehr gegen den Übergriff des Signifikanten ohne Signifikat (wie ich es so natürlich erst heute sagen kann). Kindlicher: Es spricht, aber es *meint nichts*; zugleich aber sollte dieses tönende Nichts *alles sein*. Diese Regression auf die Formative der Sprache setzt durch eine in Gang gebrachte Mechanik ein, die ungeachtet dessen, ob sie einen Empfänger bedient, unablässig arbeitet. «Gehirnwäsche» wird so betrieben, die Einprügelung einer Regel, die Leier des Katechismus. Es ist, wie in der Andacht, die Lösung der Wörter von ihrem Sinn, nur dass die Andacht im freien Willen entsteht und nicht in der Züchtigung. Sprache ist Züchtigungsmaterie *gerade in ihrer und durch ihre Physiologie*. Nicht also nur Inhalte malträtieren das Subjekt und fordern es auf, sie zu befolgen, sondern die Zeichen an sich besorgen es, und am nachhaltigsten dann, wenn sie leer sind. Politisch betrachtet heißt das: *Es gibt eine Sprache der Sprache*, die nicht mehr bedeutet werden kann und ein aggressives System nachbildet, ein heiliges Objekt, eine Waffe. Das Erniedrigende daran ist, dass sie eine Austauschbeziehung von vornherein ausschließt.

5.3.5. An dieser Stelle fügt es sich ein, von einer Übung zu sprechen, die ich während eines meiner Seminare durchgeführt habe. Ich forderte jeden Autor, jede Autorin auf, einen von mir vorgegebenen Satz, der an einer Tafel stand, abzuschreiben. Der Satz lautete: «Wir dürfen das Schweigen nicht brechen, außer wir haben etwas zu sagen, daß besser als Schweigen ist.» Dieser Satz des Abbé Dinouart ist gewiss für sich betrachtet schon eine Herausforderung – aber darum ging es mir nur nebenbei. Ich bat also um eine Abschrift dieses Satzes in zweifacher Weise. Die erste sollte rein technischer Art sein – das Abschreiben als die reine Aufbewahrung eines Gedankens. Die zweite jedoch hatte in Schönschrift zu erfolgen mit dem Sinn, sich in die Kraft der Worte zu versenken und ihnen durch eine gravitätisch nachformende Geste der Hand auch Andacht zu geben. Danach sollten sie die Unterschiede dieser zwei Aneignungspraxen benennen, und wie sie wirksam geworden sind. Nun ist hier jedem, der das liest, schon aufgefallen, dass es am Anfang des dritten Teilsatzes einen Schreibfehler gibt – «daß» mit «ß» anstatt mit einem einfachen «s». Unwichtig dabei ist, dass mir dieser Fehler beim Abschreiben an die Tafel selbst unterlief und ich erst darauf aufmerksam wurde, als die Schreibarbeit in vollem Gange und nicht mehr zu unterbrechen war. So also hatte ich eine Erkenntnis mehr produziert, die Folgendes zeigte: In der ersten Variante der Abschrift haben fast alle den falschen Buchstaben automatisch korrigiert und anstelle des harten S-Lautes einen weichen gesetzt. In der zweiten war diese Korrektur plötzlich verschwunden und der falsche Buchstabe an seine ursprüngliche Stelle gerückt. Die Kommentierungen dieser Übung seitens der Autoren haben erstaunliche Reflexionen befördert – nur eines war allen ebensowenig aufgefallen wie mir mein eigener Fehler am Anfang der Übung: dass sie in der technischen Abschrift kritisch reagierten und in der magisch-deifikativen nicht.

5.3.6. Das Reden ohne Verständnis vom Sinn der Rede wird demnach doppelt ausgebeutet: positiv in der sakralen Ergebenheit, wofür die Schönschrift birgt, negativ im Ritual der kulturellen Domestikation, wofür die Abschrift ein Instrument der Zurechtweisung ist. Beide Formen sind Repräsentationen von Gewalt, die subjektiv nur verschieden bewertet werden. Das Bezugsbild, und darauf kommt es hier an, ist ein Transzendentalsignifikat*, demgegenüber es nur noch unterworfene Signifikanten geben kann. Kurz: Wenn Gott alles ist, kann entweder alles nur Gott sein, oder es ist eben *nichts*. Darum, und nur darum, ist jede absolutistische Herrschaft auf eine Eliminierung der Signifikate fixiert, weil sich im reinen akustischen Gebrauch der Sprache bereits deren ganzer Zweck, einen Anspruch auf Macht einzulösen, schon erfüllt hat. Die «Worthülse» ist keine Ablenkung der Macht auf einen politischen Nebenschauplatz, sondern sie besetzt die Macht absolut.

5.3.7. Aber die Abschrift kann auch Ermächtigung sein. Im Abschreiben als einer frei ausgeübten Aneignungstechnik werden die Schreibwege physikalisch nachvollzogen – nicht im Verzicht auf das Verstehen, sondern einem Verstehen entgegen. Dann ist die Abschrift auch Übersetzung: Der Abschreibende aktualisiert seine Möglichkeiten, zur Sprache zu kommen, indem er die Sprache des anderen, dessen Syntax und Kombinatorik, repetiert und so zur eigenen Begabung findet. Er *versteht* im Moment der Abschrift, im Vollzug des Denkens als einem unabgeschlossenen. Gewiss, aus dieser Nachbildung gehen Epigonen hervor, die gar nicht merken, wie sehr sie durch den gesprochen werden, den sie kopieren. Ebenso aber und unabdingbar ist dieser Imitationsprozess eine zwingende Weise des Selbstwerdens. Man muss sich bewegen lassen von Universalsprache, um universale Sprache erschaffen zu können. In der Kunst gibt es keine Traditionslosigkeit, wie es auch keine Ahistorizität in der Geschichte gibt. Die Frage also ist nicht die nach der Imitation – besser: Mimesis –, sondern der Originalität von Imitation/Mimesis. Wir schreiben uns immer *hindurch*, an Dante, Shakespeare, Goethe vorbei, und wer es nicht tut, ist kein Genie, sondern einfach nur ungebildet.

Der entrissene Text. Internetmodus.

5.4. Was nun aber heißt das für unser Online-Zeitalter, das die Zeremonien der Abschrift technologisch aus dem Verkehr zieht? Gewiss, die «Mythen des Alltags», wie Barthes sie nennt, ändern sich, aber sie lösen sich deshalb nicht auf, sondern kleiden sich lediglich neu ein. Die permanente Okkupation aller Sinne durch das Internet, die Atomisierung der Interessen in viele sekundäre Verwandtschaftsinteressen, die überall, aber nicht dorthin führen, wohin man sie lenken wollte, die gesamte rhizomatische Verflechtung* von subjektivem Inhalt mit einer gigantischen Datenindustrie, kurz: Die komplette Abschaffung jener Instanzen, die zur Schrift überhaupt noch berufen sein könnten, das und nichts anderes dürfen wir für die Zukunft erwarten.

5.4.1 Online-Sein heißt immer auch Verflüchtigung, Dispersion. Ein Fließtext zieht an unserem Auge vorbei, der sich in einer Geschwindigkeit bewegt, die wir mit Erkenntnisfunktion nicht mehr ausfüllen können. Und «Fließtext» meint jetzt nicht nur den real fließenden Text, den es ja auch noch gibt, sondern den, der alle Merkmale von Flüchtigkeit erzeugt und wie Fließtext auf uns wirkt. Die Daten sind dann nur noch ein verschwommenes Flimmern, und sobald wir separate Sequenzen erfassen, geben sie uns die Genugtuung, alles «erfasst» zu haben. Aber es ist nur eine sich selbst aus dem Weg schießende Überschwemmung von Daten, die uns erreicht hat, nicht einmal informationswertig, geschweige denn insistent – außer in der Werbung vielleicht. Das Sekundenerlebnis, *verstanden zu haben*, war ein euphorischer Trugschluss, wie wir ihn in Anhörung einer Fremdsprache erleben, in der plötzlich eine bekannte Vokabel auftaucht. Vor lauter Begeisterung, dass nicht alles Chinesisch ist, was zu uns redet, bilden wir uns ein, Chinesisch zu können. Mit empirischer Neuerfahrung und Bewusstseinserweiterung hat das rein gar nichts zu tun. Aber wir wissen es nicht und halten es dafür.
5.4.2. Für unsere Texte, die Literaturtexte sind, bedeutet ein Auftritt im Internet immer Verlust. Sie sind gewiss konsistent, arbeiten in sich selbst und wirken disparat, sie verlangsamen die Geschwindigkeit und stoppen die Zeit – aber sie können die Verweisungszeichen des Hintergrundes nicht ausschalten und unterliegen im Diskurs. Wie der Raum über das Bild und der Rahmen über den Inhalt mitverfügt, so verfügt das Medium über die Substanz, die es weiterleitet. Nicht unmittelbar, denn der Korpus bleibt abgeschlossen und der Text bleibt der Text, aber dysfunktional. Wenn alles Diskursprodukt ist, und es gibt keinen Grund, das zu bezweifeln, dann löst das Medium seine Substanzen im Medium auf. Unser Text auf einer Seite ist eben ein anderer als auf einer *site*, denn er hat (prä-)signifikative Konkurrenz (und gemeint ist nicht mehr die «stille» *site* eines Schreibprogramms am PC, sondern die *site* in einem Forum des Internets). Die beschriebene Seite Papier, abgelegt auf unserem Schreibtisch, kann absolut sein. Nichts greift sie an, was außerhalb ihrer selbst ist. Allenfalls ein paar aufgeschlagene Bücher in näherer Umgebung könnten zu einem Anlass werden, Sätze zu vergleichen und

ins Verhältnis zu den eigenen zu bringen. Aber alle diese Prozeduren sind bereits durchlaufen, das haben wir in zäher Mühe schon überwunden. Dieser gleiche souveräne Text aber, der eine Person symbolisch verkörpert, zerfließt, sobald er in die virtuelle Maschine, in die Megabox eingespeist wird – er wird semantisch *entrissen*. Das Bild einer saugenden Röhre ist fast schon eine Generalmetapher für alle möglichen Horrorstreifen. Ob Haus oder Zimmer, Tür oder Fenster, ob der Fernsehapparat, der Abfluss in der Badewanne, das Regenfass am Gartenzaun – alles kann sich deformieren zu einer rätselhaften Röhre, die in sich hineinsaugt und ins Jenseits schleudert, was ihr vor die Öffnung kommt. Diese monströse Phantasie in der Kinowelt – real in der des *www*.

5.4.3. Der *entrissene Text* kann sich in keiner Weise je wieder finden. Hier und dort tauchen ein paar Reste von ihm auf, bleiben Spannungen, die immanent sind, erhalten, aber sein einzigartiger Komplex, seine semiologische Architektur ist beschädigt. Es ist, wie einen Pianisten der Philharmonie ans Klavier auf den Marktplatz zu zerren: was immer er spielt, es klingt nach Bockwurst und Bier. Die Signifikanten des Raumes stören die des Textes ununterbrochen, und diese Okkupation ist nur zu verhindern, indem der Raum gemieden und das Medium ausgelassen wird. Es wäre konsequent, aber nicht praktisch, und deshalb bedienen wir es weiter. Und damit jetzt nicht der Eindruck einer singulären Klage entsteht eines Schreibers und seines Textes, auf den die Welt gut verzichten kann – es geht hier nicht nur um eine Produzentenkrise, sondern ebenso um die Krise des Konsumenten, der um seine Möglichkeiten des Lesens gebracht und um jede Form der Nachhaltigkeit betrogen wird. Lassen wir es jetzt, hier weiter darüber nachzudenken, ob der Betrug am Sinn nicht schon ein Begehren nach Unsinn einlöst, nach schlussendlicher Abschaltung aller Netze und Schließung der Bibliotheken (wie in einem Todeswunsch bei Freud). Die Veränderung der Textintention durch die Verschiebung des Textes in ein anderes Medium wollen wir beobachten und stellen fest, dass es keine Verbindlichkeit der Signifikate gibt. Die Flüchtigkeit des Netzes wird zur Flüchtigkeit des Textes. Wir lesen auch schneller auf einem Bildschirm als in einem Buch, weil der Fließtext unterhalb des Textes permanent mitläuft, gleichviel, ob wir ihn sehen – *wir denken ihn mit*. Es ist schlichter Unfug, von einer Freiheit des *users* zu sprechen, wenn dieser schon präfiguriert ist, noch ehe er eingeschaltet hat. Wie eine Ratte, die unter Reizstrom steht, erinnert er sich an die subtile Forderung der Maschine, sich *hineinziehen* und die Texte *entreißen zu lassen*. Diese Prozedur ist Minimalkonsens und, wie in einem Gang in die Sauna, Entkleidungsverpflichtung. Wir sehen das Phänomen der Bildung von Dispositiven sehr deutlich auch bei unserem Handy, das wir zwar ausschalten können, aber nur unter Androhung sozialer Verluste (die natürlich Gewinne sein könnten). «Warum warst du nicht zu erreichen?», ist ein Imperativ, den wir in Kauf nehmen müssen, um *erreichen zu können*; und sei es nur die Einbildung davon, erreicht zu haben.

5.4.4. «Entkleidungsverpflichtung» beim Eintritt ins Internet meint eines wortwörtlich: seine Textsachen abzulegen und mitzuverfolgen, wie sie verschwinden. Das betrifft nicht nur die Schrift in einem Portal, die immer eine verschwindende ist; spätestens nach ein paar voreingestellten Minuten des aktivierten Bildschirmschoners zwangsläufig und sowieso, der zwar immer wieder zurückgestellt werden kann, aber prompt daran erinnert, dass eine Schrift niemals stehenbleiben darf – und genau diese subalterne Benachrichtigung erreicht ihren Zweck und vergegenwärtigt den Charakter der Flüchtigkeit, der mit dem des Fragmentes liiert ist. Das Verschwinden ist so immer schon vor das Erscheinen gesetzt, und das kippt die ontologische Grunderfahrung unseres Lebens in eine seitenverkehrte, und, so kann man sagen, noch fatalere Position: nicht vom Sein auf das Vergehen zu existieren und zu schreiben vom Text hin auf eine letzte Seite des Textes, die immer auch leer bleibt (für den unerzählten Rest), sondern eben in dieser Umkehrung. Schon vom Nichts herzukommen, ehe noch das Nichts alles wieder nimmt, ist die Internetwahrheit, und nicht Extraversion eines Interesses.

5.4.5. Dieser Einbruch der *site* auf unsere *Seite* verschiebt alle Systeme und Referenzen der Texte ganz unabänderlich. Gerade einmal ein paar Jahrhunderte hatten wir Zeit, uns an den Buchdruck zu gewöhnen als eine *Setzung*, die ja auch so etwas wie teleologische Geborgenheit liefert, metaphysische Verbindlichkeit im Status ihrer stillen, dauernden

Präsenz, schon flimmert das alles vor unseren Augen wieder weg und schickt uns ins All. Wer will, kann das als eine fundamentale Versto-ßung empfinden, die es ja der Tendenz nach auch ist. – Ob separierte oder kontextuierte Seite, die *site* im Internet spricht immer etwas anderes aus; sie ist eine zweite gesellschaftliche Vereinnahmung der Sprache im Akt ihrer technizitären Entleerung.

5.4.6. Die E-Mail ist eine Ersatzform des Briefes geworden, bequem in der Handhabung, in Denkgeschwindigkeit zu versenden, synchron zu den Ereignissen selbst. Das ist ihr gewaltiger technologischer Vorteil. Aber wartet sie respektive ihr Sender tatsächlich so lange, wie die Oma auf den Briefträger gewartet hat? Geduldig und voller Demut, wenn heute wieder keine Nachricht kam? Oder ist sie nicht schon distinguiert durch ihre Form und einer ihr anhängenden Gleichzeitig-keitslogik? «Komm, ich weiß, dass du da bist und meine *message* gelesen hast» und so weiter und so fort. Die negative Rückkoppelung auf die Ordnung des Geschriebenen ist klar: Text wird *überlesen*. Buchstaben fehlen, ganze Wörter stehen falsch in ihrem Satzverband, hier und da ein Abbruch der Rede. Man nimmt es nicht so genau und «versteht» – fast wie jenes «Verstehen», das die semantischen Lücken ausfüllt, wie sie jeder Literaturtext bietet, nur dass es sich um keine Poesie dabei handelt, sondern um gestohlene Zeit durch Frequenzverdichtung. Denn die Geschwindigkeit setzt ja keine «neue» Zeit frei, sondern presst in die vorhandene ein vielfaches Pensum. Diese auf E-Mail-Maß erhöhte Toleranz für Fehler und Formlosigkeit, wie also könnte sie nicht weitergereicht werden auf andere Produkte? Denn das Paradoxe an dem Perfektionsruf, wie die Maschine ihn ausstößt, ist das Arrangement des *users* mit dem exakten Gegenteil dessen – der blanken Lustlosigkeit und Verschluderung. Wir nehmen im Forum der Maschine generell und pauschal die Vorläufigkeit des Gedachten (Geschriebenen) so hin, aber damit fragmentieren wir noch die Fragmente und entziehen dem Text seinen letzten Vorrat an Bedeutung. Die stumme Forderung der Maschine nach Perfektion in einer von Perfektionen glitzernden Warenwelt erzeugt im Sprachgebrauch ihren Antagonisten – den unabänderlichen Verfall.

5.4.7. Ein Fragmentbewusstsein hat die Moderne seit Ende des 18. Jahrhunderts ausgebildet (wovon Karl Philipp Moritz in seinem nicht hoch genug zu schätzenden Roman «Anton Reiser» sehr eindrucksvoll spricht). Aber die Potenzierung des Fragmentarischen durch das Internet ist für einen Dichter von heute nur skandalös. Diese (Rest-) Entwertung der Zeichen, wie sie die Maschine produziert, wird der Literatur zu einem letzten, großen Verhängnis. Es werden ja jetzt schon SMS-Romane über den *provider* getickert, und allein der gütige Herr weiß, was daran noch «Roman» sein könnte.

5.4.8. Zwischenzusammenfassung: Die Autorität der Schrift im Buch kann eine *site* im Internet niemals bieten. Immer ist sie herabgestuft auf etwas, das vorläufig ist, damit wir verzeihen, wenn sie die Perfektion der Maschine verfehlt. Wir haben der E-Mail eine Toleranz eingeräumt, die wir dem Brief niemals einräumen würden: die Negation von Schönschrift zu sein. Aber unsere Texte, die einen Mehrwert besitzen, der viele außersprachliche Signifikanten benötigt, um sich entfalten zu können, werden beschädigt. Ein Text auf einem elektronischen Bildschirm ist immer Entwertung. In einer konventionellen Buchedition ist er eine *Setzung*, etwas *Fertiges*, *Voll-ende-tes*. Und exakt so liest man es auch. Auf dem Monitor wird er zu einer Überlegung, «ob man das so sagen kann». – «Ja, wenn es eben schnell gehen muss, kann man es sagen.» Das Buch ist die Auslese aller denkbaren Gedanken und schreibbaren Sätze hin zu einem Sinn, der sachlich verifiziert werden kann oder ästhetisch empfunden. Das Portal im Internet ist eine Technologie der Beschleunigung und Vervielfältigung von Information. Wie außerordentlich diese Errungenschaft der globalen Vernetzung andererseits ist, hat uns erst kürzlich der politische Umbruch in der arabischen Welt gezeigt, der ohne soziale Netzwerke wie *facebook* vielleicht gar nicht zustande gekommen wäre. Ebenso aber erleben wir eine virtuelle Lynchjustiz wie die gegen den zu Unrecht des Mordes verdächtigten jungen Mann aus Niedersachsen, die an Grausamkeit – weil unsichtbar und allgegenwärtig – kaum mehr zu überbieten ist. Dieser Internetmob ist deshalb so gefährlich, weil er anonym und oft fern aller Beweissicherungen agieren kann; und er reproduziert, was die Medien aus ihm gemacht haben: ein Teil nicht mehr des Wirklichen, sondern des Virtuellen zu sein – wobei ja kaum mehr festzustellen ist, wo hier die Grenzen verlaufen. Das Spielformat *Second Life*, eine virtuelle Infrastruktur mit täuschender Ähnlichkeit zum sozialen Leben in unserer gesellschaftlichen Welt, ist ja vielleicht schon jetzt zu einem «Ersten Leben» geworden, und wir wissen es gar nicht. Wir wissen nicht, ob die technologischen Visionen des Raymond Kurzweil, der die absolute Verschmelzung des menschlichen Gehirns mit der Maschine erträumt, nicht schon wahr geworden sind und jene «Matrix» des gleichnamigen *Science-Fiction-Thrillers* (den ich tatsächlich beeindruckend finde) zu unserer Realität gehört. Das Phantasma ist eine Form der Vorausschau, Erkenntnis ist Reflexion; so verstanden wird aus Mary Shelleys «Frankenstein» von 1818 eine Internetkreatur von heute – und wir hätten es sehen können, ehe wir dafür blind geworden sind. Wir befinden uns, und das rundet den Gedanken jetzt ab, in einem Radikalpositivismus, der jede Energie, die auf metaphysische Objekte gerichtet ist, ausschaltet. Das ist ein Angriff auf unsere symbolische Welt, die von einem leeren Realismus – man könnte auch sagen, vom Realen an sich – heimgesucht wird. Der Sieg der Biologie über die Psychologie ist auch ein Sieg des fundamentalen Materialismus. Alles, was wir im Kontext des Schreibens, der Poesie und der Kunst diskutieren, ist eingespeist in diese Dramatik. Und noch ein Argument, das hier nicht fehlen soll: Die Fragmentarisierung durch Flüchtigkeit betrifft ja beileibe nicht nur unsere gesamtgesellschaftlich eher unerheblichen Literaturtexte, sie fragmentiert die komplette inhaltliche Welt. Wir können nie sicher sein – auch auf *wikipedia* nicht, wo man sich vor Falscheinträgen wohlweislich mit einem Warnhinweis schützt –, wo wir sicher sein wollen, und diese Wissenslabilität in der Unendlichkeit des Wissens (und des *verfügbaren* Wissens) ist zugleich Wissenserschöpfung. Nichts anderes drückt das Paradox des gleichzeitigen Aufhebens und Auslöschens von Daten, wie es das Internet produziert, in schon metaphorischer Deutlichkeit aus: Wir bekommen unsere Zeichen, die wir einmal ins All geschickt haben, nie mehr zurück und sind zu einer ewigen Spurenbildung verdammt, gleichsam Untote, die von einer x-beliebigen Generation nach ihnen noch befragt werden können, warum sie dies oder jenes an einem x-beliebigen Tag irgendwo auf dem Lande gemacht haben. Aber diese Spuren verfügen über keine Innerlichkeit, sie sind nicht und niemals imstande, Signifikate zu bilden; sie liegen nur lose herum wie Knochen auf einer Schädelstätte. Und das, diese unmögliche Rückbildung der Materie auf ihren Sinn, ist das ultimative grausame *delete*.

Soziale Auskoppelungen. Idiosynkrasie.

5.5. Wir kommen auf unser altmodisches Thema zurück, von dem wir hoffentlich noch lange nicht lassen wollen – dem (analogen) Schreiben. Hier in seiner unmittelbaren Physis, die ja vieles mehr als nur den reinen Schreibakt umfasst. Denn man kann sagen: die meiste Zeit des Schreibens wird gar nicht schreibend verbracht. Der Schriftsteller (Dichter) lebt insofern desozialisiert, zumindest für die Zeit der intensiven Arbeit, als er einen aus seinem Sozialleben völlig herausgelösten Kosmos bedient, der ihn subjektiv spaltet. Das macht seine Abwesenheit aus, sein nicht ganz «von dieser Welt Sein» (wie es empfunden wird). Er ist, wenn er arbeitet – und er arbeitet, wenn er arbeitet, *immer* –, im Inneren seiner selbst fortwährend beschäftigt. Er hat mit jenen Zwischentexten zu tun, die sich in seinem ästhetischen Bewusstsein schon gebildet haben, mit der *Ahnung*, die sich verdichtet und verschiebt, die Gestalt wird und dann wieder Ungestalt. Es ist ein Prozess der unentwegten Überschreibung von nichtgesetzter Schrift, den späteren Überschreibungen im physikalischen Verlauf gar nicht so unverwandt. Und da die Sprache *widerständig* ist – jedenfalls für den, der nicht nur mit, sondern auch *in* Sprache arbeitet –, heißt Schreiben: *Widerstände bewegen* – und das kostet Kraft.

5.5.1. Wir haben ja schon von der Masse gesprochen, von der Textmasse als Papiermasse und später als Masse des Buches. Wer je eine Bibliothek eingeräumt hat, weiß, wovon ich rede und wie wortwörtlich *schwer* Literatur werden kann (und nicht nur die sogenannte «schwere

Literatur»). Aber auf imaginäre Art und Weise hängen für den Schriftsteller die verschiedenen Bedeutungen des Wortes «schwer» auch zusammen und sind, gewiss nur für ihn, synonym. Denn ihm fiel das «schwere» (komplizierte) Buch natürlich auch schwerer, weil es größere Probleme damit gab, Krisen und Rückfälle, Zweifel und Sprachangst, und wenn er ein schweres (dickes) Buch in die Hand nimmt, sagen wir eine Enzyklopädie, *fühlt er diesem Konflikt hinterher*. Das Einräumen einer Bibliothek, schweißtreibend im späten August (und immer in Gefahr, sich zu verheben), ist geistige Leistung zur physischen gebracht. (Und jetzt zählen wir bitte nicht die Erbsen, wie das dann mit dem kleinen Bändchen Gedichte bestellt ist, das ja nun wirklich fast gar nichts wiegt. – Eine Kiste davon, und die Antwort ist gegeben.)

5.5.2. Jeder Bibliothekar kennt die Gründe für seinen plötzlichen Tod: ein Sturz von der Leiter. Diese dem Beruf anhaftende Vorhersage gilt nicht nur für die Angestellten einer Bibliothek. Jeder, der mit Schrift zu tun hat, aktiv oder passiv, als Täter oder als Opfer, ist dieser Gefahr ausgesetzt. Und auch wir nicht «Ab»-, sondern «Auf»-schreiber stürzen irgendwann einmal von der Leiter unserer Texte in den Tod ihrer Bedeutungslosigkeit. Das aber sollten wir stets überleben! Denn wenn wir uns vor Augen halten, dass es für die Tätigkeit des Schreibens nichts anderes als Scheiterung gibt, deren Qualität nur eben sehr verschieden vermerkt wird, dann muss ein literarischer Absturz auch nicht romantisch, das heißt zwangsläufig tödlich enden. «Alle fallen», sagt Beckett, und Cioran meint, das Leben sei nichts als ein dauernder Sturz. Da geht es uns noch recht gut, würde ich sagen.

5.5.3. Dieser Widerstand der Sprache gegen die Sprache und der Wörter gegen sich selbst ist vielleicht das, was für den Bildhauer der Stein ist. Es ist naiv zu denken, Schriftsteller wären rhetorisch besonders begabt und könnten aus Sprache permanent einen Sinn extrahieren. Im Gegenteil: Der Schriftsteller, wie es auch Max Frisch in seinem Tagebuch[11] schreibt, hat ein besonders kompliziertes Verhältnis zur Sprache, und gerade, weil sie ihm schwerer fällt als allen, bildet er sie

---

11 Vgl. Frisch, Max: Tagebuch 1966–1971, Frankfurt am Main 1977.

besser als alle anderen aus. Man kann es Überkompensation nennen, Leistung durch vielfaches Üben. Die Unselbstverständlichkeit, dass Sprache zur Verfügung steht, macht es schließlich aus, dass sie verwendet werden kann. Und das ist der Stein des Bildhauers auch: ein roher Klotz, der bewältigt werden muss.

5.5.4. Die Metapher vom «zerstreuten Professor», der immer etwas patschig daneben tritt, ein Paar ungleicher Socken trägt oder den Briefkasten mit dem Papierkorb verwechselt – nun, das ist schon auch lustig und wird in Komödien oft wunderbar ausgespielt. Aber dahinter liegt ein ernstes Problem: Der Mann ist hochkonzentriert mit *einer einzigen Sache beschäftigt*, alles zieht sich reflektorisch und antizipatorisch auf diese Sache zusammen, sie zu lösen, zu zeichnen, zu schreiben. Er muss außer Haus, er muss interagieren, aber er interagiert als abwesende Person, die gerade einmal ihren Mantel an der Garderobe ablegen kann, mehr aber auch nicht – und eben das macht ihn seltsam.

5.5.5. Man kann es nichtschreibenden Menschen in keiner Weise verübeln, wenn sie sich nicht in die Verfasstheit eines Schreibmenschen hineinversetzen können. Irgendwie hat er wieder ein Buch abgeliefert, und bemerkenswert «dick» dieses Mal – aber welche psychische und physische Energie dieses Buch in sich aufgenommen (respektive vom Autor abgezogen) hat, davon kann sich niemand eine Vorstellung machen. Das ist auch nicht sonderlich interessant und gehört abgelegt in die privaten Bereiche des Schreibens; indes wollen wir um Verständnis dafür werben, dass die Schreibneurose nicht klinisch, sondern produktionsbedingt ist. Die augenblickliche soziale Auskoppelung ist Bedingung und nicht Abweisung. Der Schriftsteller *ist voller Sprache*, wenn er schreibt, wie könnte er da noch Sprache von außen ertragen? Er wird vielleicht auch nichts lesen können, was mit seiner Sache nichts zu schaffen hat. Er ist, mit einem Wort gesagt, nicht da, wo er ist. Oder wie Lacan es sagt: «Ich denke, wo ich nicht bin, also bin ich, wo ich nicht denke.»

5.5.6. Zwangsverpflichtungen sind in diesem «Zustand» verhängnisvoll. Es strengt an, in Gesellschaft zu sein und allein sein zu wollen. Man möchte die Sprache *bei sich behalten*, um sie schreibend verwenden, das heißt, ihre augenblickliche Spannung nutzen zu können, und soll freundlich «plaudern». Das Plaudern ist aber das Gegenteil von Sprechen, es ist die sanfte Verabschiedung eines Gedankens in die fortwährende Gemütlichkeit. Nichts dagegen – nur eben jetzt nicht, heute nicht, die ganze nächste Zeit nicht. Flaubert wäre wahnsinnig geworden, hätte er allabendlich an diversen Gesellschaftstafeln Platz nehmen und plaudern müssen. Gelegentlich ließ er sich im Salon der Prinzessin Mathilde sehen, in dem die literarische Boheme Frankreichs verkehrte, und verbrauchte seine Sprech- und Erzähllust an einem einzigen Abend (das allerdings bravourös, wie berichtet wurde). Oder Proust – unvorstellbar. Beckett – gar nicht auszudenken. Oscar Wilde war ein anderes Temperament, eine Art dauerredendes Schlossgespenst, das seine literarische Nahrung aus dem vulgären Klatschleben der Spießer bezog. Denn natürlich ist der Vampirismus die andere Seite der Arbeit – wenn schon nicht das Blut aus den Adern der anderen zu saugen, so doch zumindest die Sprache aus deren Mund. Wir sehen: es gibt auch hier gar keine Regeln.

5.5.7. Aber komplizierter noch als das leichte, beiläufige «Plaudern» wird für den Schriftsteller, der zur falschen Zeit am falschen Ort ist, das schwere, ernste Gespräch – nicht, *weil es stattfindet*, sondern weil es ihn zwingt, seine Konzentration auf sich selbst zu vergessen und einer Sache zuzuwenden, die er gerade nicht gebrauchen kann. Denn er ist ja *voll*, und wenn man in einen Papierkorb, der ebenfalls voll ist, randvoll, noch etwas hineinwirft, dann fällt es herunter. «Bitte, wie war noch einmal Ihr geschätzter Name?», und so weiter und so fort. Das wirkt, gelinde gesagt, unhöflich. Dann schon lieber doch die leichte Muse und die Frage am Rande, wie geht es dem Hund?

5.6. Der Begriff «Idiosynkrasie» (*idiosynkrāsia*, griechisch für «eigen-», «zusammen-» und «Mischung») scheint vor allem für Schriftsteller zu gelten. Die «Überempfindlichkeit» wird, seit Verwendung des Begriffes im ausgehenden 18. Jahrhundert, als Bedingung für kreative und visionäre Tätigkeit verstanden. Außerhalb dieser besonderen Kulturbestimmung gilt sie als Krankheit. In «Der Untergang des Hauses Usher» beschreibt Edgar Allan Poe eine idiosynkratische Person, und Aubrey Beardsley verleiht der Figur des Roderick Usher eine kongeniale bildnerische Gestalt: vom Betrachter abgewandt, in unendliche Leere blickend, versteinert und dennoch in höchster Durchlässigkeit für akustische und optische Signale, wie es der weiße Mantel im Kontrast zur schwarzen Kleidung symbolisiert. Mit dem Begriff ist aber auch noch mehr gemeint als sensitive Übererregtheit – die Geniezuschreibung. Sie gilt einer Immunisierung des Produzierten vor dem Produzenten, der zunehmend unter Verdacht steht, wahnsinnig zu sein. Seit Moreau de Tours Behauptung: «Genie ist eine Neurose» und Cesare Lombroso, der Moreau noch verschärft: «Genie ist eine Unterform des Irrsinns», scheint der Zusammenhang von Geisteskrankheit und genialischer Leistung als erwiesen – diskutiert war er ja schon seit Aristoteles in der Antike. Das verschiebt den Blick vom Metaphysischen zum Psychopathologischen und trennt die sogenannte gesunde von einer sogenannten neurotischen Kunst. Das bedeutet nun auch, dass sich das Interesse mehr und mehr auf den konzentriert, der etwas schafft, als auf das Objekt, das er geschaffen hat. Diese veränderte Aufmerksamkeit hat natürlich mit der Entwicklung der Maschine im Industriezeitalter zu tun: Nicht die Resultate entscheiden, sondern die Effizienz, mit der sie erzeugt werden können. Übertragen gesagt: nicht die Außergewöhnlichkeit des Werkes steht mehr im Vordergrund, sondern die Frage, wer sie mit welchen Mitteln und wie produziert hat. Gewiss ist das auch Ausdruck einer geistigen Labilität, nach den Transzendenzverlusten keine Entsprechung für das Göttliche mehr zu finden und von der Wissenschaft womöglich doch mehr enttäuscht als entschädigt zu werden. Umso mehr wird sie zum religiösen Ersatzobjekt, und «das Rätsel» der Kunst, wie es noch die Romantik verteidigt, weicht einem positivistischen Rationalismus.

5.6.1. Die erste Psychopathographie legt Cesare Lombroso, bekannt vor allem als Forensiker und Kriminologe, schon 1856 vor und gibt damit eine Tendenz zu erkennen: Der Mensch ist eine Maschine, die verstanden werden kann. Es folgen Griesinger: «Wo ich von einem Genie in einer Familie höre, frage ich gleich nach, ob sich nicht auch ein Blödsinniger in ihr finde», und Arndt: «Genie ist eine höchst verfeinerte Organisation. Verfeinerung auf Kosten der Stärke und Widerstandskraft.»

Daher die Eigentümlichkeiten und die Gefahr, psychisch zu erkranken; (…) Keine Vererbung des Genies; nur Vererbung seiner Entartung.»[12] Eine Zusammenfassung aller dieser Vordenker, die sich um das offensichtlich insuffiziente Gehirn des Schöpfers bemühen, liefert Wilhelm Lange-Eichbaums Standardwerk von 1928: «Genie, Irrsinn und Ruhm». Es ist nicht sehr ergiebig, die mehr oder weniger hermeneutische Methode mitzuverfolgen, mit der über ein unbedingtes Zusammenwirken des «Genialen» mit einer Psychose nachgedacht wird. Ergiebiger ist die Fragestellung an sich: Warum dringt der Geist so sehr in sich selbst ein? Es ist, als würde ein Chirurg sein eigenes Gehirn sezieren, um zu erfahren, warum es denken kann. Das heißt, nicht unbedingt die Antworten sind falsch, sondern ein System von Fragen ist es, das in ein neues und falsches System der Erkenntnisgewinnung überführt wird; und auch heute interessiert sich eine Masse mehr für den Mann vor der Kamera als für den an einem Schreibtisch. Nicht, was er sagt, ist wichtig, sondern dass gezeigt wird, wie er spielt, etwas zu sagen.

5.6.2 Lange-Eichbaum prägte den Begriff vom «bionegativen Erbmaterial», der die für eine Hochbegabung notwendigen Anlagen genotypisch besetzt. Darauf gründend schreibt Ernst Kretschmer in seinem Vorwort zu «Geniale Menschen» von 1941: «Was im Wesentlichen entartet ist, das werden wir ruhig aus der Vererbung ausschalten können.» Die Differenz vom sozialbiologischen Determinismus zum phäno-/genotypischen (und damit politischen) Selektivismus ist denkbar klein. Schon bei Flaubert wird der skrofulöse Bettler interniert, weil er an den Tod erinnert und nicht ins Bild einer gesunden (Volks-) Gemeinschaft passt. Von hier zu den Bücherverbrennungen und Aussonderungen einer «entarteten» Kunst im Nationalsozialismus zieht sich eine historische Lineatur.

5.6.3. Die «kreativen Henkelohren» kommen dann auch in den Dichtungen und Essays Gottfried Benns vor, bei Nietzsche sind sie ja schon vorher existenzphilosophisch verwertet, Ortega y Gasset führt sie in «Der Aufstand der Massen» als Metapher der «Andersartigkeit» kultursoziologisch vor, und in der Psychoanalyse nach Freud erklärt

---

12 Vgl. Arndt, Rudolf: Lehrbuch der Psychiatrie, Wien und Leipzig 1883.

Alfred Adler seine Überkompensationstheorie, die mit Lacans: «Alles entsteht aus einem Mangel», schon korrespondiert. Das Phantasma der Romantik war ein Korrektiv zum Enzyklopädismus des beginnenden Industriezeitalters – der Nachkantianismus versucht, das Phantasma zu deuten, und kann dabei nur in selektionistische Gesinnung münden (die dann auch ihre sowjetkommunistischen Parallelen findet). Und Künstler werden zu Verbündeten, ob Marinetti in Italien, Céline in Frankreich oder eben Benn im Deutschland der 1930er Jahre. Emil Cioran in bestürzenden Bekenntnissen wie: «Es gibt keinen heutigen Politiker, den ich für sympathischer und bewunderungswürdiger halte als Hitler» (1933) oder, in Bezug auf den Röhm-Putsch von 1934: «Was ist für die Humanität verloren, wenn die Leben einiger weniger geistig und moralisch schwacher Menschen genommen werden?».[13] Oder, von der Moderne einer konterrevolutionären Linken her besehen, Majakowski, der sich erschoss, als er es begriff.

5.6.4. Der Begriff «Konterrevolution» für «Große Sozialistische Oktoberrevolution» ergibt sich für mich aus einem Rezeptionsverständnis für die (gesamt-)europäische Geschichte, die den Revolutionsbegriff schon weit vorher besetzt hält und vor allem technologisch anstatt politisch betont. Als eine technologische «Bremse» und Dramaturgie der Verlangsamung galt der politische Osten bis zu seinem Ende – ob gewollt oder nicht; und für nichts anderes wurde er vom Westen, der Angst vor seiner eigenen Geschwindigkeit bekam, alimentiert. Ebenso bezeichnend ist die schleichende Fortsetzung des Pathologiebegriffs im Bewertungssystem von Kunst. Die «Abstrakten» waren nicht nur deshalb angefeindet, weil sie eine Herrschaftssemantik außer Kraft setzten und geheime Botschaften schickten (die es oft gar nicht gab), sie waren auch immer noch «die Verrückten» (wie es mein ideologiebeschädigter Großvater sagte, wenn er von einer Kunstausstellung kam, in der ein paar Vertreter des Abstrakten mehr vorgeführt als ausgestellt wurden: «Die gehören weggesperrt und für immer.»)

---

13 Vgl. Ornea, Zigu: Anii treizeci, Bukarest 1995.

5.6.5. Die Berufung auf präpsychotische Muster, die für eine Kunstbildung sorgen, ist noch keine Gleichsetzung von Pathologie und Kunst, aber sie bereitet sie vor und übernimmt die Rolle einer primären Deutung. Wie sich das Interesse des Mediziners in der Frühmoderne vom *leidenden* Subjekt hin auf das *defekte* verschiebt (das heißt, normativ wird), so ist auch der Defektbegriff über das Kunstobjekt gestellt und jederzeit imstande, es zu attackieren. Nicht der «Seher» – der «Gesehene» übernimmt die Schaltzentralen der Macht und durchzieht sie mit Technik und Technologie. Ergebnis bekannt.

5.6.6. Es gibt keinen Wahnsinn außerhalb eines Blickes des anderen, und nirgendwo spiegelt sich diese psychoaffektive Sensation als frei von jeder geltenden Systematik (bis heute noch der Emil Kraepelins) so klar wie in der Kunst. Gewiss können wir in der außerordentlich vielseitigen Prinzhornsammlung der Universitätsklinik Heidelberg Kunstprodukte diagnostizierter Psychotiker sehen, ebenso in den Nachlässen Leo Navratils, der die Arbeiten von Prinzhorn in Deutschland und Morgenthaler in der Schweiz im niederösterreichischen Gugging bis in die 1980er Jahre hinein weiterverfolgte und über die Zusammenhänge von Schizophrenie und Kunst, Sprachverfall und Literatur ausführlich forschte. Aber können wir sie auch unterscheiden von Werken des Dadaismus, Expressionismus oder Surrealismus außer eben dadurch, dass wir ihnen in einem vorherbestimmten Referenzsystem begegnen? Der Blick des Psychiaters ist immer der des Normativen auf das Nichtnormative – auch dort, wo das Abnorme *nur gesehen wird*, ohne dass es abnorm tatsächlich ist. Und wer bestimmt – außer der subjektive Schmerz –, was zur Norm zählt? Wir sind hier mit Foucault in einem Diskurs über die Zirkulationen von Macht, von *Machtdispositiven*, verstrickt, der ausschließlich alles unterliegt.

Psychose und Produktion

5.7. Virginia Woolf hörte Stimmen, doch wer sagt uns, dass es nicht die Figuren ihrer Romane waren, die zu ihr sprachen? Nicht halluzinatorisch, sondern künstlerisch prozessual? Die alles in allem szientistische* Psychopathographie hat darauf keinerlei Antwort, weil sie keine Antwort auf das Transzendentale der Kunst hat. Und dabei spielt es keine Rolle, ob sie klinisch paranoid war – was ja auch geklärt ist. *Im Werk ist sie es nicht*, das und nichts sonst interessiert uns. Denn das Werk ist die Überschreitung der Faktizität, und es umkreist [das Fehlende] entweder ästhetisch nachvollziehbar oder nicht. In der Prinzhornsammlung sind Bilder zu sehen, die in jeder anderen Ausstellung einen *Genuss* erzeugen würden und hier, in dieser nur zu lobenden Präsentation, Abwehr und Angst deduzieren. Über die nichtliterarischen Faktoren in der Literaturbegründung sprechen wir noch, über die mitwirkenden Signifikanten in der Umgebung ebenso. Die Kunst und der Text stehen immer und erst einmal *allein*. Sie sind auf nichts als auf ihr Material zurückzuführen, das sich autonom und stringent in sich selber bewegt – *und über sich hinaus.* Und wenn wir frei von jenem *praecox-feeling* sind, das formatiert, was noch gar nicht erschienen ist, dann entdecken wir auch ihren Wert.

5.7.1. Das heißt ja nicht, dass wir die Literaturtexte generalverteidigen vor einer Klassifizierung der Psychiatrie. Wenn sie beschädigt sind, sind sie auch nicht mehr lesbar, und der buchstäbliche «Wortsalat» im Moment einer akuten Schizophrenie bietet uns auch keine Kunst, sondern sprachlichen Verfall als Ausdruck von Ichzerfall und Zerfall der Gefühlswelt. Dass diese Phänomene literatur- und kunstgeschichtlich einmal interessant genug waren, um sie zu kopieren und subversiv neu zu verwenden, sagt ja noch nichts aus über ihre Qualität. Eine (zugegeben etwas überambitioniert eingelesene) CD mit Texten von Heidelberger Psychiatrieinsassen zu Zeiten Hans Prinzhorns lässt offen, wann wir lyrische Sequenzen oder literarische Textblöcke hören und wann inkommensurablen Unsinn. Auffallend ist allenfalls eine Tendenz zum Ornamentalen und zur Repetition des Unwesentlichen – wie in der bildnerischen Kunst übrigens auch. Ich bin fasziniert von der exzessiven oder intensiven, auf jeden Fall außergewöhnlichen Geste, die sich im Text oder Kunstwerk präsentiert; doch sobald mir das Muster der Produktion evident wird, verliert sie ihren obsessiven Charakter und geht an ihrer einsetzenden Gewöhnlichkeit verloren. Kurz: sie langweilt, weil sie keine Inhalte nachzuholen hat, die in der Form erscheinen könnten.

5.7.2. Diese Übergangsfelder von exzentrisch zu inkommensurabel und von unverständlich (literarisch) zu unverstehbar (pathologisch) haben wir in allen diesen «problematischen» Werken, so dass sie sich von der literarischen zur medizinischen Lesung andauernd verschieben. Hölderlins Spätwerk: politisch inaugurierte Kryptomanie (um der Verfolgung als Jakobiner zu entgehen) oder Zerfall von Kohärenz und semantischer Bindung infolge einer vorangeschrittenen Schizophrenie? Strindbergs «Inferno-Legende» von 1897 – Kunst oder Psychose? Das Gedicht «Weltende» von Jakob van Hoddis: geniales Zeitgemälde oder psychotische Initiation? Der «Fall» Ernst Herbeck, Patient bei Leo Navratil in Gugging, der ihn zum Schreiben von Gedichten animierte, ist besonders aufschlussreich. In einer Gesamtausgabe seiner Gedichte lässt sich am jeweiligen Textkörper geradezu transkriptiv miterleben, wann eine schizophrene Episode bevorsteht oder wann sie überwunden war.[14] Die Bindungskraft der Zeichen desorganisiert sich bis zur völligen Permutation und Atomisierung des sprachlichen Materials (das, anders als im poetischen Lettrismus, keine Struktur, keinen «Halt» in der Form findet), sobald eine Krise heranreift und durchbricht. Dann wieder bizarre schöne Bilder in einem Ton der selbstsicheren Naivität, wie er einmalig ist.

5.7.3. James Joyce verbrachte ganze Nächte in Hotels, die oft triste Absteigen waren, mit dem Ohr an der Wand, um den Dialogen fremder Paare zu lauschen und sich Wörter aufzuschreiben, die er nicht kannte. Er schloss sich auf den Toiletten der Bahnhöfe ein und kritzelte das Gekritzelte ab. In Zügen stand er im kalten Gang, nur um vorübergehende Fahrgäste reden zu hören. Keine Phrase, kein Wort, keine Silbe, die ihm entging, und das in allen Großsprachen fließend. Wenn wir heute eine Wortschatzgröße für gebildete Stände mit etwa zehntausend (aktiven) Wörtern annehmen, dann verfügte Joyce über

---

14 Vgl. Herbeck, Ernst: Im Herbst da reiht der Feenwind, Wien 1999.

mindestens einhunderttausend. Die Archivierung und Ökonomisierung eines dermaßen großen Sprachvolumens ist eine gehirnbiologische Sonderleistung, ganz abgesehen davon, was sie literarisch bedeutet. Der Motor, der solche Textmaschinen in Gang bringt, muss durchdrungen sein von Obsession – und das wäre dann die Rückeroberung des Körpers durch einen Willen. Aber wir können auch ganz in der Physis dieser Beharrlichkeit bleiben und uns das Sammeln von Wörtern wie das Einsammeln von Steinen am Strand eines Meeres vorstellen. Es ist und bleibt materieller (oder materialisierter *Vollzug*). Übrigens diagnostizierte C.G. Jung in Zürich auch bei Joyce eine Schizophrenie, an der seine Tochter Lucia bereits erkrankt war. Das allerdings erst nach oder aufgrund der Lektüre des «Ulysses». Man kann auch sagen, er las, wie es die Polizei ihm erlaubte.

5.7.4. Van Gogh schnitt sich ein Ohr ab und schickte es jener Hure in den Puff, mit der er regelmäßig verkehrte. So ist es das berühmteste Ohr der Kunstgeschichte geworden, und wäre es erhalten, brächte es fraglos ein großes Vermögen. Wie viele Dissertationen und Fachartikel aller Disziplinen werden über dieses eine Ohr entstanden sein, wie viele Metaphern der Literatur greifen es auf? Und doch gehört es weder zur Ätiologie einer psychischen Erkrankung noch zur Anthropologie seiner Geschichte – *es gehört zu seiner Kunst*. Denn was sagt es anderes, als dass er seine Kritiker, um künstlerisch weiterzukommen, *einfach nicht mehr hören wollte?*

5.7.5. Die somatischen Übergänge von Körper und Literatur sind weithin unerschlossen. Der Literaturtext hat immer ein historisches Trägheitsmoment, da er in der Reflexion entsteht und die Umwege des Verdrängten/Erinnerten ebenso nutzt wie das Unbewusste in seiner fremden Struktur. Diese Tiefe und Nachhaltigkeit aber ist es, über die Antizipation – eingegangen in den Text, genauer: in das Unterbewusste des Textes – betrieben wird. Gesellschaftliche Prozesse sind akausal; sie vollziehen sich in kleinen historischen Räumen durchaus kalkulierbar, doch sobald sie sich mit komplexeren Systemen verbinden und transformieren, bilden sie eine subsistente Masse aus Widersprüchen und Paradoxien, die für die politischen Akteure unbeherrschbar werden. So beginnen und scheitern Revolutionen – eine falsche Bewegung, und sofort wird geschossen, nachdem jahrzehntelang nie auch nur das geringste passiert war. Oder der Fenstersturz zu Prag anno 1618: Die aufständischen Protestanten werfen in spontaner Erregung drei königliche Statthalter aus dem Fenster. Doch die fallen in einen Haufen von Mist und kommen unverletzt davon.

5.7.6. «Aber was ich nicht verstehe,/ warum ich die Vergangenheit/ in der Gegenwart/ als Zukunft sehe.» Das sind Verse aus meinem Zyklus «Matrix America», die es sehr genau sagen: In der «Rückschau» ist die «Vorausschau» schon enthalten, da es bei aller Kontingenz* von Geschichte immer auch ein Kontinuum an historischen Stoffen gibt, die überliefert werden. Je genauer also der Historiker war, umso erfolgreicher kann der Zukunftsforscher sein. Dieses Axiom, übertragen auf unser kulturelles Unbewusstes, nennen wir *Erfüllung des Vorhergesagten*. Nicht, weil wir abergläubisch sind, sondern weil es Optionen gibt, die bereits getroffen wurden, ohne dass wir es *wissen*. César Vallejo schrieb in seinem fabelhaften Gedicht «Ein Mann geht vorbei»: «Ich werde sterben in Paris, warum auch nicht,/ an einem Donnerstag», und er starb in Paris an einem Donnerstag. Majakowski visionierte sich seinen Tod durch eine Kugel ins Herz – und er schoss sich, nachdem er noch kurz zuvor in einem Gedicht den Selbstmord Jessenins verhöhnte, eine Kugel ins Herz. Es sind Zufälle, und es sind keine Zufälle, weil es Zufälle in einer Ordnung höheren Grades nicht gibt. Ebenso ist es gar nicht so ungewöhnlich, dass ein Künstler seinen nahenden Tod so lange hinauszögern kann, bis sein Werk, an dem er noch arbeitet, beendet ist. Der Komponist Rudolf Mauersberger starb am Tag der Vollendung seines letzten Musikstücks. Friedlich und quasi mit der letzten Notierung.

5.7.7. Wir sind also nicht nur für unser Bewusstsein verantwortlich, sondern auch für unser Unter- und Unbewusstsein, über das wir Zugang bekommen und auf das wir Einfluss nehmen können. Viktor Frankl, ein Schüler Adlers, hielt dem Unbewussten als einem reinen Triebgeschehen, wie Freud es beschrieb, ein geistiges Unbewusstes entgegen. Das heißt, dass wir von unbewusst abgelegten Wertvorstellungen mitgelenkt werden, denen eine intuitive (und somatische) Entscheidungsmacht zufällt, *die eben nicht triebgelenkt ist*, sondern ein Substrat unserer Texte abbildet. Denn wir sind die Summe dessen, was wir in uns aufgenommen und verinnerlicht haben – und dann erst ein biologisches Energiefeld.

5.8. Soziale Auskoppelung und das Ertragen von Einsamkeit: wer zu beidem nicht imstande ist, kann alles, aber kein Schriftsteller werden. Schon Thomas Mann meinte, die Hälfte seiner Lebenszeit am Nachdenken über das Leben verloren zu haben, und Max Frisch bedauerte, dass er durch sein eigenes Schreiben die Lektüre oft vernachlässigen muss. Alles zur selben Zeit können wir nicht haben, und sich dem Schreiben zu verpflichten, heißt immer auch, Zerstörungsfelder zu schaffen, die sich um den Schreibvorgang legen. Und ein Zerstörungsfeld ist eben das, soziale Verbindungen nicht verbindlich bedienen zu können, wenn es die Erschaffung der Texte erfordert. Schon die bloße Anwesenheit eines anderen kann ein Hinderungsgrund am Schreibvorgang sein, weil sie eine – wenngleich auch stumme – Kommunikation ist, die ablenkt. Es ist ja immer auch die Flucht vor dem Text, vor der Einsamkeit durch die Annahme eines Textes, die den Schreibenden verführbar macht und ungewollt dankbar für Zerstreuung; erst recht, wenn er nicht so richtig vorankommt. Ebenso ist möglich, dass Nebenreize die Konzentration auf den einen Denkgegenstand erhöhen. Das sind die Kaffeehausschreiber, die ihre Blicke durch den Raum schweifen lassen, ohne einen direkten Punkt in diesem Raum zu fixieren. Und es sind die, deren Augen einen zwar anschauen, aber nicht mehr erkennen, wen sie gerade sehen, weil ihr Blick ein *durchdringender* ist und tatsächlich nach innen gerichtet. Nein, das ist weder Ignoranz noch Arroganz noch soziale Inkompetenz: es ist eine der Tätigkeit des Schreibens angemessene Verfasstheit. Im Grunde normal, wenn sie nicht so manches Mal wirken würde, als hätte da einer nicht alle Latten am Zaun.

5.8.1. Familien, die einen Schriftsteller hervorgebracht haben, sind eher nicht zu beneiden, denn sie haben immer einen Zeugen unter sich, von dem sie nicht wissen, wie lange er stumm bleibt. Ausnahmslos jede Familie hat einen labilen (oder gar neurotischen) Kern, der von einer familienhistorischen Substanz umgeben ist, die verschwiegen werden muss. Von diesem Kern, der sich aus den verschiedenen politischen, kulturellen oder privaten Inhalten zusammensetzt, verteilen sich die Zugehörigkeiten und Handlungsspielräume, und daraus wiederum erschafft sich der «Clan» seine Regeln, die nur an der Oberfläche übereinstimmen mit den Regeln einer Gemeinschaft. Mord ist und bleibt Mord – aber die Formen des Mordes sind die interne Sache einer jeden Familie und werden in ihrem Sinne geregelt. Der Mord, der keine Spuren bildet und der physisch auch niemanden tötet, ist quasi Alltag und überall präsent. Immer geht es um die Einhaltung eines Schweigens zu jenem «schwarzen Fleck» auf der «weißen Weste» einer Familie, von dem aus das Netzwerk einer diffusen Unaufrichtigkeit gestrickt ist und dem Inzestverbot gleicht, wie wir ihn von Urvölkern kennen. Gerade in Nachdiktaturen – für uns Deutsche in den 1950er Jahren und dann nach dem Zusammenbruch der DDR – gilt diese Schweigensverabredung wie ein Gesetz (um schnell aus dem Dilemma zu kommen, wie man wohl glaubt). Und da steht der Schriftsteller im Wege und bietet sich als Brennglas der Verhältnisse an. Das programmierte Desaster dieser prekären Konstellation – Beispiel Thomas Mann und dessen Nestbeschmutzungsroman «Die Buddenbrooks» – besteht darin, dass der Schriftsteller, was außer ihm selbst keiner versteht, nicht *nichts sehen kann*, wo etwas ist; er ist die Instanz der verweigerten Verdrängung, mit der er es sich selber auch schwer macht. Wie er keine Macht über die Gegenstände hat, die ihn erregen, so hat er auch keine darüber, die Sprache am Sprechen zu hindern. Genau diese Energie aber ist auch eine «Familienenergie», das heißt, sie ist familiär dispositioniert und in dem einen dafür befähigten Mitglied zu ihrem Ausdruck gekommen. Übertragen gesagt: Die Familie will, dass darüber gesprochen wird, worüber sie nicht spricht. Der Schriftsteller ist das Unbewusste der Familie, das sich selber gestaltet und «durcharbeitet», bis es Sprache geworden ist. Von daher ist der Schriftsteller der elementare «Konflikt».

II. Teil   Bildungen

6. Lesung

Sphären (I): Literaturbildungsprozesse

«Nur was nicht aufhört, weh zu thun, bleibt im Gedächtniss.»

Friedrich Nietzsche

6.0. In der Kunst gibt es keine Axiome. Ästhetische Objekte sind «Bildungen», bewegliche Gegenstände, die ihre Werte verändern wie der Finanzmarkt die Aktien. Kein Ding ist bedeutend an und für sich, keine Kunst selbstbegründet gut, und auch keine Literatur ist Literatur von allem Anfang an. Sie braucht, wie alles, den Zuspruch und die Autorität, die ihn vertritt. Qualität muss «verhandelt» werden, sie unterliegt einer Abstimmung, die imaginär bleibt und nicht zu beweisen ist.
6.1. Abstimmberechtigt ist die jeweils lesende Gesellschaft, die sich einen Konsens darüber verschafft, was sie als Wert anerkennen will; im Wert spiegelt sie sich selbst; er ist Prätention und Repräsentation in einem.
6.1.1. Dieser Konsens wird über die Eliten gebildet und schließt Vorerfahrungen, Konventionen, Ressentiments ebenso ein wie die Erwartung auf das «unerhörte Neue», das oft wie ein Blitz ist, der immer nur einmal trifft. Schon eine jüngere Generation findet das komisch und schafft es wieder ab. Es reicht also nicht, das Betriebsgetriebe einer positiven Kritik und literarischen Aufzucht erfolgreich passiert zu haben, wenn dieser *Wert* nicht an eine nächste und wiederum nächste Generation vermittelt werden kann. Dieser Prozess währt, so lange wir leben, und er kopiert, was für jede Wertebildung allgemein gilt: eine fortwährende Überschreibung von Signifikanten zu sein – so lange, bis es einen signifikativen Signifikanten gibt, der nicht mehr überschrieben werden kann (und dem wir noch immer misstrauen).

6.1.2. Entscheidend ist die Quantität der Überschreibungen. Im Freundes- und Bekanntenkreis fängt es an, in der Stadt setzt es sich durch, in der Region wird es gesehen und im Land schließlich gelesen – ehe es die Welt und die Zeit als ein Ganzes erreicht. «Es» ist hier natürlich «er», unser erster bescheidener Literaturtext, der von sich nicht mehr weiß als das, was ihm von außen an Wissen zugetragen wird. Er ist, gleich der Person, die ihn erfunden hat, auf dem Weg, ein «Ich» auszubilden, und das geschieht allein im Spiegel des fremden Blicks. Was nicht interagiert, kann sich nicht bilden, und was sich nicht bilden kann, gibt keine Wirkungen frei. Unser Literaturtext, auf diesem Wege, kann zumindest schon einmal eine positive Vermutung haben, über einen *Wert* zu verfügen, wenn er mehr und mehr Passagen der Bestätigung *überlebt*. Es muss zu Rückschlägen kommen, zu neuen, gewaltigen Überschreibungen durch andere Texte, aber immerhin ist er überhaupt erst einmal in der Spur, seine Gültigkeit zu überprüfen und zu beweisen, konsistent zu sein. Er hat, wenn man es so will, eine «Fahrkarte» erhalten, reisen zu dürfen.

Erfolge gibt es keine. Aber gute Autoren.

6.2. Eine solche Reise ist das Debüt. Sein Verfasser, im Durchschnittsalter von vielleicht sechsundzwanzigeinhalb, darf stolz sein, so viele Hürden schon genommen zu haben (denn jeder, der schreibt und auch veröffentlichen will, weiß, wie viele Hürden es gibt). Aber dieser Stolz ist gefährdet, in Hochmut zu münden, denn er gründet auf wenig und erntet zu viel. Erfolg ist eine temporäre Zuschreibung, eine Ware, die im Betrieb zirkuliert und so lange weiterverwertet wird, bis sie verbraucht ist. In gewisser Weise ist Erfolg eine Züchtigung, ein auf jeden Fall künstliches Produkt, gespeist aus spontaner Verzückung und Kalkül und der immer mitzudenkenden Frage: Wie lange lässt sich das verkaufen? Denn alles, und eben auch Literatur, ist merkantil überformt, zumal in einer radikalkapitalistischen Verteilungsgesellschaft wie der unseren. Das heißt natürlich, ein Spaltungsgeschehen, das, unabhängig unserer Meinung darüber, geschieht, bewusst erleben zu müssen und dadurch wieder abzuschwächen, dass es bewusst auch bleibt und gegebenenfalls auf andere Objekte verschoben werden kann. Wo es Einlass in den Körper findet, unreflektiert und *real*, spaltet es das Bewusstsein und zwingt das Ich zur Regression. Schizophrenie und Kapitalismus beeinflussen sich wechselseitig, und die Gesellschaft ist ihr Hospital.

6.2.1. Erfolge gibt es keine – wer das versteht, kann auch schreiben. Das heißt nicht, dass es keine Anerkennungen gibt, keinen Zuspruch, keinen Ruhm und kein Geld; nur ist das kaum mehr als partielle Schmerzlinderung. Es hilft dem materiellen Überleben, ist aber immer nur Ersatz und kann die innere Logik des Scheiterns, die in der Sache selbst begründet liegt, nie außer Kraft setzen. Die Sache: das ist die immerwährende Differenz der poetischen Schrift zur Welt, in der sie erscheint. Jede Kommunikation erfüllt sich nach Art und Weise eines Arrangements der Missverständnisse; ein positives Arrangement ist die Übereinkunft im Irrtum, und sie wird immer erst dann brüchig, wenn ein Text nächsthöherer Ordnung den Hinweis auf diese Störungen liefert. Das ist die Wirkungskraft der Poesie: die falsche Gültigkeit der Diskurse zu durchbrechen und für eine Neugründung der Gedankenwelt zu sorgen. Dieser grandiose Anspruch aber zerfällt an sich selbst im Augenblick der Gewahrwerdung, auch nur eine Differenz im Feld von Differenzen zu sein – und das ist das unabdingbare Scheitern.

6.2.2. Vor diesem inneren Produktionskonflikt der Literatur, an dem schon die besten aller Schriftsteller gescheitert sind, werden alle anderen Konflikte, die sich von außen ergeben, vergleichsweise klein. Das Paradoxe daran ist, dass die Erfahrbarkeit dieses Konflikts, dieser unlösbaren Verknotung von Widersprüchen, mit der literarischen Potenz steigt anstatt abzunehmen; ein Autor von Seeabenteuern wird vielleicht gar nicht wissen, was hier gemeint ist – weil die Konzentration auf den instrumentellen Charakter der Sprache, ihre Eigenschaft, sich selbst zu vergessen und auf den Strom der Handlung zu legen, dieses Problem von Differenz, Spaltung und Permutation gar nicht erzeugt; und damit eben auch keinen sprachlichen Mehrwert (in dem sich jede

Behauptung erst zu einer ästhetischen Beglaubigung bringt). Vielleicht sollte ich es doch noch einmal sagen: Unser kleiner, fragmentarischer Gang durch die Bildungsgeschichte der Literatur schließt sich nicht nur gegen die Textgegenstände in der Sachwelt ab – das heißt gegen die Sprache als einer Reihe von Fertigteilen im alltäglichen Gebrauch –, sondern eben auch gegen eine Literatur, die andere Prämissen verfolgt und andere Ziele. Wir sind, wenn ich das ohne jeden Beigeschmack von Elitarismus so sagen darf, singulär. (Wie unsere Texte.)

6.2.3. Aber es ist wohl auch weniger das Fehlen einer Phänomenologie des Scheiterns, das wir beklagen – wir haben auch keine Kultur des Scheiterns; zu ungemütlich; zu sehr in Vergeblichkeit verstrickt. Der materielle Finalismus unserer Epoche sieht eine Metaphysik des Scheiterns nicht vor (und genau daran wird sie scheitern). Denn auf der Höhe seiner selbst ist jedes Ding zu nichts anderem fähig – und warum sollte das in unserem Schreibleben nicht ebenso sein?

6.2.4. Junge Autoren können nicht scheitern. Sie hatten noch keine Zeit dafür und sind allein mit dem Gedanken einer unaufhörlichen Annäherung ihrer Textsachen an die Utopie dieser Textsachen beschäftigt. Sie stellen sich das linear vor, vom Debüt zum Nobelpreis. Das fundamentale Scheitern erscheint im Fokus seiner Marginalisierung als Kurzkritik im Feuilleton (wo es sich verhält wie ein Comic vom Krieg zum Krieg mit tödlichen Waffen). Das wäre alles normal und der Rede nicht wert, würde sich eine Erfahrungszeit bieten, die unmittelbar eingreift mit jedem weiteren literarischen Schritt. Aber Illusion ist ein Wirtschaftsfaktor, auch in der Literatur. Es gibt also ein äußeres Interesse daran, für Blindheit zu sorgen oder sie zumindest so lange als eine besondere Leistung des Sehens zu verkaufen, solange es auch nur einen Käufer dafür gibt. Und wer hört schon nicht gern, dass er der Auserwählte ist, auf den die Welt gerade noch gewartet hat (wie auf alle anderen übrigens auch). So lernen sie alles Mögliche, vor allem richtig *just posing* zu machen, nur nicht, wie man anständig (und sinnvoll) scheitert. Sie tauchen am Betriebshimmel auf und werden sofort verwöhnt und betrogen in dem Gefühl, «ausgesorgt» zu haben, nur weil ein kleines Bändchen gut besprochener Gedichte erschienen ist. Ein Büchlein in einer respektablen Edition, und sofort schleicht sich eine Menge mehr oder weniger gutmeinender Förderer heran, sie entrümpeln ihren Keller und melden ihn der nächstbesten Stiftung zur Pacht. Aber es ist Mästung, um später genügend Fleisch für die Schlachtung zu haben. Gänse werden auch so behandelt. Erst laufen sie frei im Gehege herum, und sobald sie ausreichend glücklich geworden sind, kommen sie ins Gatter zum Stopfen. (Ich habe es in Frankreich gesehen, bei einem Gänsebauern am Fuße der Pyrenäen. Erst machte er mit uns einen Rundgang durch seine grausame Aufzucht, und dann gab es Stopfgans.)

6.2.5. Die falsche Förderung ist gemeingefährlich und schafft die Talente gleich wieder ab, die gerade erst publizistisches Licht gesehen haben; sie illusioniert und sorgt für falsche Verhältnismäßigkeiten. Die Zeit der «Fräuleinwunder» ist wohl vorbei – aber wie groß das Wertkapital Jugend auch in der Literatur geworden ist, kann nur erschrecken. Und dahinter steht immer ein Funktionsinteresse: Werte aufzubauen, um sie demontieren zu können. Die Besprechungskurven zeichnen das gut sichtbar nach. Eben noch war uns der Heiland erschienen, und schon ist es Abfall. Je höher das Lob, umso tiefer der Fall. Flaubert hat so für eine Dramaturgie der Handlung gesorgt: erst einmal so tun, als wäre der Fortschritt gesichert, und dann, auf der Höhe einer pathetischen Erwartung, das schwarze Finale. Also auch das gehört zum Überleben einer souveränen Schreibtätigkeit: unabhängig bleiben, annehmen, was sich sehr freundlich bietet, es aber nicht (über-)bewerten. Denn keiner darf so naiv sein anzunehmen, dass der Autor seine Zeit, die er braucht, um zu schreiben, nicht auch finanzieren muss. Und allein hier kommt dann auch die richtige Förderung an: *Zeit zu verschenken*, ohne Gegenleistungen, ohne Erwartungszusammenhang, ohne Etikette.

6.2.6. Früher waren es die Mäzene, die ihr Geld verbrannt haben für eine Idee, heute sind es Sponsoren. Der Unterschied besteht darin, dass der Sponsor eine Leistung für eine Leistung erwartet; er bietet sich zunächst einmal als Geschäftspartner an, dann erst als Förderer und Freund. Die erste Frage seinerseits lautet auch dementsprechend:

«Warum denken Sie, dass Ihr Projekt für uns relevant sein könnte?»
Diese Gesprächseröffnung kennen wir von jedem Bewerbungsge-
spräch, sie ist wie im Schach das Damengambit, dem sofort zu parie-
ren ist mit einer symmetrischen Entgegnung des schwarzen Bauern.
Für uns heißt es hier, gleich wieder aufzustehen und nach dem Mantel
zu greifen, denn wir haben ja tatsächlich nichts, aber auch gar nichts zu
bieten, das in einem Geschäftsinteresse auch nur der kühnsten Annahme nach liegen könnte. Eine Werbefläche? Lächerlich. Umgelenk-
ter Kundenzulauf wie nach einer Fußballwerbung? Unmöglich. Image?
Nun ja, hin und wieder, ein wenig (Tendenz fallend). Also warum?
Weil es überall emphatische Einzelgänger gibt, die für etwas eintreten
können, das sie für wichtig erachten. Sie überspringen dann unsere
Antwortlosigkeit und zücken das Scheckheft. Danke.

6.2.7. Das Beschämende daran ist die Unselbstverständlichkeit, das
beigefügte Wohlwollen, die Gunst. Wir nehmen an, aber es wird uns
nicht wirklich besser danach, denn es inauguriert die latente Nutzlo-
sigkeit einer Sache, die Nützlichkeit überhaupt erst erklären muss.
Gunst kann gegeben und genommen werden; sie legt die Stellung eines Subjektes fest, das frei ist, sich zu verhalten, und sie spricht, wer,
der bedacht wird, die gleiche Stellung ab. Nichts anderes ist der Status
des Bettlers: er kann bitten, aber nicht fordern, hoffen, aber diese Hoffnung mit keiner Erwartung verbinden. In Anbetracht verzockter Mil-
liardenbeträge in halber Lichtgeschwindigkeit ist das der reine Skandal, der nur deshalb nicht auffällt, weil er so leichtgewichtig ist. Es geht
um Literatur, nichts weiter. Um Bücher, die vielleicht schon bald keiner mehr haben will. Dabei ist Literatur die materiell unaufwändigste
und ideell großzügigste Dienstleistung des Geistes, die wir kennen. Sie
zu pflegen sollte in humanisierten Kulturgesellschaften ein elementa-
res Bedürfnis sein und Gewissheit, dass sie ein Gemeinwesen (auch
wirtschaftlich) lenkt. Nicht, weil sie direkt und funktional zu verwenden wäre, sondern weil sie Lichtkegel in die Finsternisse unserer Welt
wirft.

6.2.8. In einem Brief vom 14. Juli 1914 schreibt Ludwig Wittgenstein
jun. an Ludwig von Ficker: «Sehr geehrter Herr! Verzeihen Sie, dass

ich Sie mit einer großen Bitte belästige. Ich möchte Ihnen eine Summe von 100000,- Kronen überweisen und Sie bitten, dieselbe an unbemittelte (...) Künstler (...) zu verteilen.» Gewiss, Wittgenstein ist tot, und hier oder dort hat er ein paar Enkel, die sich seiner erinnern und es ihm gleichtun. Aber es kann doch keine ernsthafte Lösung vermögender Gesellschaften sein, die Subventionierung von Kunst und Kultur mehr und mehr zu privatisieren und dem Gunstverhalten kulturell nicht komplett abgeneigter Vorstandsmitglieder der Industrie zu überlassen. Das brächte eine Beliebigkeit in die Etatsicherung, die jede künstlerische Kontinuität außer Kraft setzt. Wenn allerdings der Bedarf an Selbsterhaltung und substantieller Ausrichtung gemeinschaftlich schon derart erschöpft ist, dass in der Auslöschung der Werte ein neuer Wert entsteht – sozusagen als Vorbote einer suizidalen Gesamtverfassung –, dann entfallen diese Bemerkungen stillschweigend.

Gegenpole

6.3. Die Durchmischung von Intentionen mit den Gesetzmäßigkeiten eines Systems, das ihnen vorgelagert ist, sorgt für Verfälschungen und lässt aus einer Absicht eine andere werden. Überall dort, wo sich die Wertsubstanz nicht materialisiert und Idee bleibt, imaginäres Produkt, vermehren sich auch die Unschärfen und verflüchtigt sich der politische und historische Einfluss. Das heißt, wir haben es mit Wirkungsfeldern zu tun, die nicht rückführbar sind auf die Ausgangsbedingungen ihrer Entstehung. Wir können induzieren, nicht deduzieren. Es ist also eine fortwährende Unterwanderung unserer formulierten Interessen im Gange, die dadurch geschieht, dass die Systeme, die diese Interessen institutionell zu vertreten haben, andere Regeln verfolgen und entsprechend für eine negative Rückkoppelung sorgen. Diese systemischen Überschneidungen, die es in allen Bereichen des gesellschaftlichen Lebens gibt, erschüttern in der Kultur besonders heftig – eben weil es hier keine administrativen Bewertungsrichtlinien gibt, die messbar wären; und es gibt dementsprechend auch keine

Äquivalenzmasse, die einen Ausfall übernehmen kann. Im Grunde wird der systemische Interferenzkonflikt dauerhaft individualisiert; er wird umgeschlagen auf die Aktionsräume des einzelnen. Jeder also muss für sich eine Strategie der Abwehr einander gegengerichteter Verhaltensanforderungen finden – das eine tun, um das andere zu erreichen. Man könnte es eine Gestaltungspsychose im öffentlichen Raum nennen, ausschließlich destruktiv. Wir werden also nie reine Verhältnisse vorfinden; wir werden nie die Verhältnisse vorfinden, wie sie die Sprache unserer Texte herausgebildet hat; und wir werden immer in einem Ungenügen darüber bleiben, dass es für diese besondere Qualität unserer im Inneren der Sprache geschaffenen Verhältnisse keine Sozialisation, keine Transformation, kurz: keine Antworten gibt.

6.3.1. Nennen wir es *Gegenpole*, die immer mitzudenken und mitzulesen sind, sobald wir öffentliche Räume betreten, und sie beschreiben die Überlagerung mehrerer einander rivalisierender Systeme – der Mode, des Geschmacks, der Erwartung, der Verträge und der Verdienste, der politischen und der ästhetischen Meinungen, und so weiter und so fort. Diese Außenseite der Literatur ist nicht beherrschbar, auch nicht für jene, die sie professionell bedienen, und es ist ein Irrtum anzunehmen, es sei ein schlechter Wille gewesen, nur weil wir nicht so aufgenommen wurden, wie man es uns vorher versprach. Die Partizipateure des Betriebes, gleichviel, wo wir sie treffen, sind ebenso zerrissen wie wir, verstrickt in Abhängigkeiten, an denen sie sich entfremden (und ohne einen moralischen Ausgleich im Text). Sie wollen oft mehr, als sie können, und merken erst, wenn sie es nicht können, wie klein doch ihr Handlungsspiel ist; es ist eine fortwährende Auslöschung von Entscheidungssubstanz durch Überstellung in einen nächsthöheren Verwertungszusammenhang. Aus dieser Perspektive betrachtet, ist die Schizophrenie eine doch recht gesunde Antwort auf ein Bedingungsfeld des Agierens, dem die Subjekte willkürlich ausgeliefert sind; und es ist auch erwiesen, dass zu den konstitutionellen Basisfaktoren einer schizophrenen Psychose erhöhte Empfindsamkeit und Intelligenz gehören. Mit anderen Worten: Wer dumm ist, kann nicht verrückt werden. Und das ist ja auch nicht so schlecht.

6.3.2. *Gegenpole* haben wir immer und überall, und wir kommen im Zusammenhang des performativen Auftritts noch einmal darauf zu sprechen. Entscheidend an dieser Stelle sollte das gewachsene Verständnis dafür sein, dass die Gesellschaft immer zwei Teile einer Sache produziert, von der sie nur einen Teil zeigt. Die dunkle andere Hälfte ist permanente Negation.

6.4. Kommen wir zurück auf unseren *Literaturbildungsprozess*, schwer verständlich insofern, als er vergleichsweise «spurenlos» bleibt und kaum verifizierbar ist. Gewiss, hier und da gute oder schlechte Rezensionen, mehr oder weniger Einladungen von Veranstaltern für eine Lesung, aber in der Summe ergibt das allenfalls einen Geruch der Saison. Auch die Auflagenhöhe eines Titels sagt langfristig nichts aus und bestätigt lediglich ein gutes *marketing* und die Augenblickserwartung eines voyeuristischen Publikums. Verlässlicher hingegen und direkt gar nicht mehr in Beziehung zu unserer Arbeit zu bringen, ist das Fotografierverhalten der Leute von Presse und Medien. Es ist erstaunlich, wie instinktiv sicher sie ihre Objektive ausrichten, obgleich sie vermutlich kein Wort des Opfers vor ihrer Linse jemals gelesen haben. Sie kennen ihre Objekte nicht, aber sie spüren ihre Bedeutungen auf, sie schnüffeln wie kleine Trüffelschweine und irren sich nie; nie, weil ihre mediale Gewalt schon die ganze Antwort liefert auf eine Frage, die gar nicht gestellt worden ist: Wer ist es wert zu erscheinen. Sie «machen» also und meinen, das «Gemachte» nur gezeigt zu haben. So jedenfalls arbeitet der Betrieb an der Spitze seiner Verwaltung und literarischen Erregungskurven – er produziert das Produzierte und gibt ihm damit seinen Willen mit auf den Weg. Der Erfolg des Debütanten schließt also immer den Willen des Produzenten des Produzierten mit ein und entfremdet sich an dessen Wunsch. Der kleine Fotoreporter für die Dorfbeilage ist gewiss noch kein Generator von Bedeutungen, wie jene «Macher» des «Gemachten» es sind – aber auch er ist nervös und sensitiv durchströmt vom *Wert* seiner Objekte. Ein öffentlicher Anlass mit Eventcharakter genügt, und wir sehen an der Bewegung der Kamera, wenn sie zoomt oder ausblendet, verweilt oder vorübergleitet, wo die Kulturtrüffel liegen. Und wir erleben dann auch, wie sich das Objekt, ehemals eine nette Person mit Charakter, augenblicklich verändert, sobald sie es bemerkt, angeschaut und kopiert zu werden, gesehen und gesendet. Es ist eine unausweichliche Entfremdungsprozedur, die damit einsetzt, dass eine Apparatur die Oberfläche des Wesens erfasst und damit *wesentlich macht*. Unerfahrene Objekte dieses Medienspektakels erkennt man daran, dass sie plötzlich erstarren, steif in ihren Bewegungen werden und kalt in den Zügen der Physiognomie. Sie werden zu *anderen* ganz augenblicklich, und als *andere* kursieren sie intermedial, bis sie dann sind, was sie nicht waren. – Eine Einschränkung: Die Pose zeigt ja oft doch, was der Charakter versteckt halten wollte und mit rhetorischer Tiefe überspielt. So gesehen ist die Erstarrung vor dem Teleobjektiv auch eine Entblößung. Allerdings eine, die niemand gewollt haben kann.

6.4.1. Wie also entsteht nun eine «universale Bibliothek»? Ein «Pantheon der Literatur»? Denn es ist ja festzustellen, dass dieser Eintritt in den *großen stehenden Text* nicht unbedingt substantiell gestützt sein muss und dass wir dort auch eine Reihe von Skandalbüchern finden, die sich lediglich durch eine kurze, heftige Empörung, die sie einmal verursacht haben, erhalten konnten und nicht einer besonderen literarischen Qualität wegen. Ebenso gehen wir davon aus, dass viele mindestens gleich gute oder bessere Lektüren nicht nur nicht aus ihrer Zeit heraus übernommen wurden, sondern selbst *in* ihrer Zeit schon verlorengegangen sind.

6.4.2. Über Ungesehenes lässt sich nicht reden, und Begabungen, die keiner kennt, können auch keinen Titel erwerben. Das Phänomen der Literaturbildung, das fraglos weit über das potentiell Literarische hinausweist, lässt sich demnach auch nur am Kanon selber erkennen und am einzelnen Textgegenstand dieses Kanons. Die Analyse löst ihn nicht mehr aus seinem Zusammenhang heraus, aber sie relativiert seine Bedeutung innerhalb des Systems. Fest steht, das Werk muss sich einmal in die Matrix eines kollektiven Gedächtnisses «eingebrannt» haben, es muss eine Erregung ausgelöst haben, die in die psychokulturelle Verfasstheit der Gesellschaft eingedrungen ist und sie habituierte. Das hat mit Kunst nur so viel zu tun, als dass sie eben ästhetische Instrumentarien genutzt hat – ebenso gut könnten es wissenschaftliche, politische oder philosophische sein (und in-, mit-, und gegeneinander wirken sie alle); über die Wirkungskraft selbst verfügt kein Ding an sich, sondern es wird verfügt durch ein systemisches Zusammenspiel unüberschaubar vieler bedeutungstragender Teile. Die Begleitumstände eines Werkes – ihre primäre Skandalisierung, familiäre oder soziale Dramatik, Jurisdiktion, moralische/ethische Affektbesetzung und vieles mehr – sind dabei nur *ein* Teil. Gewiss, in einer Zeit des Umtauschs von Inhalt und Form werden Sekundärmerkmale zunehmend wichtiger und ersetzen den konservativen, klassischen Wert – so jedenfalls erleben wir es jeden Tag neu; aber ganz ohne eine «Ausgangsnachricht» setzt noch keine Zirkulation ein. Denn auch, wenn eine Ware ihre Substanz schnell verliert, da sie zu viele partizipierende Umläufe eingeht, muss sie doch einmal substantiell gefüllt gewesen sein – übertragen gesagt: Bücher, die leer sind, können ihre Entleerung im Verlauf der Vermarktung nicht überstehen; allenthalben behaupten sie noch, eine gelungene Reproduktion der Verhältnisse zu sein, aber eben eine Reproduktion ohne Mehrwert und Rest an widersprechender Substanz. (So jedenfalls war es bisher, und auch das ist ja keineswegs gesichert.)

6.4.3. Für unseren Literaturkanon heißt das: ohne strukturelle Qualifikation keine literarische Transformation, und ohne literarische Transformation keine produktiven Missverständnisse, auf denen ein Mythos sich gründet. a) Es gibt keinen Grund, daran zu zweifeln, dass, wie wir schon sagten, jede gelungene Kommunikation auf einem Missverständnis gründet, das nur eben positiv arrangiert ist. Die Lesung von Literatur kann demnach auch nichts anderes sein als ein positiv (das heißt produktiv) arrangiertes Missverständnis. Literatur, die verstanden wird, stirbt aus; (und Literatur, die nicht verstanden wird, kann sich nicht bilden). Der Literaturbildungsprozess findet also im Raum einer Ahnung vom Verstehen einer Aussage statt, die nicht verstanden werden kann. b) Mythen gründen sich dort, wo die Produktion positiv arrangierter Missverständnisse ihre Spur verloren hat und irreduzibel geworden ist. Ein Mythos ist nicht mehr zu beweisen, und er beweist nichts, *er ist.* Er ist die letzte Schrift einer Folge von Überschreibungen, und damit ist er Gravur, Zeichen und Wert dieses Zeichens in einem. Mythen sind dauerproduzierende Bilder, ohne je ihr Bild zu verlassen.

6.4.4. Zum Literaturbildungsprozess gehört natürlich auch die mehr oder weniger verborgene Paranoia unter den Autoren, eine Berufskrankheit sozusagen, die versicherungspflichtig sein müsste: «Der hat, was ich nicht habe, weil …» (er eine Frau ist beispielsweise und naturgemäß attraktiver, oder jünger, oder besser gekleidet; über ein größeres Netzwerk verfügt, über *connection*, und so weiter und eben so.) Solche Insinuationen sind deshalb zu simpel, nicht, weil sie unbedingt falsch sind, sondern weil sie die zweite Seite der Legende vergessen – den Gegenstand selbst. Denn das Eingeständnis, vielleicht ist ja das Buch des anderen auch einfach nur besser als das eigene, käme einer narzisstischen Kränkung gleich und verletzte den ungeheuren Anspruch, das Buch aller Bücher zu schreiben oder schon geschrieben zu haben (ohne den dieses Buch ja auch gar nicht entstehen könnte). Der Verdacht einer Bevorzugung anderer aufgrund außerliterarischer Kriterien ist also auch eine Schutzbehauptung und Rettung von dringend benötigten Größenphantasien, ohne die kein Schreibprozess in Gang kommen kann.

6.4.5. In Wirklichkeit gibt es keine Argumente, die «außerliterarisch» sein könnten, weil es keine Literatur gibt, die sich der vielen Sinn- und Verweisungsbeziehungen, wie sie die lesende Gesellschaft bietet, entziehen kann; und eben das wollen wir hier zeigen: dass es für die Literatur *kein Außerhalb gibt*, keinen Ab- oder Einschluss, sondern allenfalls eine Kontinuität des Diskontinuierlichen. Das heißt eben auch, dass der Rock der Autorin und der Rock der Figur im Roman der Autorin durchaus vergleichbar werden und in subtextuelle Beziehungen treten, wie es die Lesung und der öffentliche Raum, der immer präkonditioniert ist und Tendenzen schwächt oder stärkt, erzwingen. Auch das später noch einmal. Hier lediglich die Klarstellung des Begriffs *außerliterarisch*, der verfügbar nur im Sinne dessen ist, das Literarische eben nicht mehr zu meinen. (Denn er meint es natürlich sehr wohl – wie sonst könnte sich jemand für jemanden respektive seiner Allüren und intimen Details überhaupt interessieren, wäre nicht eine Schablone vorhanden, von der ein Abdruck genommen werden kann;

wäre also nicht die Literatur vorhanden, die eben auch eine Vorlage für vieles andere bietet?)

6.4.6. Ich habe an gewiss vielen Preisjurys schon teilgenommen und das Argwöhnen derer ebenso gehört, über die befunden wurde (da würde ja nun wieder ein krummes Ding gedreht werden), wie das halb fachliche und halb sportliche, halb freundschaftliche und halb rivalisierende, halb ernste und halb ironische Auf und Ab der Argumentation in der Jury, mit Schlagseite einmal zu dieser, einmal zu jener Seite, mit disparaten Kriterien ebenso garniert wie mit Sympathie- und Aussehensboni, und so weiter und so fort – niemals aber war ein Findungsprozess bereits abgeschlossen, ehe er begonnen hat; das heißt, es gab und gibt keine Vorverabredungen, *die verbindlich sein könnten*. Sicher gibt es Präferenzen und Prioritäten, Favoriten und «Lieblinge» per se – aber nichts davon kann für irgend etwas bürgen, und nicht selten kommt am Ende einer langen Diskussion ein Ergebnis heraus, mit dem keiner gerechnet hat. Mehr noch: Die vorauseilende Popularität kann sogar den kritischen Blick eines Jurors noch schärfen und im Augenblick der Überprüfung ihrer Angemessenheit zur Deklassifizierung führen; oder die Pose des *understatements* verzückt so sehr, dass man ihr die Bescheidenheit des Genies zuerkennt, das nicht weiß, was es tut.

6.4.7. Die Lesbarkeit von Literatur ist also ein ebenso unfassliches, nichtkalkulierbares Phänomen, wie die literarische Produktion eines ist; beides unterliegt einer gleichen *gleitenden Beschaffenheit*, die unablässig Diskurse produziert, von denen es keine genauen Vorstellungen gibt. Das bedeutet einerseits: Es gibt keine Wahrheit im Inneren eines Werkes, und zweitens: Es gibt keine verlässliche Lesung dieser Wahrheit, die es nicht gibt. Was die unbedingte Größe des Literarischen ausmacht: mehrdeutig zu sein und über einen sinnproduzierenden Kern zu verfügen, der immer neu verstanden werden muss, umgeschlagen auf die Mechanismen einer Wert- und Werterhaltungsbildung wirkt es sich beliebig aus. Denn alles, was im Text selbst nicht mehr bestimmt werden kann, wird ihm von außen an Bestimmungen zugetragen (das Autorenverhalten, der Umgang einer Gemeinschaft mit dem Autorenverhalten, der Umgang der Gesellschaft mit dem Umgang einer Gemeinschaft und deren Umgang mit dem Autorenverhalten, und das alles im Spiegel eines Systems und vieles noch mehr). Keiner ist imstande, jene bedeutungsproduzierenden Ströme von der Lesung eines Textes vollständig wieder abzuziehen, wenn sie sich gerade erst gebildet haben und anerkannt wurden: durch einen Auftritt des Autors in den Medien zum Beispiel, durch sein Erscheinen *an und für sich*. Wenn, wie wir schon sagten, der Text *alles ist*, wie sollte dann nicht ebenso alles *ein Text sein* ? Das ist ja das größte Problem für lebende Autoren: dass es sie tatsächlich gibt und dass sie zur Beantwortung ihrer Textsachen auch verführt werden können; und wenn sie noch keine Erfahrungen haben, antworten sie auch und sitzen schon gleich im Gefängnis einer formalistischen Etikettierung.

6.4.8. Dieses Hineinwirken aller Beziehungen, Verstrickungen und Eigenarten der Person in den Bedeutungskontext des Objektes der Person ist eine unabänderliche Konstituierung, solange wir uns in einem lebendigen sozialen Organismus bewegen, der noch nicht historisch erstarrt ist. Auch das ist eine Prämisse für die Herausbildung eines Kanons: dass das Werk seine soziale und politische Metastasierung abwehren konnte und textimmanent geblieben ist. Immer wieder kommen wir auf die Unangreifbarkeit eines poetischen Zentrums zurück, das ebenso die Freiheit des Subjektes zur subjektiven Rede beschreibt wie die Freiheit zur Freiheit des Lesers, der immer auch Übersetzer und Mitautor ist. Die Verlängerung des Deutungsaktes vom intentionalen Gehalt eines Werkes hin zu dessen Entstehungsgeschichte ist demnach noch kein Verrat am Autor, sondern bezieht das außerliterarische Leben mit ein, das, wie sein Text auch, eine körperliche Form hat. Ihren Abschluss findet diese Einbeziehung erst mit dem Tod – und auch dann nicht zwangsläufig, wie Biographien es beweisen. Der Fall Hermlin war ein solcher Sturz vom Sockel der «stehenden Texte» in die Bedeutungslosigkeit – nicht, weil die Literatur, die er schrieb, von anderen gestohlen war, wie es ja unterdessen auch schon recht prominent geworden ist, sondern weil sie sich auf eine autobiographische Bürgschaft verlegte, von der ihre Glaubwürdigkeit abhing. «Aussen Marmor, innen Gips» heißt Karl Corinos großangelegte

Recherche über Leben und Legende des Stephan Hermlin, die nach ihrem Erscheinen 1996 für eine linkspolitische Erschütterung sorgte: Die Wahrheit des Lebens im Widerstand – eine Erfindung? Literatur? (Und was für ein Roman wäre es geworden, wenn sich diese Erfindung durch eine Überführung ins Tatsachenleben nicht derart bloßgestellt und entwertet hätte.) **6.4.9.** Auch die zurecht aufgeregten Diskussionen über das juristisch verhängte Verbot von Romanen, in denen die Persönlichkeitsrechte von identifizierbaren Personen verletzt worden sein sollen, wie sie unlängst stattgefunden haben, sind nicht so völlig selbstverständlich zugunsten der Autoren zu entscheiden. Gewiss ist Zensur ein Anachronismus aus den Zeiten totalitärer Machtverhältnisse und gehört in jeder demokratisch verfassten Gesellschaft selbst auf den Index; aber ebenso muss es ein Verteidigungsrecht für Menschen geben, die durch die Meinungsgewalt eines Textes beschädigt worden sind und, da sie außerhalb dieser Texte leben (und auch weiterleben müssen), deren innerer und transzendenter Wahrheit schutzlos ausgeliefert. Die Größe der Literatur, ihre außerordentliche Befähigung, richtet sich gegen sie selbst, wenn sie die Ströme ihres kannibalischen Instinktes, zu fressen, was ihr unter die Feder kommt, nicht angemessen lenkt. Denn natürlich ist Literatur im gleichen Maße ihrer sprachlichen Erhebung auch ein Instrument von Gewalt – aggressiv, böse und infam; sie maßt sich das Ungeheuerliche einer Wahrheit im Ästhetischen an, und gründlicher kann keine Meinung über etwas formatiert (oder reformatiert) werden. Ihre einzige Legitimation – und die wiederum ist so grundlegend, dass sie alle moralischen Krisen besteht – liegt in der Allegoriebildung und Entpersönlichung des Persönlichen. Was wir als souveränes Textsubjekt bereits erwartet und vorgeführt haben, gilt also ebenso für die Souveränität der Figurensubjekte. Ich bin hier nicht imstande und werde es nicht tun, über konkrete einzelne Bücher zu befinden, die ich nicht einmal kenne; es ist nur eine Parallelität aufgetaucht zu jenem Fall des Hermlin, die im gleichen Konflikt liegt: die Abstände zum Erzählten über- oder unterschritten zu haben. Eine Einlassung auf das Wirkliche der Wirklichkeit ist einerseits wie eine Zeichnung im finsteren Raum (weil wir unsere Vermutungen mit unserem Wissen gleichsetzen und notorisch auf die Vermutung des Wissens zurückgeworfen werden), und andererseits eine kolossale Festlegung auf überprüfbare Teile, von der aus es keine künstlerische Freiheit mehr gibt.

Tagebücher

6.5. An dieser Stelle bietet sich an, Gedanken über das Schreiben von Tagebüchern einzufügen und zu fragen, ob und wie literarisch Briefe sein können. Denn wenn wir eben festgestellt haben, dass die Glaubensbedingungen für Literatur beschädigt werden, wenn sie ihre Teile dem Imaginären entzieht, dann müsste umgekehrt gelten, dass gar nicht Literatur werden kann, was auf das Imaginäre verzichtet. Dann aber hätten wir keine Tagebuchliteratur im Format eines Aurelius Augustinus, eines Friedrich Hebbel oder Franz Grillparzer, eines Thomas Mann oder Bertolt Brecht oder, um hier auch einen großen Titel dieser Jahre zu nennen, eines Fritz J. Raddatz.

6.5.1. Tagebücher sind Selbstgespräche. Dabei haben wir zwei Formen zu unterscheiden: das affektive und das inszenierte Selbstgespräch. Im ersten Fall schreiben wir auf, um uns an uns selbst zu erinnern und Spuren zu bilden, durch die wir einmal zurückfinden können an die inneren Orte der Herkunft. Dieses Buch braucht kein Bekenntnis zur Wahrheit, weil es sich im Schreibakt von selber erfüllt. Wir wissen ja, dass Schreiben und Denken, Denken und Schreiben induktive Vorgänge sind, die sich hervorbringen, indem sie sich spiegeln. Von nichts anderem spricht Kleists Aufsatz «Über die allmähliche Verfertigung der Gedanken beim Reden» als eben darüber, dass es eine Bewegung der Gedanken gibt, *die erst in der Bewegung entsteht.* Und darum schreiben wir: weil sich im Vorgang des Schreibens eine innere Welt entfaltet und zur Evidenz bringt, die vorher uneinsehbar war.

6.5.2. Im Unterschied zum Literaturtext, der sich selbst übersetzt, ist das Tagebuch quasi «Reinschrift»; es hat niemanden zu überzeugen und braucht keine Glaubensbereitschaft ästhetisch vorzubereiten –

nur der Schreiber selbst wird zum Leser der Schrift; er ist Täuscher und Getäuschter in einem und wird dort in die Falle der Unwahrhaftigkeit gehen, wo ihm die Gewissheit erscheint: *irgendwann wird es irgendwer lesen.* Es gibt keine Schrift für sich selbst, diese Tatsache ist herabgesunken bis in die tiefsten Gewissheiten eines jeden Verfassers. Also lenkt er unbewusst ab und verfälscht; und er verfälscht auch aus einer Ökonomie der psychischen Verträglichkeit heraus. Alles das aber trifft auf keine Außenbeziehung – jedenfalls auf keine vordergründige, auf keine, die sich als Ware angeboten hat, als Lektüre im vielgestaltigen literarischen Sinn. Natürlich können wir an dieser Stelle noch überhaupt keine Äußerung zur Literarizität treffen, aber diesen Anspruch hat sich das Tagebuch, wo es ein *affektives Selbstgespräch* ist, auch gar nicht gestellt. Wir werden also um nichts betrogen, wenn wir es, immer etwas wild auf der Suche nach Sensationen und außerordentlicher Erregung im tristen Grau unserer Tage, kaufen und lesen. Man kann sogar sagen: Wir haben es dem Verfasser *entrissen*, der es uns, die wir voyeuristisch verführbar sind, in seiner exhibitionistischen Möglichkeitsform angeboten hat. (Ist diese Lust an der Entblößung blockiert, lässt er uns warten – vierzig oder sechzig oder achtzig Jahre, so lange jedenfalls, bis die Aktualität der Einträge restlos gelöscht ist; das ist eine Entscheidung von empfundenem Diskretionsabstand zu den Gegenständen und verbrauchter Realität.)

6.5.3. Das Tagebuch gibt uns also kein Recht zur Beschwerde; denn eben darum interessierte es uns: um mitzuverfolgen, wo die Wahrheit endet und die Lüge beginnt, wo unser «authentischer Held» auf dem Podest der Ehrungen steht und wo auf einem Haufen von Mist. Es ist ein bisschen wie Seifenoper oder *reality series* und verlegt den Genuss von der ästhetischen Erfahrung auf die pornographische: zuschauen, dabei sein, partizipieren, ohne ein Opfer zu bringen (außer eben jene paar Euro für die Anschaffung vielleicht). Das ist natürlich die billige Variante und hat zur Literatur noch keinen Kontakt. Dann aber zeigt sich der Text in einer solchen sprachlichen Gewandtheit, werden die Notizen, immer autistisch mit sich selbst im Gespräch, dermaßen durchdrungen von Rhythmus und Klang, von metaphorischer und syntaktischer Individualität, dass im Textkörper auch etwas anderes erscheint als das, wovon er berichtet. Es ist jenes *Andere*, wie es eben nur gute Literatur produziert, die eine Verbindung herstellt zur Metaphysik des Faktischen – also transzendental ist. Man kann es also nicht einfach so sagen: je konkreter, umso abweisender im poetischen Diskurs. Die Konkretion hat es nur schwerer, weil sie eine eigene (wirkliche) Masse besitzt, die nicht beliebig verwendet und symbolisch verstanden werden kann; ein Stein kann auch nicht fliegen – aber er fliegt, wenn man ihn wirft. Das Faktische kann also auch transzendieren und allegorische Qualitäten bekommen, wenn ihm genug Spannung in der Sprache beigegeben ist. Wir können es mit Porträtmalerei vergleichen: sie ist eindeutig und auf *einen* Menschen bezogen, und doch erscheint uns im Bildnis des Meisters ein Ausdruck, der eine ganze Epoche repräsentiert – eingefangen in diesem einen wunderbaren Blick. Dann, und nur dann, ist ein Tagebuch *Literatur*.

6.5.4. Wir sehen einmal mehr: Es gibt kein Genre, das literarisch nicht auch nutzbar sein könnte in dem bereits festgestellten Sinn, mehr zu erzählen, als erzählt zu haben; und es gibt ja immer auch gesellschaftliche Wertzusammenbrüche, in denen schon eine Briefmarke als poetisch erscheint.

6.5.5. Unsere zweite Tagebuchform, das *inszenierte Selbstgespräch*, ist hier natürlich schon um vieles näher an eine literarische Absicht gerückt und liefert sein Selbstbewusstsein gleich mit, und im Grunde können wir von einem Roman nach dem Strukturprinzip einer Zeitmitschrift reden, der sich die Form nur geliehen hat und sie reziprok einsetzt. «Ich fange dieses Heft nicht allein meinem künftigen Biographen zu Gefallen an, obwohl ich bei meinen Aussichten auf die Unsterblichkeit gewiss sein kann, dass ich einen erhalten werde.» Das schreibt Friedrich Hebbel am 23. März 1835 und beginnt damit seine persönlichen Niederschriften, die sehr genau wissen, was sie und was sie nicht sagen werden. Der Reiz, es mit einer Indiskretion zu tun zu bekommen und etwas zu sehen, das für unsere Augen niemals bestimmt war, ist gebrochen; die Tür ist aufgestoßen, hinter der wir lauschten und einen Blick durchs Schlüsselloch wagten. Warum dann nicht gleich alle Signale auf Fiktion stellen und das Geflunker mit dem Leben, *wie es wirklich ist ...*, beiseitelassen? Immerhin stünde dann die gewaltige Universalität einer Sprache zur Verfügung, die sich aussuchen kann, in welche Bedeutungsschicht sie sich einbringt und wann sie paradigmatische Wechsel vollzieht. Ein symbolisches Tauschobjekt (und gerade dadurch seinen Dingen so nah) ist sie so oder so. Kurz: Weil es noch immer genügend «relativen Rest» gibt, der die Verbindung zu einem vorgestellten Wirklichen aufrechterhält und Erfolg hat mit der rhetorischen Blendung: «Ja, lieber Leser, so war das damals.» *Was wir immer schon einmal wissen wollten* – dieses Buch bietet es uns, wenngleich auf die stilisierte und wohlgeformte Weise, wie ein Autor im bewussten Vermögen, über sich selbst Auskunft zu geben, es leistet. Ein bisschen wie *wrestling*, einem amerikanischen Kampfsport, bei dem jede Bewegung ein *fake* ist und der dennoch für vulgäre Befriedigung sorgt, weil er technisch so sehr fasziniert. Der Tagebuchschreiber, der Unmittelbarkeit strategisch benutzt und nie das Kalkül dafür verliert, wie weit die Akte der Entblößung betrieben werden (was allein von seiner psychosexuellen Neigung abhängt, daraus Genuss zu beziehen), kann nicht *rohes Fleisch* bieten – also das unwillkürlich Erschreckende, Obszöne oder Böse, wie es dem *Realen* entspringt; aber er bietet Reflexivität und intellektuelle Erklärungen an, und wir werden entschädigt mit seiner charmanten, belesenen, spannenden Führung durch einen konkreten zeitlichen Raum. In Frankreich ist der Essay auf diese Art entstanden – bei Montaigne, Montesquieu oder Rousseau; eine Gattung, die eher am Aussterben ist; und das, obwohl sie so viele Vorteile bietet (wie zum Beispiel, interdisziplinär sein zu können und keiner Terminologie akademisch verpflichtet zu sein). In beiden Formen des Tagebuchschreibens, das wie nirgendwo sonst eine Monumentalisierung des Selbst im Zustand seiner Selbstwahrnehmung bedeutet und die Schrift auf ihre Statik zurückführt, auf ihren Charakter der Verschwiegenheit und des Archivs, müssen wir ein Subjekt vor uns haben, das die Qualitäten der Konstruktion mit sich selbst überbietet; und das, unter uns gesagt, gelingt nur den wenigsten (oder wird schweißtriefend peinlich).

6.5.6. In Briefen verhält es sich anders: Sie sind *gerichtet*, sprechen jemanden an, antworten und werden durch eine Antwort auf eine Antwort weitergeschrieben. Zu dem Dialog des Schreibers mit sich selbst und der Sprache kommt nun ein zweiter, direkter Dialog hinzu, der sich durch das reale Vorhandensein eines Empfängers vollzieht. Auch der Stoff, über den berichtet wird, muss geteilt werden und verliert sich, wenn ihn der andere ablehnt. Es gibt also keine Strukturbildung mehr, die singulär entschieden werden kann, und das heißt natürlich, dass Briefe in ihrem kompositorischen Zusammenspiel nur über eine um die Hälfte minimierte Stringenz gegenüber der monovalenten Autorität eines Tagebuchs verfügen – eben weil es zwei Autorschaften gibt, die sich nicht absprechen können. Die Stilisierung und Ästhetisierung des Faktischen ist damit erschwert und nur für das Schreibgeschehen im einzelnen Brieftext möglich; aber sowie der eine oder andere kühne Verweis das Faktische sprengt und metaphorische Größe anmeldet, wird er in der nächsten schriftlichen Erwiderung auf seine simple syntagmatische Achse zurückgedrängt und wieder «kleingerechnet» (denn nicht der Leser *als der große Andere*, der nie zu sehen ist, entscheidet über die Bedeutung unserer Textsachen, sondern Tante Lieschen, der ich zu Weihnachten eben mal geschrieben habe). Aber eben das ist der einmalige Reiz: dem Spiel der Missverständnisse beizuwohnen und als «verstehender Dritter» wie in der Loge eines Theaters zu sitzen, das gerade eine Komödie anbietet.

6.5.7. Aber zunächst schreiben sich zwei – intim oder diskret, laut oder leise, verliebt oder zerstritten, und mehr noch als bei einem Tagebuch, das sich selber seine Geheimnisse liefert, schließt der Brief einen dritten Leser aus. Er muss ja nicht die Paradoxie der selbstreferentiellen Schrift überwinden und eine Mechanik des Schreibens initiieren, die auch ohne Empfänger funktioniert. *Es gibt ihn*, und er *liest*, was ich schreibe. Er ist die vollkommene Realisation meiner sprachlichen Absicht, und nicht einmal *ich* bin mehr zugelassen, sie zu verändern; der Brief, sobald er abgeschickt ist, gehört ausschließlich *ihm*, und das entfremdet ihn auf eine Weise, wie kein Text entfremdet werden kann. Denn immer bildet sich ein Publikum heraus, eine diskursive Menge, in der die Meinung des einzelnen aufgelöst wird und verschwindet. Natürlich schmerzt es, wenn mich ein Leser komplett falsch versteht (also ohne auch nur das kleinste Signal eines Verstehens zu hinterlassen). Aber es relativiert sich durch die mehr oder weniger vielen anderen Leser, die in der Summe ihrer Verstehensmöglichkeiten immer mehr zu bieten haben als die kalte Schulter der einen irritierten Person. (Und das greift natürlich über in jede Rezeption, die sich in der Pluralität anders bewertet als in der vereinzelten Meinung.)

6.5.8. In diesem Dualismus zweier Welt- und Selbstansichten formt sich eine dritte Sinnschicht heraus, die einer Auslassung gleichkommt. Im Moment des Verfassens ist der Briefeschreiber allein und hört sich reden, während er schreibt; aber er schreibt natürlich nicht: «ich schreibe», während er schreibt, und ebenso nicht: «ich höre mich, während ich schreibe, sprechen», weil sich diese Tätigkeiten in ihrem Vollzug vollends zur Vergessenheit bringen. Das aber bedeutet auch, dass die Rede als eine stumme Verlaufsform des Denkens dem Schreiben beigegeben ist und die Stimme, die dem Text stets widerspricht, zumindest streift, wenn nicht sogar fest ins Programm bringt. Der Aufstand der Stimme gegen den Text kann performativ nicht gelöst werden – der andere hört sie ja nicht –, aber dafür schiebt sie sich zwischen die Schrift und verschiebt deren Ordnungen lautlos. Jede Briefprosa unterscheidet sich von einer Seite im Tagebuch durch eben jene eingreifende tonlose Stimme, die es gibt, weil es den einen *bestimmten anderen* gibt. Wir haben hier nicht den Platz, aber es wäre sicher eine lohnende Angelegenheit, diese verwandten und doch verschiedenen Textsachen komparatistisch gegeneinanderzulegen und eben das zu bemerken. Wir bleiben bei der Herausbildung einer dritten Sinnschicht im dualen Erzählprozess eines Briefes; denn nicht nur die mitsprechende Stimme lenkt das Geschehen der Sprache in andere Konnotationen – und das ist immer in einem symmetrischen Plural zu denken, weil sich alles ebenso auch bei dem anderen abspielt und im Rückfluss der Antworten steigert –, sondern auch die Sprünge, Auslassungen und

Versandungen diskursiver Teile. Jeder Briefwechsel bezieht seine Spannungen weniger aus der monologischen Textur (wie es beim Tagebuch geschieht), als vielmehr aus den sphärischen Schnitten, die eben jene *Wechsel* im Prozess eines Austausches bieten; das bedeutet, Briefe sind nur lesbar in ihrer sinnbezogenen Dualität, und das Imaginäre (und damit auch Literarische), das sie berühren, liegt eben im unausgesprochenen Ausgesprochenen; warum lässt er diesen Satz fallen, jene Frage unbeantwortet, und so weiter. Denn im Unterschied zum personalen Gespräch, zu dessen Dramaturgie die abrupte Intervention und augenblickliche Störung der Zusammenhänge gehören, hat der Briefeschreiber geschlossene Formative für sich und eine Zeit der Besinnlichkeit und strategischen Auslegung seiner Sprachinteressen zur Verfügung.

6.5.9. Nicht zu vergessen, die Liebesbriefe! In ihnen findet alles das in Übersteigerung statt, was wir eben ausgebreitet haben. Nur die Wogen schlagen noch höher und weiter auf seelisches Land, denn sie müssen sich eine Sprache teilen, die ausgeschlossen ist: eine Sprache der Liebe. Wir haben schon einmal, am Anfang dieser Unternehmung, an unserem Schreibtisch gesessen und plötzlich bemerkt, dass zwar jeder schreiben kann (also *schreiben erlernen kann*), aber spätestens dann, wenn er seinem geliebten Nächsten einen Herzensgruß mit auf den Weg geben will, das ganze Dilemma des Sprechens über das Fühlen zu spüren bekommt; zu nah oder zu fern, zu fremd oder zu vertraut, zu hölzern oder zu blumig, kurz: ausnahmslos und immer dem Kitsch verfallen. «Welch ein Schauspiel!, aber ach!, ein Schauspiel nur!» lässt Goethe seinen Faust dazu sagen. Also, das Gesprochene zerfällt in dem Moment seines Sprechens eben dadurch, dass es alles gesagt hat und keine Deutung mehr zulässt. Diese Ausgrenzung einer Bedeutung, die noch bestätigt werden muss (müsste), ergibt dieselbe sprachliche Hilflosigkeit wie die einer Akkumulation der Signifikanten ohne signifikativen Abschluss – das reine Tönen, ein Rauschen der Materie im Ideenhaushalt einer deskriptiven Sprache. Und in der Liebessprache? Die Entwertung der übersteigerten Nachricht dadurch, dass sie beliebig reproduzierbar ist. Ja, schreiben müsste man können, ein Dichter müsste man sein – wie oft hören wir das in Anbetracht hilflos um Worte ringender, sich liebender Paare. Der Aussparungs- und Ergänzungslogik im Korrespondenz-feld einander wechselnder Briefe (als deren hauptsächlicher, soll heißen: literarischer Gewinn) kommt im Liebesbrief noch eine Dramatik we-sentlich hinzu: nicht nur die Grenzen des Sprechbaren unaufhörlich herauszufordern, sondern es *spüren zu müssen*. Und dann, wie in einem Kampf, in dem sich die Positionen der Stärke durch ein äußeres Wunder verschieben: «Ich liebe dich» zu sagen reicht plötzlich aus, denn es erhält in seiner äußersten Formelhaftigkeit, die jedes Sprechen in der Sprache verleugnet, genau dadurch seinen subjektiven Zugang, dass es *alles schon sagt* – also *alles auch sagen kann*. Die Sprache der Liebe setzt sich, indem sie spricht, außer Kraft; sie implodiert und hinterlässt ihren Sinn eben in diesem einen aktuellen Moment.

Was ist Kitsch? Eine Körperverletzung.

6.6. Wir nähern uns keinem Ende, und das ist die gute Nachricht. Die schlechte: Nichts schützt das Werk vor den Skandalen seines Produ-zenten – außer die Zeit, die auch das peinliche Geschehen entaktuali-siert und damit den Reiz nimmt, es zu verwenden; es sei denn, die Enthüllungen werden nachgesendet, und das ist dann der unvorher-sehbare Einbruch der Vergangenheitsform in die Jetztzeit. Dann wer-den alle Spuren, die immer auch ins Innere des Werkes führen, wieder aufgenommen und attackieren es fundamental und von neuem. Die literarische Kanonisierung hat alle diese Attacken zu einem ersten gül-tigen Abschluss gebracht – nicht mehr und nicht weniger. Deshalb nun, da sich jeder Literaturbildungsprozess kausaler Zusammenhänge entzieht, ist kein literarischer (kommerzieller) Erfolg abschließend prognostizierbar. Soviel immer man an *pushing* auch unternommen haben mag: Das Werk entzieht sich einer Freiheit des Wollens und gibt sich hin jener *Freiheit zur Freiheit*, die stets unberechenbar bleibt. Es wiederholt quasi in seiner materiellen Zirkulation, was es symbolisch schon vorbereitet hat: nein zu sagen *im Dienste des Anderen*. Der Rest ist Kunstgewerbe und Kitsch.

6.6.1. Was aber ist «Kitsch»? Der Begriff unterliegt ja derselben Beweglichkeit wie jeder andere Qualifikationsbegriff auch und braucht ein festes System der Bewertung, innerhalb dessen er erfahrbar wird. Das heißt, wenn wir von *Kitsch* reden, dann sagt es eigentlich nur: *In diesem Raum hat der Text nichts zu sagen.* Ein paar Straßen weiter, und der gleiche Gegenstand wird gefeiert, irgendwo in einem Bierzelt der Vorstadt und vor den Kameras einer Sendeanstalt. Kein ästhetischer Vorsprung ohne politischen Beistand, der ihn allgemein werden lässt – andernfalls bleibt er singuläre Behauptung, die natürlich immer der erste aller Zustände ist. Deshalb also auch die Notwendigkeit von Eliten, die uns Vorbildung geben und sagen: «Kitsch ist die Abwesenheit des Bösen in der Kunst» (Ernst Bloch). Eines allerdings sollten wir auch noch bedenken: die Ausgestaltung neuronaler Lineaturen und assoziativer Netzwerke im Gehirn durch falsche Signale hat gravierende Folgen für die gesamte Wahrnehmungsbereitschaft eines Individuums; oder kürzer: Kitsch ist Körperverletzung, und wir sollten nicht so sehr zimperlich mit ihm umgehen aus dem Gefühl einer distinguierten Erhabenheit heraus. Andernfalls wird er zu einem willkommenen Werkzeug für Diktaturen jedweder Art, wie es die Geschichte schon oft genug und aufs traurigste gezeigt hat.

6.6.2. Natürlich ist jede Gegenwart immer auch eine Zustandsvermischung und nimmt die einander ausschließendsten Werte entgegen, beziehungsweise honoriert sie zunächst einmal blind und anhaltend rechtlos. In dieser Gleichzeitigkeit von Erscheinen und Effekt liegt dann auch das erste Maß für Erfolg; aber er ist längerfristig betrachtet unbedeutend und ein eher rechnerisches Zufallsprodukt. Gewiss wäre es falsch zu behaupten, Bestseller seien ihrer Massenkompatibilität halber nur Mangelware, wie umgekehrt alles, was im Regal der Buchläden stehengeblieben ist, Avantgarde sein muss. Immerhin gibt es in der Kunst eben jene Wunder der Umkehrungen, wie sie kein anderer Bereich unseres durchstrukturierten Lebens bietet, und hier und da und immer mal wieder findet das richtige Buch auch den richtigen Platz (behaupte ich also). Ermutigend immerhin, aber keine Tendenz. Das heißt, unsere Kurve für Erfolg zeichnet sich steigend, wo sie in der Gegenwart misst, und fallend, wo sie historisch wird. Alle lasen sie Kotzebue und kaum jemand Goethe, und heute weiß kaum noch jemand bei dem Namen August von Kotzebue, woher und wohin. Das muss nicht immer so sein, aber es ist meistens so. Diese vielfältige Einschreibungsprozedur eines Textes in den Kanon der Texte ist, wie wir sehen konnten, beendbar, aber nicht abschließbar, und ihre Konstante heißt Chronos, nicht Logos. Es gibt kein Autorenrecht auf Gerechtigkeit, aber es gibt eine Gerechtigkeit, die das Autorenrecht berührt – sie ist nur eben diachron* und verpasst ihre Gleichzeitigkeit von Erfolg als ein Spiel toter Zahlen mit Erfolg als einer Wirkungsgeschichte. Die «universale Bibliothek» – sie steht nicht umsonst «fest» und verteidigt uns noch etwas, wenn es die Literaturen der Gegenwart schon nicht mehr tun.

Jurys

6.6.3. Eine durchaus gute Möglichkeit der selektiven Vorausordnung von Textgestalt und Textbedeutung bieten Schulen, Gruppen, Vereine, kurz: Interessengemeinschaften, die zu Miniatursystemen einer Literaturbildung werden und alle wichtigen Wirkungsfelder nachbilden können. Sie sind referentielle Verstärker und schaffen einen Erfahrungsraum, der dem großen und je unüberschaubaren Betrieb tendenziell durchaus ebenbürtig ist. Natürlich bleibt der Bestätigungsweg eines Textes innerhalb einer kleinen reflektierenden Gruppe sehr stark verkürzt und lässt erweiterte Diskursfelder nicht zu – aber richtungsweisend und dadurch verbindlich ist er allemal.

6.6.4. Preisjurys haben, wenn überhaupt, einen ähnlichen Sinn: eine Art Durchlassventil zu sein für Texte, die sich empfehlen können und gute Chancen haben, auch eine zweite und eine dritte Jury zu überzeugen. Erstaunlicherweise ist die Quote der Fehlentscheidungen bei derartigen Auswahlverfahren äußerst niedrig, fast null, möchte ich sagen. Ich wüsste keinen Autor zu nennen, der in einer Wettbewerbssituation, die ich juryrend mitverfolgt habe, erfolgreich war, um danach wieder unterzugehen, und wenn, dann sicher nicht aufgrund seiner

Texte. Im Gegenteil, oft schließen sich weitere Positivkritiken einer ersten vorteilhaften Meinung an, nicht, weil sie opportunistisch sind (das gibt es ganz sicher auch), sondern weil sie zu einer sehr ähnlichen «Affektsumme» kommen, zu einer emotionalen Einlassung und Betroffenheit, die nicht mehr nur singulär ist. Wir haben es weiter vorn den «Ton» genannt, der über die Anerkennung beim Leser entscheidet; ebenso können wir sagen, die Stimmung *muss stimmen*, der Abstand der Sprache zu ihrem Objekt, alles das eben, was *eindringlich ist*. Dann erst, wenn die Textsachen abgelegt sind und ihren Gegenstand «nackt» gezeigt haben, können sie im Deutungs- und Übersetzungsgeschehen wieder aufgetragen werden; die Interpretation und Theoriebildung ist eine *Folge der Nacktheit*, nicht deren Bedingung. Was nicht berührt, braucht auch keine Sprache, die darüber Auskünfte gibt.

6.6.5. Diese Qualität lässt sich freilich nur herstellen, wenn die Meinungsproduzenten in der Summe einen repräsentativen Querschnitt an Verschiedenheit bilden. Eine Jury, die komplett einer Generation angehört, komplett männlich oder weiblich besetzt ist und komplett eine theoretische Schule vertritt, ist untauglich. Was dabei herauskommt, ist nichts als eine Kopie der Ressentiments. Ebenso bei politisch orientierten Entscheidungsträgern, die nur nach einem Haar in der Suppe suchen und durchgehen lassen, was frei ist von begrifflicher Anstößigkeit. Die Literatur wird dann zu einer ideologischen Interessenvertretung und verliert sich selbst aus dem Sinn, und was vorgab, eine Förderung zu sein, ist zur Behinderung geworden. Umso wichtiger ist es, die Auswahlinstanzen für Preise und Würdigungen, die immer auch weiterreichende Empfehlungen sind, so frei wie möglich von unterlegten Textverstrickungen zu halten, die nicht mehr vordergründig literarischer, sondern tagespolitischer Herkunft sind. Die historische Durchdringung des sprachlichen Körpers, seine politische und kulturelle Gravur, sie ist ja immer und ganz unwillkürlich gegeben – wir brauchen sie also nicht auch noch nachzuzeichnen und zu vermehren.

6.6.6. Auch wenn ein Miniatursystem die Makrostruktur der Gesellschaft umfassend spiegelt, muss die Wertbildung der einen Elite noch lange keine Bestätigung für die Wertbildung einer anderen sein, und

dies zumal dann nicht, wenn die Gesellschaft instabil ist und zerfällt.
Die Besetzung der Symbole ist das erste, was jede neue Macht, die sich
erfolgreich installieren will, vorzunehmen hat – sie ist quasi die zweite
Revolution und eine Ratifizierung der ersten. Der Kampf um Werte ist
also immer auch ein Kampf der Klassen dieser Werte und der Klassen-
erfahrungen.

6.6.7. Bei einem Kongress in São Paulo über Literatur von Schwarzen
für Schwarze kam schnell das Problem auf: dass die Leser, für die geschrieben wird, gar nicht lesen können (also keine Leser sind). Ihnen
muss erzählt oder vorgelesen werden. Die Nacherzählung aber ist
schon eine Verschiebung des Textes durch den Erfahrungshintergrund
dessen, der die Hoheit des Referierens übernommen hat. Einen
Analphabeten erreicht keine Schrift, und das heißt, dass es auch keine
Schrift über den Analphabeten gibt. Jede bürgerliche oder proletarische Lebens- oder Klassenerfahrung sucht im Lesen zunächst nach
sich selbst und identifiziert sich mit dem Anderen nur, wenn es die
Bestätigung des Eigenen liefert. Ein Buch über Analphabetismus ist
also ausgeschlossen; es ist immer ein Buch darüber, wie denen, die
keine Analphabeten sind, erzählt wird, was Analphabetismus bedeutet.
So gibt es auch keine Literatur von Schwarzen für Schwarze, weil es
Weiße sind, die sie vertreiben; keine Literatur von Frauen für Frauen,
weil es Männer sind, die sie herausbringen; es gibt überhaupt keine
Literatur von jemandem für jemanden unter Ausschluss der anderen.
Die Kunst- und Literaturgeschichte stellen eine Verkettung von Ästhe-
tiken der relativen Wohlhabenheit dar unter Einschluss eines moralischen Leidens daran (Beispiel Tolstoi). Die Kranken, Armen, Unter-
drückten, sie hatten gar nicht die Zeit zum Sprechen/Schreiben, oder
wenn, dann fehlte die Sprache. Sie ihnen zu geben, war ein Verdienst
(Beispiel Hugo) – aber sie ist und bleibt eine Unterstellung, eine Ein-
fühlung, epische Dichtung. «Die Elenden» von Victor Hugo tragen
diese Spuren der Ambivalenz tief in sich: eine existentialistisch geprägte, proletarische Weltanschauung mit bürgerlicher Grammatik
zu schreiben. Das Elend der Elenden aber, es bleibt immer in einem
Dunkel. Am ehesten noch sind kulturelle, soziale und empirische

Überkreuzungen denkbar, Schriftsteller, die eben dieses Leben teilten, aus welchen Gründen auch immer. Joseph Conrad konnte von der Naturhölle erzählen, denn er hat sie erlebt, und das «Herz der Finsternis» war eben auch seines. Herman Melville fuhr viele Jahre zur See, ehe er «Moby Dick» schrieb. Die Annäherung der Phantasie an die Realität ist damit kenntlich, aber sie bleibt allenfalls eine Annäherung und bildet eine Art von Außenstruktur, die sich aus der biographischen Situation so ergab. Die genealogische, bildungstechnische, soziokulturelle Fundamentierung, die in frühen Jahren eben auch zu einer introjektiven wird, steuert die Wahrnehmung und Auswertung des Wahrgenommenen über ihre Ausbildungszeiten hinaus; sie ist das Netz einer bürgerlichen Welt, das, bis in entlegene semiologische und syntaktische Muster hinein, über den einzelnen ausgespannt ist und ihn mehr oder weniger in Besitz genommen hat.

6.6.8. Kunst ist immer die Form einer Überschreitung jenes Heideggerschen «Geworfenseins» in eine Welt, wie sie faktisch vorzufinden ist. Dennoch gibt es keine Generalbefreiung, sosehr wir sie in den wilden Destruktionsmechaniken innerhalb einer Geschichte der Ästhetik auch bevorzugen oder bewundern mögen; alles fällt in seinen Ursprung zurück und wird von diesem überformt oder aufgebraucht. Die souveränen Splitter der Transzendenz: sie sind schon der ganze und nicht zu unterschätzende Erfolg, der insofern einer Einbahnstraße gleicht, als er sich nur von der Bildung in die Unbildung, vom Wissen in das Nichtwissen, vom Tag in die Nacht auszubreiten und zu verteilen vermag, niemals aber umgekehrt. Aus der Finsternis kommt ebenso wenig ans Licht, wie Realität *real nicht erfahrbar sein kann.* Das und nichts sonst war die Schimäre von der sogenannten «Arbeiterliteratur» vor allem im Osten, wo das Diktum Stalins: «Schriftsteller sind Ingenieure der menschlichen Seelen», zu einer verheerenden, geistes- und intellektuellenfeindlichen Kulturpolitik wurde. Doch auch im Westen gab es in den 1960er/1970er Jahren diese Tendenz, Beispiel: Max von der Grün. Schon der Name ist sprechend für diesen Konflikt: einem Adel entsprungen zu sein, der seine natürlichen Schatten vorauswirft und das Kind in einer Weise konditioniert, die jede spätere Proletarisierung – auch als Arbeiter in der Fabrik – zentrifugal unterläuft. Gegenbeispiel im Osten/DDR: Wolfgang Hilbig. Es gibt keinen deutschen Autor der Nachkriegsgeschichte, der so suggestiv und brillant die Innenwelt des Schweigens zum Sprechen gebracht hat wie er, der Heizer aus Meuselwitz/Sachsen. Wenn die Nomenklatura der DDR-Politik auch nur ein bisschen Verstand gehabt hätte, wäre dieser Autor aus der Mitte einer materiellen Produktion ihr Siegeszug gewesen, ihr Argument und Beweis in einem, kurz: ihr Held («der sozialistischen Arbeit»). Dass er vielmehr verfolgt und verhindert wurde und erst über den rezeptiven Umweg Bundesrepublik Deutschland zu Erfolg und Ansehen kam, hat einen einzigen und in sich selbst nicht lösbaren Grund: Hilbig war ein Arbeiter nur dem Sozialstatus nach, aber nicht mehr in der sprachlichen Welt, die diesen Status so exakt erkannte und kritisierte. Unsere Ideologieformatierer suchten Adepten und keine Künstler; ihr Ideal war der Schriftsteller ohne Sprache und der Maler ohne Bild; der alimentierte Berufskünstler in der DDR einer früheren bis mittleren Phase ihres Bestehens war eine Art leerer Topf, in den hinein die Funktionäre ihre Abfälle stopften. Wir verlassen dieses Thema an dieser nur angerissenen Stelle und fassen zusammen: Literatur bildet eine Ganzheit an Vererbungen, Erfahrungen und Wissensvorsprüngen ab, die in einer einzelnen Sache, von der sie spricht, nicht mehr verhandelt werden kann; sie verhandelt mehr oder weniger immer an dieser Sache vorbei und reichert sich mit einer anderen, fremden, nicht mehr dazugehörigen Sache an; sie ist immer ein *über etwas Sprechen* und niemals ein *von etwas* – außer in der Poesie.

6.6.9. Wenn die kulturellen Güter ihre Unterscheidbarkeit verlieren, ihre *différance*, von der Derrida spricht, dann hat es auch eine Entwertung der Zeichen zur Folge, die für keine neue Sinnbildung mehr zur Verfügung stehen. Der kulturelle Bedeutungsvorrat ist durchaus erschöpfbar und kollabiert, wenn die Paradigmen, denen er angehört, kollabieren. Wir leben nicht nur von natürlichen, sondern ebenso von symbolischen Ressourcen, nur scheinen letztere, da sie materiell nicht in Erscheinung treten, vernachlässigbar zu sein. Ein Irrtum mit gravierenden Folgen, denn symbolisch verwaltete Objekte können durchaus auf das Niveau ihrer sinnentleerten Physis sinken (so wie ein Signifikat auf den Signifikanten). Jeder Krieg ist der Beweis; er ist ein Zustand des Handelns außerhalb einer sprachlichen Verfasstheit, und seine perpetuierende Gewalt bildet im Grunde nichts anderes ab, als dass die sprachlichen Zeichen mit nichts mehr gefüllt werden können als mit leerer Aktivität. Die Macht hat ihre Ohnmacht erreicht und die Sprache ihre Realität (ihre Unerkennbarkeit also). Auch davor sollte Literatur bewahren, und auch dafür hat Einflussnahme einen Sinn. Das und nichts sonst kennzeichnet die unbedingte Geschichtlichkeit der Wörter: sie verändern ihre Konsistenz fortwährend und «springen» in andere Bedeutungszusammenhänge, sobald sie andere kulturelle oder geschichtliche, geographische oder ethnologische Räume «betreten». Das macht ein sinnvolles Sprechen dort umso schwerer, wo die Konnotate (Signifikate) gegenläufig sind – in disparaten oder asymmetrischen Gesellschaften (Nord/Süd oder Ost/West). Das Wort «Wasser» wird für einen Stadtmenschen unserer modernen westlichen Gesellschaft anders «klingen» (sich *semantisch bewegen*) als für einen Beduinen im Sinai, und wer im Wasser ertrinkt, denkt naturgemäß anders darüber als jener, dem es lange schon fehlt. Das zu bedenken sind Standards für jede gute Übersetzungsarbeit aus anderen Sprachen in die eigene; abgeschwächt gilt das aber auch für die soziale Verschiebung im gleichen kulturellen Kreis. Worte sind nur im Vergleich mit anderen Worten sinnvoll verwendbar – wie eine Größenwahrnehmung nur dadurch explizit wird, dass ihr Vergleichsobjekte zugeordnet sind. Unser *Literaturbildungsprozess* im besonderen ist also ein *Wertbildungsprozess* im allgemeinen und wie dieser so umfassend strukturiert, dass alle aktiven oder passiven, performativen oder konstativen Teile der Gesellschaft darin aufgehoben sind.

Textwerkstätten

6.7. Nach den Wertbildungsinstanzen wie Jurys, Preise oder Wettbewerbe – deren zweite und negative Seite, die Auslöschung von Substanz durch reine Aktualität, immer auch mitgeliefert wird –, sind auch die Textwerkstätten, wie ich selbst eine leite, entscheidend. Ihr genereller Vorteil gegenüber der einmaligen Förderung durch Preiszuerkennung (und deren gewiss nicht zu unterschätzender Empfehlungskraft) ist die Kontinuität in der Begleitung eines Autors über eine längere Zeit. Nicht nur das Resultat, wie es schon vorliegt, untersteht der Qualifikation, sondern der *Prozess*.

6.7.1. Die längste und gewiss auch schwierigste Etappe vom Schreibanfang zur Anerkennung ist die Zeit ohne Resonanz. Gewiss, das unmittelbare soziale Gehege sendet ein paar Signale zurück – «unser Bub schreibt jetzt auch» oder so –, aber sie sind für eine Beurteilung unzuverlässig. Nicht, weil die Leser in der Familie oder im Freundeskreis nicht über die gleichen Kompetenzen des Lesens verfügten wie andere auch, sondern weil sie die Leerstellen im Text mit ihren Erfahrungen auffüllen können; sie wissen mehr als alle anderen und bemerken gar nicht, wie dieser Wissensvorsprung ihre Lektüre beeinflusst. Das führt in den Textdiskussionen der Seminare zu immer wieder diversen Irritationen: «meine Mutter hat aber gesagt ...», oder ein Freund oder der Lehrer ... – selbstredend, denn sie wissen ja auch, was im Umfeld dieser Schreibversuche so alles passiert war.

6.7.2. Eine Literaturwerkstatt ist ein geschützter öffentlicher Raum, der die Texte einer ersten Verallgemeinerung zuführt und einer Gruppe von Lesern, die über die gleichen Voraussetzungen verfügen: nichts anderes zu wissen als eben das, was von einem Autor geschrieben worden ist. Diese soziale Neutralisierung ist eine Bedingung dafür, dass ein Diskurs beginnen kann, der auch *diskursiv ist*. Die enorme Synergie, die sich hier bildet, ergibt sich aus der Summe aller einzelnen Erfahrungen und Beziehungen zum Text, aus der Akkumulation von Verhältnissen. Sie ist ein erster souveräner Quotient, in dem alle Meinungen mehr oder weniger gut aufgehoben sind. Diese Werkstatt hat noch kein Mandatsrecht außerhalb ihres Kokons, aber sie wirkt verstärkend auf sich selber zurück und verändert die Verständnisse ihrer Autoren; und eben das ist ihr hauptsächlicher Sinn: die Grenzen zwischen Privatheit und Gesellschaft in der Sprache erfahrbar zu machen und zu verfolgen, wann sich das Subjekt in den Status einer literarischen Figur bringt; einer Stimme hinter der Stimme des Autors; einer zweiten Ebene von Textualität. Wenn das nach einem Jahr und zwölf Seminaren erreicht ist – so limitiert arbeite ich –, dann ist schon fast alles erreicht, was erreicht werden kann (denn Schreiben muss sowieso jeder für sich). Und auch das wäre ein Erfolg nach einem Jahr Arbeit: die Einsicht in das eigene begrenzte Vermögen – denn nichts ist langfristig schlimmer als eine falsche Selbsteinschätzung und die daraus resultierende Sozialkatastrophe.

6.7.3. Zwei Grundbedingungen müssen dafür erfüllt sein: Kritik und Respekt. a) Die Kritik ist das Kapital aller Kapitale; sie kommt einem Willen gleich nach Vervollkommnung des Begehrten und richtet die Potentiale neu aus. Die destruktiven Formen der Kritik – die genaugenommen auch keine Kritiken sind, sondern atavistische Akte der Einverleibung im gefälschten Profil – scheiden hier von vornherein aus; und das gelingt, wenn die präneurotische Verfasstheit eines solchen «geschützten» (und das heißt auch: eines introvertierten und nicht mehr kontrollierbaren) Raumes gruppendynamisch unterlaufen wird. Denn zunächst einmal finden wir alle Rivalitäten und sublimierten Konkurrenzbeziehungen innerhalb einer solchen (außergewöhnlichen) Gruppe wieder und könnten sie ebenso reproduzieren – wobei das «Leittier» dieser «literarischen Herde» natürlich Vater und Mutter in einem spiegelt und erleben wird, wie sich die Kinder um dessen Liebe streiten. Nicht die Desavouierung des Leittiers, das Objekt der Objekte zu sein, wäre hier eine sinnvolle Lösung, sondern die Eingemeindung dieser höheren Stellung in den Bedeutungskodex der Gruppe; etwa so: Ja, ich werde *das letzte Wort haben*, aber es wird immer nur *ein Wort unter anderen sein*. (Denn wenn der Initiator einer solchen Einrichtung *nicht das letzte Wort hat* – hier gemeint in einem nicht tatsächlichen, sondern symbolischen Sinn –, kann er ja sehr gut auch fehlen).

6.7.4. *Das letzte Wort* abzuweisen hätte mit konstruktiver Gleichheitsbedingung rein gar nichts zu tun – es würde nur substantielle Aushöhlung von fachlicher Kompetenz bedeuten (die von allen stillschweigend erwartet wird); denn selbst wenn das Leittier nicht redet, so *redet es doch im Inneren derer, denen diese Verschwiegenheit gilt*. Das heißt, das Leittier muss nicht zuerst oder zuletzt reden, aber es muss sich sicher sein, dass sein Wort *das letzte ist*. Dieses *letzte Wort* muss nun aber zum Wort aller geworden sein, dann arbeitet auch die Gruppe im Sinne ihrer Vorstellungen von sich selbst. Das bedeutet, neben guter Kenntnis die Literatursachen betreffend: Der Initiator einer Werkstatt für Literatur hat für einen positiven Diskursverlauf zu sorgen, und der wiederum gelingt nur b) mit Respekt. Die Kapitale der Kritik können nur arbeiten, wenn sich jeder einzelne von einem Respekt aufgehoben fühlt, der ihm grundsätzlich zukommt. Es ist Sache des Initiators, diesen Respekt zu vermitteln und aufrechtzuerhalten im Sinne von: Jeder, der hier ist, ist bereits anerkannt worden, und für diese Grundanerkennung muss er auch nichts mehr tun. Tun sollte er das, was die Kritik ihm vorgeschlagen hat (nicht gleich zu ändern, aber wohl zu bedenken). Denn nichts anderes als eben diese Abgeschlossenheit vom gesellschaftlichen Verkehr ist die Chance: über einen solchen freien Raum zu verfügen – frei von den Forderungen der Distribution und frei von Werten, an denen die Literatur sich entfremdet.

6.7.5. Das Dilemma aller Selbsthilfegruppen (welcher Leidensverbindung auch immer) ist die gekappte Außenbeziehung und eine dadurch eingeleitete Fortdauer dessen, das «geheilt» werden soll. Die Gruppe, die zunächst Leiden mindert, indem sie es auf alle verteilt, führt es zu keinem «Ausgang», sondern lässt es nur zirkulieren, bis es in konzentrierter Masse und Wucht auf jeden einzelnen zurückfällt und sich damit erneut pathogen bindet; man kann es mit einer auf Umlauf gestellten Lüftung im Auto vergleichen, die Luft zwar in Bewegung bringt, nicht aber austauscht. Das ist dann *negative Synergie*, wie sie geschlossene Gruppen auch bilden können und die zu einem Ende führt, das mit dem Anliegen nichts mehr gemein hat. Plötzlich drehen sich die Verhältnisse um und werden feindlich; feindlich im Sinne einer sich ewig wiederholenden Beileidsbekundung aller alle betreffend – eine Bürgschaft für nichts, ein Mitgefühl, das vollkommen leer bleibt.

6.7.6. Wenn eine Literaturwerkstatt zur Selbsthilfegruppe herabgesunken ist, gehört sie aufgelöst, denn sie kann nichts mehr bieten und reproduziert nur noch ihre Erstarrung. Das ist dann gegeben, wenn «gemauert» wird und jeder plötzlich das Verhalten einer egozentrischen Konkurrenz nachbildet, wie sie gesellschaftlich vorgeprägt ist. Wir suchen das starke im schwachen Subjekt und demnach auch den Spiegel im Spiegel der Gesellschaft; die Schutzwände unserer Werkstatt werden schon früh genug wieder abgetragen, und der Text muss sich dann auch dort bewähren, wo er über seine literarischen Referenzen hinaus attackiert wird. Empfindsamkeit und Empfindlichkeit sind zweierlei – das eine braucht Schutz, aber das andere ist betriebener Luxus. Unsere Werkstattkritik darf also nie harmlos werden, sie soll nur die Empfindsamkeit achten. Den harten Rest erledigt der Betrieb.

6.7.7. Unser «Schutzraum» ist so gesehen eine Denaturierung, aber eine, die notwendig ist. Denn zu frühe Öffentlichkeit ist mindestens ebenso fatal wie zu späte; sie baut allgemeine Erwartungen auf, die nur kurzfristig einzulösen sind, um dann und umso mehr für Enttäuschung zu sorgen. Dass die Mediatoren des Betriebes auf diesen Zusammenhang keine Rücksichten nehmen, liegt in ihrer Absicht begründet, mit den Kurven der Bedeutungen Geld zu verdienen, und das ändern wir auch nicht. Aber den Hinweis können wir liefern (subkutan und diskret). Nützen wird er sowieso nichts, wie es meine Erfahrungen belegen.

6.7.8. Was sich jetzt gerade so etwas leichtfüßig darstellt, verbirgt doch ein durchaus ernstzunehmendes Problem: *Objektverschiebung und Projektivität*. Denn wenn das Leittier eben auch Vater und Mutter kopiert, dann bekommt es über die Kanäle eines unbewussten Redens psychische Teile vermittelt, die frühkindlich und unaufgelöst sind; der Text ist ja die noch unreife Form der Verlängerung eines körperlichen Geschehens, wie sollte er da nicht auch zu einem Agenten uneingestandener Wünsche werden. In diesem Fall begehrt der Autor dann immer noch etwas anderes als seinen Text, und wenn ihm das Leittier hier in die Falle geht, wird es geopfert. Nichts destruktiver als emotionale Zwischenspiele, die ihren Gegenstand verlieren; und da diese Gegenstände ausreichend komplex sind, um überall zu erscheinen (in den Texten ebenso wie in den Schatten, die sie deskriptiv werfen), brauchen sie auch überall einen «Sicherheitsabstand», mit dem ihnen zu begegnen ist. Es gehört zur Intuition des Initiators, für diesen Abstand zu sorgen und ihn nur dann zu unterschreiten, wenn der Raum vor seiner Auflösung steht.

6.7.9. Das alles geht fließend in therapeutische Interaktionsfelder über und muss dringend dagegen abgegrenzt werden. Der Initiator hat sich immer neu zu erklären als ein Begleiter der Texte und nicht der Biographien; er muss jede Annäherung dieser Art abweisen, sonst unterliegt er im Diskurs. Einmal über die verkorkste Kindheit gesprochen, und jede Metapher fällt auseinander (selbst dort, wo sie konsistent sein könnte). Denn das wollten wir ja von Anfang an: *keinen Ratgeber schreiben und keine Animationsschule sein* – und beides führt direkt in die Situation von Therapie. Nach Anweisung werkeln ist immer therapeutisch, denn sie löst eine Produktion aus, die ein Ziel hat (einen Nutzen, einen Effekt) und somit verhindert, *das Ziel erst zu finden*. Schreiben und Therapie sind selbstverständlich ein Paar, aber eines, das im gemeinsamen Auftritt keinen guten Eindruck hinterlässt.

Therapeutische Initiationen

6.8. Eine Schreibschule als Therapie ist mir ebenfalls bekannt, und sie unterliegt Bedingungen, die spiegelbildlich zu unserer Textwerkstatt liegen. Denn hier geht es in erster Linie um eine durch Sprache angeregte psychodramatische Situation, und das bestimmt auch den Modus der Bewertung, die sich ästhetischen Kriterien entzieht. Schreiben ist Denken in Handlung gebracht, und das heißt immer: Struktur – aber eben in einem anderen System. In der Schreibtherapie stehen die Möglichkeiten der Autokommunikation im Mittelpunkt, die an den dunklen Rändern eines Bewusstseins für neue Ordnungen sorgen (und nicht der Flirt mit dem *großen Anderen*). Natürlich setzt das eine Grundstabilität der Teilnehmer voraus und einen Zugang zur gesetzten analytischen Sprache; und vielleicht sind auch deshalb Musik- und Gestalttherapie populärer als Interventionen mit und durch Poesie, weil sie in tiefere Schichten eingreifen. Aber diese «Tiefen» werden durch keine Erkenntnisse belohnt – sie bereiten nur vor. Wir «denken» Musik (und darum sagen wir ja auch: ich habe die Musik *nicht verstanden*); aber dieses Denken jenseits einer symbolischen Verfasstheit kann nicht kommuniziert werden, es verharrt in seiner akustischen Logik. Erkannt allerdings ist, dass Areale des Gehirns aktiviert werden durch musikalische Bildung, die auch einen Einfluss auf die Sprachfunktion haben. **6.8.1.** Es ist also nicht so sehr das Material, das sich widerständig zu seinen therapeutischen Zwecken verhält – im Gegenteil steht ihm die Anerkennung allgemein noch aus. Vielmehr ist es die Produktion einer Namensgebung *als Künstler*, die verheerende Folgen zeigt. Die Systeme Literatur und Therapie sind nämlich nur theoretisch voneinander zu trennen; sobald sie sozial aktiviert sind, greifen sie ineinander und bilden falsche Vorstellungen ab. – Ja, ich habe gelobt, wenn jemand über ein erfundenes Objekt von sich selbst gesprochen hat und damit seine «Geheimnisse» preisgab, die bösartigen Geschwüren gleich im psychischen Haushalt kursierten; aber es war ein Lob bezogen auf die Intentionen des Schreibens und nicht auf den Wert des Geschriebenen. Nur war ich kein Arzt, der berufen ist, seine Urteile einer Diagnose zu unterstellen – ich war und kam als *Schriftsteller*, und keinem der Patienten in dieser besonderen Situation des Schreibens war klar, dass ich nicht literarisch, sondern psychotherapeutisch reagierte. Andererseits, hätte ich diese Transparenz hergestellt und erklärt, dass meine Bestätigungen die Texte betreffend keine formale Sicherheit haben, sondern lediglich funktional interessant sind, wäre das Projekt augenblicklich gescheitert; denn nicht deshalb fingen die Patienten zu schreiben an, um sich selber zu helfen, sondern um sich zu vergessen und andere zu sein. Ich habe ihnen also ein Versprechen, das ich niemals einlösen konnte, zwar nicht gegeben, aber durch meine bloße Anwesenheit suggeriert. Diese unklare Position aber war Voraussetzung für meine Arbeit. Wir sehen also, wie einander ausgrenzend die Systeme sind, in denen wir handeln. **6.8.2.** Literatur als Therapie ist also nicht dadurch aporetisch, dass sie die Sprache in ihrer Flexibilität und Einlassungsfreiheit überschätzt; sie ist es, weil sie soziale und medizinische Hierarchien vernachlässigt und von externen Machtstellungen eingeholt wird. Die Bedeutungsfelder Psychiatrie und Literatur, so phänomenologisch durchmischt sie auch sind, im Wirkungskontext schließen sie sich gegenseitig aus; wenn das eine erreicht ist, wird das andere verfehlt und umgekehrt. Selbst wenn im Prozess einer kreativen Initiation hier und da gute Gedichte entstehen oder eine Erzählung von Format – sie haben keine Chance der rezeptiven Entfaltung. Allein der lesende Blick ist in einer Weise vorbedeutend, dass die Zeichen ihre Werte niemals erreichen. Jenes *praecox-feeling* des Mediziners im Moment des Betretens eines fixierten Raumes (mit symbolisch fixierten Patienten) ist auf alle Bereiche und Ausdrucksformen, in denen die Subjekte interagieren, übertragbar. Nur eine radikale Auflösung des klinischen Raumes und seiner vorausbedeutenden Eigenschaften würde auch die Texte befreien, die in ihm entstehen – aber eben das schließen die Verhältnisse aus. Dennoch gehörte diese therapeutische Schreibgruppe, wie ich sie für zwei Jahre geleitet habe, zu den interessantesten Erfahrungen im Umgang mit Sprache, die ich machen konnte, weil es nirgendwo sonst diese freien Zugänge des Schreibens zum Unbewussten gibt. Auch wenn es strapaziös war, da ein Psychotiker eben auch unbewusst sendet und uns dort trifft, wo wir allein bleiben wollen und selbst schutzbedürftig sind.

6.8.3. Dieser kleine Umweg über die Psychiatrie in die Textwerkstatt zurück sollte uns lehren, wie nah diese Räume beieinanderliegen – weil schließlich auch die Zustände in ihren Extremen keine anderen Grundlagen finden als die, wie sie uns nur zur Verfügung stehen. Halten wir also fest: dass Schreibwerkstatt und Psychotherapie infolge einer gruppendynamischen Konstellation stets zusammengehen, und das umso mehr, je instabiler die Textsubstanz ist (das heißt, je freier die Texte von einem souveränen Textsubjekt sind), über die allgemein verhandelt wird. Exakt diese substantiellen Vermischungen aber, die kaum oder gar nicht zu entflechten sind, sorgen in einer Animationsschule für Konflikt, weil sie immer den Körper ansprechen *dort, wo er noch keinerlei Form hat*. Der «Schüler» läuft also rückwärts, und der «Lehrer» zeigt ihm, wie das einmal war mit dem Erlernen des Alphabets. Die Animationsschule ist demnach näher psychotherapeutisch orientiert als literarisch, ohne das auch erkannt zu haben und zu vermitteln.

6.8.4. Eben weil literarische und psychotherapeutische Wirkungsfelder interferieren, gehören sie rigoros getrennt. Pädagogische Körperschaften wie Volkshochschulen, Bildungsinstitute, Fachkurse und dergleichen mehr, oder auch jene wie Pilze aus der Erde schießenden Online-Dienste, bei denen man sich Fernlektorate ebenso *downloaden* kann wie Textanalysen und Bewertungsprogramme, sind nützlich bezogen auf sehr partielle und singuläre Interessen. Sobald sie aber universalere Ansprüche einzulösen versprechen, werden sie unseriös. Ein erfundenes Buch, in feines Leinen gebunden und mit Noblesse verkauft, das jeden Text druckt, wenn es der Autor bezahlt (einschließlich mehrerer selbst zu erwerbender Belegexemplare) ist, seiner reinen Geschäftsidee halber, abscheulich. Nicht, weil jemand einen Trick gefunden hat, mit vergleichsweise niedrigem Aufwand viel Geld zu verdienen, sondern weil er Hoffnungen auf Qualität produziert, die sich nicht einlösen lassen. Denn das und nichts sonst *ist die Verantwortung der Initiatoren den Werten gegenüber, die sie vertreten.* Und die Beschädigung dieser Verantwortungen beobachten wir täglich und überall.

Die literarische Kritik

6.9. Wie also könnte die professionelle Literaturkritik, mit der wir unseren Exkurs über den Literaturbildungsprozess jetzt auch beenden, nicht die berufenste Form sein, literarische Werte zu behaupten und zu vermitteln? Preise, Schulen, Wettbewerbe – das alles sind nützliche und benötigte Instanzen mit Filterfunktion, die den berühmten Weizen trennen von der Spreu. Es sind Experten, die etwas *vor*-gelesen haben, das andere *nach*-lesen sollen, Wertproduzenten der Wertproduzenten. Diese Etablierung noch beweglicher Werte bildet einen ersten gültigen Abschluss im Feuilleton. Fünf oder zehn begeisterte Besprechungen in dafür relevanten Medien, und ein Titel wird weitergereicht und missionarisch favorisiert. Die Multiplikation der Werte wird durch nichts so gut befördert, wie durch eine Anhäufung der Meinungen, die sich zu einer Rezensionssumme addiert und nicht selten in diversen Literaturpreisen mündet. Es ist nicht die einzelne Hymne in einem einzelnen Blatt – es ist die hymnische Gesamtschau, die Werte festigt. Dies umso mehr, als die kulturellen Bedeutungsträger durch eine Erschöpfung der Zeichen ein immer größeres Desinteresse zu überwinden haben und ein Erwartungsniveau «überspringen» müssen, das unaufhörlich Superlative einfordert. Ohne die Wiedererkennungseffekte einer Lust am Kapital ist das kulturelle Produkt schon marginalisiert, ehe es sich überhaupt ausdrücken konnte. Das mag ein Grund für die «Eventkultur» sein, in der wir leben: dass ohne Superlative vom Objekt am Ende seiner konsumtiven Einverleibung nichts mehr übrig bleibt; auf angemessenes Realmaß gebracht, wäre es gar nicht erst betrachtet worden. Das also erzwingt die Übertreibung, die immer Erweckung und Verbrennung zugleich ist. Und schon ist auch die Wirkung der Effekte in Frage gestellt, denn jede Mechanik verliert sich im Leerlauf, sobald sie zu lange in Betrieb genommen wird. Übertragen gemeint: Der Sinn der wertenden Feuilletons und nobilisierten Kritik löscht sich in seiner Übertreibungsrhetorik von selbst aus und spielt dann auch keine Rolle mehr. (Und die Kritik der Kritik, ihr Begehrenspotential, ihre positive «Attacke», sie verschwinden gleich mit.)

6.9.1. Das trifft auch ins Zentrum einer Relevanz von Kritik: sich unentbehrlich dadurch zu machen, dass sie durch keine andere Moderation ersetzt werden kann. Reine Inhaltsreferate ohne kritischen – also *kritisierenden* – Abschluss sind überflüssig und nichts als kopierte Verlagswerbung. Gewiss, das Buch soll ja auch verkauft werden, nur gibt es dafür andere und geeignetere Wege der Annotation. Die Kritik soll Maßstäbe setzen und Werte vermitteln, die den Werken schon immanent sind; sie soll die Freiheit dort lesen, wo sie auch tatsächlich frei ist: im umschriebenen Geheimnis des Buches. Die Kritik ist die Übersetzung der Literatur nicht von der einen in die andere Sprache, sondern von *dem einen in den anderen Sinn*. Das ist zugleich ihre eigene Kunstform, und es gibt durchaus fabelhafte Kritiken (in Deutschland zumal), die einem ein Werk nicht nur umfassend nahebringen, sondern es fast schon überflüssig machen – so gut sind sie und so mittelmäßig bisweilen die Texte, die sie besprechen.

6.9.2. Eine Kritik, die ihr Objekt überschreitet, ist ein Verdienst; bleibt sie hinter ihm zurück, ist sie schädlich und leicht skandalös. Wir nennen keine Namen und geben keine Beispiele, aber zu lesen ist es allenthalben, wie unseriös recherchiert und unintelligent argumentiert wird, hin und wieder und immer öfter. Und das auch in Foren von höchster Autorität und moralischer Besorgtheit. Nun können wir sofort entschärfen und sagen: Nun ja, es geht halt um Literatur, und die ist nur subjektiv zu verstehen und Geschmackssache ohnehin. Falsch. Denn erstens konstituiert sich in der Literaturkritik auch Gesellschaftskritik, da sie, wie wir es zeigten, von Objekten redet, die durchlässig für *alle Verhältnisse sind*, und zweitens ist «Geschmack» kein Kriterium, das sich einer rationalen Begründung entzieht. Über «Geschmack» lässt sich wunderbar streiten, denn er ist gebunden an eine ästhetische Form; und die wiederum ist die *Kunst in der Kunst*.

6.9.3. Wenn sich Literaturkritik selbst nicht mehr ernst nimmt, wie könnte die Sache, die ihr eingeschrieben ist, dann noch ernstgenommen werden? So kann man eine lange Besprechung, was immer sie für Argumentationsfolgen bringt, für hochwertiger ansehen als einen Jubelruf in fünf Zeilen. Es ist die Fläche der Querverweise und Ableitungen, der Zwischenbetrachtungen und Schnitte, die eine Kritik lebhaft werden lassen, tiefsinnig und genau. Das heißt natürlich auch, dass die gute Kritik in einer Sprache zu erscheinen hat, die sich zurücknimmt und zur Verallgemeinerung neigt anstatt zur Exorbitanz. Natürlich schreiben gute Kritiker immer auch gut, das ist selbstredend klar; aber ihre Sätze sind nicht mehr für sich selbst geschrieben – wie in der Poesie –, sondern *Dienstleistungssätze*. Und das spürt jeder Leser, ob hier jemand über jemanden schreibt oder über sich auf des anderen Rücken.

6.9.4. Kritiker, die gescheiterte Autoren sind und dementsprechend verbittert, sind zu meiden wie angeschossenes Wild. Es ist der Stachel im Fleisch, die Verletzung, die nicht ausheilt, das Gift der Wunde, das in die Schreibhandlung fließt. Verrisse sind nötig und wichtig, weil sie die Korrektive bieten und die Lobe zum Lob erheben; und sie wehren literarische Zumutungen ab, die es ja auch gibt und gewiss nicht zu knapp. Aber die «böse Kritik» verreißt notorisch, selbst dann, wenn sie positiv redet. Es ist ihr immer ein «Naja» unterlegt, ein seltsames und nicht mehr ausgeführtes «Aber», das die schönsten Sätze noch unterwandert und ins Relative zurückholt. Dieses «Aber» aber gehört nicht mehr zum Text des Kritisierten, sondern zum Narzissmus des Kritikers, es ist dessen Arrangement mit der Kränkung. So klar wie in den öffentlichen Debatten über vorgetragene Texte bei dafür bekannt gewordenen Wettbewerben verfolgt man das nirgends: die Ströme affektiver «Mitsprachen», wie sie sich einmischen in die Stringenz der Argumente und noch bis zum letzten Atemzug «festhalten», in welche Bewertung sie ihre Denkfolge bringen: Daumen hoch oder herunter (und niemals zur Seite). Es ist nicht unspannend, auf diesen Moment des Spektakels zu warten und sich beide Abschlüsse noch vorstellen zu können: a) gut, *weil genau <u>das</u> so passiert ist*, oder b) schlecht, *weil genau <u>das</u> so passiert* ist. Die Beliebigkeit gibt hier Auskunft darüber, wie wenig die Objekte noch im Vordergrund stehen und wie sehr jene, die sie vertreten und empfehlen sollen.

6.9.5. Es versteht sich von selbst, dass wir hier Tendenzen aufzeigen, die sich nur theoretisch so komplementär gegenüberstehen und in der Praxis vermischt sind; denn der gute Kritiker muss immer auch ein wenig der «böse» sein, und der böse übt «Rache», wie die Autorschaft auch. Wie wir den Schreibakt nicht zu einem Ende denken können, können wir es ebenso wenig für die Kritik, die ja ebenfalls eine Schreibhandlung ist. Fest steht allerdings, dass die Kritik in der Form ihrer Selbstbeschreibung auch eine Auskunft von kulturhistorischer Verfasstheit bietet und, wie ihr Gegenstand auch, immer mehr sagt, als zu lesen ist. Genaugenommen müsste es eine Kritik der Kritik geben, eine zweite Ordnung, die das implementiert, was der Kritik am Objekt entgangen ist; und eine Kritik über Kritiker – wie es auch eine Psychoanalyse für Psychoanalytiker gibt – sowieso. (Aber die Autoren dürfen ja nicht bellen, wenn sie gebissen werden; das «schickt» sich nun einmal nicht.)

6.9.6. Die Literaturkritik ist das augenblickliche Maß eines Standes der Werte und entsprechend zuständig dafür, was und wie es weiter verteilt wird. Ihre Macht ist nicht allmächtig und jenseits eines gebildeten Konsenses eher marginal (bis überflüssig, wenn sie ihre eigenen Kriterien nicht mehr erfüllt und nur noch so plappert). Aber sie fasst – öffentlich! – zusammen, was sich vielfach schon herausgebildet hat und zu einer Zwischensumme fügt; *sie bereitet die Anthologie vor* – also jene Weise der Aufbewahrung, die weitere Aufbewahrungen zur Folge haben kann und am Ende einer Kette von Aufbewahrungen den universalen Zugang steuert, *den Kanon*. Eine Anthologie ist dadurch, dass sie *aufnimmt*, eine Instanz der Verbrennung; denn sie lässt stets außer acht und muss es auch tun, um *beachten zu können*. Es gibt sicher viele Anthologien mit reinem Sachwert, die nicht weiter ins Gewicht fallen werden: hier ein Buch über die Liebe, dort eines über das Meer von unten betrachtet. Das sind Verkaufsentscheidungen, schnittige Taschenbücher für den Kiosk am Bahnhof. Aber dann gibt es auch die Anthologien im Format einer «Menschheitsdämmerung» von Kurt Pinthus bei Rowohlt 1920, die lediglich auch dadurch erschrecken, wie wenige dieser dort präsentierten und wieder neu zu entdeckenden Autoren über ihre Zeit hinaus bekannt geworden (also kanonisiert) sind. «Der Große Brockhaus», «Der Echtermeyer», «Der Conrady», das sind Sammlungen, die in ihrer Kontinuität des Weitergebens kanonbildend genannt werden können; und aus ihnen verschwindet man auch nicht gleich, nur weil eine Modewelle durchs Feuilleton schwappte und den ein oder anderen mit sich riss. Ebenso lange aber hat es gebraucht, in diese Formate aufgenommen zu werden, die zumindest einmal zeitliche Sicherstellungen sind und im Einfluss der Literaturkritik ebenso standen wie aller wertbildenden Instanzen und Institutionen, die der Ware Buch ihren Gebrauchs-, das heißt ihren *Literaturwert* verleihen.

Das Buch ist eine Meinung zum Text

6.9.7. Die Präsentationsform des Objektes ist dabei mindestens ebenso relevant wie die Form der Sprache für deren Inhalt. Bücher in hässlichem *outfit* sind etwa so, wie eine unschöne Dame mit Gewichtsproblemen, wenn sie am Schaulaufen teilnimmt; sie kann tragen, was sie will – es sieht nie besser aus als sie selbst. Nun gibt es auch hier Regeln gegen die Regel und Bücher, die gerade dadurch ankommen, dass sie *understatement* sind in Gestaltung und Material; aber dann brauchen sie starke inhärente Signifikanten (ein exklusiver Verlag, ein «leuchtender» Name, ein «großes» Thema und so fort). Die Gestalt des Buches ist dann wie die Jeans bei einem Popstar, der sie überall tragen kann und immer veredelt. Bedeutungseffizienz heißt nicht Nobilität um jeden Preis, sondern steht in einer Abhängigkeit zu den Stellungen der Signifikate. Einen *no-name* auf bedrucktem Billigpapier liest man ganz sicher nicht; ebenso aber sind die vielen Hochglanzbroschüren nur abschreckend gerade dadurch, dass sie so ehrfurchtgebietend sind. Nichts furchtbarer als ein Buch in Leder gebunden, das nichts zu sagen hat – von den vielen Tagungsberichten und Gruppenfahrtsbüchern reiselustiger Betriebskollegen einmal ganz zu schweigen. Überall droht uns der Bedeutungsbetrug, der nur deshalb in Umlauf gebracht werden kann, weil es noch keine Kritik gegeben hat, die ihn aufdecken konnte.

6.9.8. Das Buch in seiner Ausstattung ist eine Meinung zum Text. Es gibt so viele Faktoren im Prozess der Etablierung von Literatur, die mitentscheidend sind, dass wir sie unmöglich einzeln benennen und bewerten können; das Buch an sich aber, der Korpus, dem sein Sinn emblematisch vorausgeht und der unbewusste Bereitschaften erzeugt, es in die Hand zu nehmen und darin zu blättern, ist vielleicht das, was die Haut für den Körper des Menschen ist: sie hält ihn zusammen und signiert mit Falten und Linien, Rissen und Narben seine Geschichte. Die Gebrauchsspuren der Bücher – was für faszinierende Wege des Geistes, hier verweilt zu haben, die Seite beschädigt, die Stelle befleckt, die Ecke geknickt, um eine Passage schnell wiederzufinden; und dann die reine Unschuld der Schrift, so makellos im frischen Geruch des Papiers, als wäre noch kein Blick über sie gestreift, hätte noch keine Hand, kein Finger die Zeilen berührt, die auf ihre Entdeckung noch warten. Es gibt eine Erotik des Lesens durch das Lesen im Buch, die durch kein anderes Medium ersetzbar sein wird; es sind Liebesakte, Erlebnisse von sinnlicher, überaus nachhaltiger Qualität, wie es ist, ein Buch aufzuschlagen und sein Material zu genießen.

Sphären (II): Die Verpflichtung zur Lust

«Lusterfüllung ist dem, der spricht, als solche schon untersagt.»

Jacques Lacan

7.0. Die Textwerkstatt war eine letzte große Gelegenheit, den Auftritt zu proben und zu spielen mit dem Ernst des Betriebes. Wir haben gewiss keinen Schutzraum geschaffen, wie es ein Inkubator dem Frühgeborenen bietet, aber eine dem nicht ganz unverwandte Kopie. Spätestens mit dem ersten veröffentlichten Buch stürzt in diesen Kokon jener Teil der Realität, der die produktiven Sphären, wie sie sich bilden konnten, wieder zerreißt und auf die Räume eines Außen verteilt. Die Bedingungen des Schreibens sind damit abgeschlossen, es beginnen die des öffentlichen Lesens; mit einem Wort: Es beginnt der *Literaturbildungsprozess*, wie wir ihn beschrieben haben. Nicht beschrieben haben wir, wie sehr an dieser Stelle der Überlagerungen innerer und äußerer Bedingtheiten der Körper des Autors (der Texte) wieder zum Vorschein kommt und den Körper der Texte (des Autors) verdrängt. Befragt werden zu können und den Wert des Geschriebenen dadurch immer auch wieder bestätigen zu müssen, ist die eine, eher kulturanthropologische Seite der Präsenz, die sich im Radius eines plötzlich hereinbrechenden Erfolgs noch weiter aufspreizt und mit Pose besetzt. Komplizierter und auch unabwendbarer sind die andauernden Rückführungsversuche des Werkes (Transzendenz) auf seine Entstehungsgeschichte (Immanenz) durch den Interpreten; gleichviel, dass es keine hermeneutischen Prozesse in den Ursprung eines Gedankens zurück geben kann, so gibt es doch die produzierte Illusion davon und die Verführung des Lesers, den Autor dazu zu bewegen. Aktiv gewordene Germanisten auf der Suche nach einer Lösung aporetischer Knoten im Text – «meinen Sie nicht doch, dass dann etwas sehr Dramatisches in Ihrer Familie passiert sein und verdrängt werden musste?», und so weiter – sind äußerlich und noch gut kontrollierbar. Aber was, wenn im Autor selbst dieses für die Produktion eines Buches benötigte und damit auch erschöpfte psychogene Material wieder und wieder bewegt wird, wie bei einer Zwangshandlung, deren Sinn ein Erhaltungswunsch ist? Denn es gehört zu den Paradoxien der literarischen Schreibtätigkeit, dass die Gegenstände, die vergessen werden sollten dadurch, dass sie geschrieben, das heißt: *erinnert* worden sind, im Objekt des Erinnerns gespeichert wurden und jederzeit aktualisiert werden können. Wir erhalten demnach, was unser Schmerz ist. Dieser Erhaltungszustand ist nun gewiss ein grandioser Gewinn für den Leser, der sich identifizieren konnte mit dem Textobjekt des Autors und in der «Stimmung», wie sie der Text hervorgebracht hat, seine emotionalen Erfahrungen bestätigt sieht; denn bei aller Abstraktion und Allegorisierung der Sujets – es geht immer um die Wahrheit eines Gefühls und einer Akkumulation von Gefühlen, und wenn der Körper über eine Grammatik der Zeichen sich fremd werden musste, dann doch eben nur, um sich neu zu entdecken. Die Ordnung der Zeichen war ein nötiger Umweg des Körpers zu sich selbst, was alle Abbildfunktionen der Sprache schon dem Ansatz nach ausschließen. Diese direkte Anrede des Körpers durch einen Text ist allerdings für den, der ihn schuf, ein tragischer Rückfall; denn warum in aller Welt sollte er die Substanz seiner Bücher noch einmal ertragen und deren höllische Szenen, in denen tiefere Prozesse der Abwehr und der Verdrängung schmerzhaft durchlaufen werden mussten, wiederholt bemerken? Der identifikatorische Leser behält Selbstanteile ja noch immer zurück, so sehr er sich im Textgeschehen auch wiedererkennen und einbringen mag; er ist durch eine gewiss undeutliche, aber doch gesicherte Grenze zwischen Ich und Nicht-Ich geschützt. Genau das ist sein Vergnügen: teilzuhaben, ohne teilhaben zu müssen; denn immer kann er entscheiden, wie nah oder fern ihm das Textobjekt bleibt und wieviel an das eigene Subjekt gebundene Affektmasse es aufnehmen soll; und wenn es ganz aufgegeben wird, weil es ihm zu nahe gekommen ist und dafür geopfert werden muss, dann ist auch das nicht weiter schwierig. Dem Autor aber ist die nächsthöhere Prozessebene der Auseinandersetzung mit einem Stoff dadurch verwehrt, dass sie schon hinter ihm liegt – im Schreibvorgang bis zur Fertigstellung des Textes und bis zur Veröffentlichung in einem

Buch. Die positive Leistung, das Sujet so weit verallgemeinert zu haben, dass es der identifikatorische Leser auf sich selbst beziehen und imaginär ausgestalten kann, ist ein reines Produkt für den anderen. Der Autor organisiert sich lediglich die Wiederholung einer Abschaffung von Schmerz – oder er reproduziert ihn und fällt zurück auf das Niveau der Therapie. Das mag auch ein Grund dafür sein, dass er seine Bücher nie wieder liest – ich jedenfalls nicht; es sei denn, *ich muss* (öffentlich, zu einem hoffentlich gut bezahlten Anlass).

7.1. Der Text ist ein emotionales Archiv, in dem unterwegs zu sein für den Autor immer auch regressiv enden kann – und das macht seine doppelte Anwesenheit aus: eine Beziehung zum Werk als einer literarischen Transformationsleistung ebenso unterhalten zu müssen wie zu jenem Archiv, das es grundiert. Jeder erfolgreiche Autor konnte ein souveränes Text-Subjekt etablieren, das ihn literarisch vertritt und vordergründig in Schutz nimmt vor primitiver Zudringlichkeit – andernfalls wäre er aus einem therapeutischen Zirkel gar nicht erst herausgetreten. Also niemand mit etwas Leseerfahrung und Bildung wird (S) = (S') sagen (wie wir es am Genre Tagebuch- und Briefliteratur feststellen konnten). Der Autor aber selbst, nicht gespalten, sondern verdoppelt, redet als (A') immer mit (A); für ihn gibt es keine verflüchtigte Substanz und kein aufgelöstes Gefühl; für ihn gibt es nicht einmal Metaphern (worüber wir auch noch einmal zu sprechen haben). Die Aposiopese* ist nur für den Leser von Bedeutung – der Autor, ob er es will oder nicht, besetzt sie mit (seinen) realen Objekten. Das heißt: er kann *sich selber nicht lesen*, und das gerade deshalb nicht, weil er über keine Unkenntnis verfügt (außer die natürlich, die jeden Text unterläuft und in Korrespondenz steht mit einem unbewussten Inhalt). Diesem Problem des Verstehens vor dem Hintergrund eines Wissens sind wir schon begegnet, als es darum ging, dass die ersten Leser eines Anfängers des Schreibens zu sehr Urzeugen des Geschriebenen waren und keine darüber hinausführenden imaginären Produktionen einleiten mussten; ebenso dort, wo der Schreibende zu spät zu seinem Anfang kam, den initialen Höhepunkt einer Ahnung vom Text bereits überschritten hatte und an Spannung in der Sprache verlor.

7.2. An dieser Stelle ein höchstfälliges Wort über den Lektor, denn er ist es, der den Autor dort lesen muss, wo dieser sich selbst nicht mehr empfängt; er liest also immer von einem Ende des Textes her, das er nicht kennt, aber in der Expositionalkraft des Anfangs vermutet. Er kann sich nicht narrativ «ausruhen» wie jeder andere Leser, der sich gleiten lässt vom Strom des Geschehens und verführen von Sprache, die zur Sprache kommt. Der Lektor *arbeitet mit*, er sucht den Text, den Sinn des Textes dort, wo er seine Handlung verliert, nicht aber seinen Ton, der weiterschwingt und Stoff überträgt, jenseits der Sprache und über sie hinaus. Er muss, und das ist sein gewiss schwieriges Vergnügen, im Unterbewussten des Textes nach einer Ordnung suchen, die ihm zugrunde liegt. Und dann muss er seine außerordentlichen Fähigkeiten des Lesens auch noch so kommunizieren, dass sie für den Autor annehmbar sind, und ihn stärken. (Über den Beruf des Lektors, der natürlich auch eine Berufung sein muss, so spät nachzudenken, bestätigt fast schon performativ, was ihn ausmacht: an seiner eigenen Abwesenheit zu arbeiten, unsichtbar vorhanden zu sein, dem Autor in einer Weise zur Verfügung zu stehen, dass es gar nicht bemerkt wird; er fühlt sich ein, schmiegt sich an, partizipiert, indem er produziert – kurz: Er ist mit dem Autor und dessen Arbeit so vielfach verflochten, dass man ihn einen Zweitautor nennen müsste; und seine Tugend ist, das niemals zu wollen.)

Der Text und die Stimme. Konstative und Performative.

7.3. Das Ich verfügt über keine Identität mit sich selbst, sondern ist eine endlos produzierende Signifikantenkette. Wir erschaffen also, was wir sind, und werden angeschaut als die, die zu sein wir uns entschieden haben. In Teilen jedenfalls, denn gewiss sendet der Blick des anderen auch ein anderes Bild zurück, denn er hat immer etwas anderes empfangen und wertet es auf seine (andere) Weise aus. Transzendenz und transzendierte Transzendenz* wechseln einander ab und legen sich nach Lage der Verhältnisse von Macht und Vorherrschaft fest –

bis der Knecht ein Knecht und der Herr ein Herr geworden ist. Das gilt für den Autor ebenso, denn er ist Produzent und Vertreter des Produzierten in einem; er hat das Reale an das Imaginäre gebunden und damit symbolisch konstituiert, ist aber selbst in der permanenten Gefahr, diese Bindungen wieder zu verlieren an die Praxen des Betriebes und ihrer notorischen Rückführungsabsicht. Gleich dem, seine Autorschaft dadurch verdoppelt zu haben, dass er Werk und Archiv gleichermaßen zu betreuen hat, kommt nun eine zweite «Faltung» hinzu: die zwischen Stimme (Performativ) und Text (Konstativ). Oder, wie Karl Bühler es feststellt: Das «Sprechen» ist eine Handlung, das «Sprachwerk» ein von Situationen gelöstes «Handlungsprodukt».[15]

7.3.1. Die Stimme ist eine Verknüpfung des Signifikanten mit dem Körper; sie ist ein innerliches Außen des Logos.[16] Man kann auch sagen: Die Stimme ist das Objekt des Objektes und die Antwort der Antwort, denn sie wiederholt eine Folge von Buchstaben und bringt sie aus ihrer Ruhe in die Verlaufsform. Diese zweite Antwort aber ist schon eine Verfälschung der ersten, denn sie «verklingt» und entführt damit auch ihren Sinn. Das geschriebene und das gesprochene Wort sind demnach zwei Formationen eines gleichen Objektes, wobei die Prioritäten innerhalb der sozialen und politischen Netze regulierbar sind und einmal das Konstativ, ein anderes Mal das Performativ bevorzugen. Stets aber läuft die jeweils andere Vermittlungsform mit: Wir hören reden und stellen uns eine beschriebene Seite vor, wir lesen und hören eine Stimme, die es uns vorträgt. Dieser Verkettung von Hören und Lesen, Sprechen und Schreiben geht eine präskripturale Erfahrung voraus: es ist die Stimme der Mutter, die als erste zu uns spricht und durch Mimik und Tonfall auf den Sinn der Worte vorbereitet. In Friedrich A. Kittlers «Aufschreibesysteme» können wir dazu lesen: «Die (…) Mütter bringen ihren Kindern überhaupt keine Grapheme im Sehfeld bei, sondern ideale Laute im Hörfeld. Ihre Stimme ersetzt und reproduziert die Buchstaben wie Natur die Künstlichkeit. Ihre

---

15 Vgl. Bühler, Karl: Sprachtheorie, Stuttgart 1934/1999.
16 Vgl. Dolar, Mladen: His Master's Voice, Frankfurt am Main 2007.

Phonetik macht aus Reformationsfibel-Tierbildern eine methodisch gereinigte Hochlautung. (…) Es ist diese Medienverschiebung, die hermeneutisches Lesen ermöglicht.»[17] Es gibt also keinen väterlichen Sinn ohne mütterliche Vorinformationen (und keinen männlichen Text ohne weibliche Intonation) – sofern die Ontogenese des Sprechens und Schreibens in ihrem natürlichen Rhythmus geblieben ist. Wir können annehmen, dass die Hörerfahrung allen anderen empirischen Sensationen, wie sie Kleinkinder erleben, vorgelagert ist und es schon Erfahrungen mit der Stimme der Mutter gibt, ehe es eine des Sehens oder Tastens gegeben hat; der Ton der Mutter ist pränatal und legt sich biophysiologisch durch Resonanzen des Körpers und Schwingungen der Tonalität auf den Fötus des Kindes. Dem ersten Erscheinen der Bilder auf der Netzhaut der Augen ist eine Geschichte vorausgegangen, wie sie die Mutter erzählt hat, und diese Geschichte wird alle anderen assoziativ überlagern.

7.3.2. Wie sehr unsere Stimme der Natur des Körpers gehört und wie wenig dem Logos, ist damit deutlich geworden. Die Stimme gibt es immer über die Sprache hinaus, und sie setzt signifikative Verschaltungen in Gang, die jede Semantik unterlaufen oder verlieren kann. Unsere dem Alltag abgelauschte Metapher: «Der Ton macht die Musik» bezeichnet das sehr klar: Nicht was, sondern *wie* wir es sagen, ist primärer Gegenstand einer Nachricht. Über dieses *Wie* verfügt natürlich auch unser Text durch und in seinem Ton; aber dieser Text-Ton löst sich auf, sobald die Schrift «in den Mund genommen» und oralphysiologisch nachgeformt wird; er löst sich auf im Sprechakt an sich. Davon spricht Friedrich Schlegel in seinen Abhandlungen «Über die Philosophie»: «Man glaubt zu hören, was man nur lieset, und doch kann ein Vorleser bei diesen eigentlich schönen Stellen nichts tun, als sich bestreben, sie nicht zu verderben. Die stillen Züge scheinen mir eine schicklichere Hülle für die tiefsten, unmitelbarsten Äußerungen des Geistes als das Geräusch der Lippen. Fast möchte ich in der etwas

---

17 Kittler, Friedrich A.: Aufschreibesysteme 1800–1900, München 1985/1995, S. 121.

mystischen Sprache unsers H. sagen: Leben sei Schreiben; die einzige Bestimmung des Menschen sei, die Gedanken der Gottheit mit dem Griffel des bildenden Geistes in die Tafeln der Natur zu graben.»[18]

7.3.3. Der Text löscht seine Schriftlichkeit im Augenblick der Rede. Er war schon bei sich und erscheint dadurch noch einmal, dass er gesprochen werden soll. Wir können sagen: a) Text $\rightarrow$ Stimme $\rightarrow$ Text^2 $\rightarrow$ Stimme^2 $\rightarrow$ Text^{x-n}, ebenso b) Innen $\leftrightarrow$ Stimme $\leftrightarrow$ Außen, oder c) Subjekt^1 $\leftrightarrow$ Stimme $\leftrightarrow$ Subjekt^2. In allen Formen des Eingriffs in den Verlauf der Signifikation verändert sich die Nachricht. Die Konnotation durch den Interpreten in Variante a) verschiebt die Bedeutungen fast wahllos. «Du bist nicht sehr schön» klingt, gelesen, neutral-negativ. «Du bist nicht sehr $^{(betont)}$ schön» verschiebt diese Negation im Sprechakt auf eine Abschwächung in: Schön bist du schon, aber eben nicht sehr $^{(betont)}$. Ebenso würde eine Betonung von «nicht» die Negation noch verstärken: «Du bist [wirklich] nicht $^{(betont)}$ sehr schön» und so weiter. Es ist fast schon beliebig, wie die Schrift verfälscht werden kann durch ihre Verlautung im Akt einer sie tragenden Stimme. Der «Ton-» oder «Stimmungszusammenhang», wie ihn der Text in seiner syntaktischen Individualität und pararhetorischen Charakteristik (Ironie/Trauer, Sarkasmus/Tragik, Zynismus/Verzweiflung und vieles mehr) hervorgebracht hat, wird abrupt beendet im Moment des interpretierenden Vortrags. Wir hören nicht mehr die feine, lautlose Stimme des Verfassers hinter dem Text, der, wie die Stimme der Mutter, den Sinn der Sprache vermittelt, sondern die laute, autoritäre und jeder Selbsterfahrung vorauseilende Interpretenstimme, die uns zurechtlegt, was wir wie zu bedeuten haben. Sie bestimmt das *take over* der Apperzeption* und herrscht über die Zäsuren, ob und wann wir uns imaginär beteiligen dürfen. Die vortragende Stimme ist eine einzige Regelüberführung von textimmanenter Rätselhaftigkeit in den geheimnislosen Zustand eines physischen/physikalisierten Deutungsanspruchs; sie ist reine Indoktrination. Denn darum lesen wir: weil wir nach einem Rhythmus suchen, der den *im Anderen* des Textes verbor-

---

18   Schlegel, Friedrich: Kritische Ausgabe, Bd.8, Paderborn 1958 ff., S.42.

genen Sinn mit unserer Vorstellung davon in Übereinstimmung bringt. Das Verweilen im Satz und das Überfliegen anderer Sätze, das Pausieren und Regulieren von innerer und äußerer Zeit, das Nachdenken und Vorausahnen, kurz: die gesamte Ökonomie des Begehrens nach einem Text wird durch den Vor-Leser («Vor-Mund») beschädigt.

7.3.4. Das heißt freilich nicht, dass diese Art von «Bevor-/mundung» nicht ebenso lustbesetzt sein kann, wie es die Souveränität eines diskreten, zurückgezogenen Lesens bietet. Wir haben große Stimmen im Ohr, die auf wunderbare Weise Literaturen vortragen und Säle füllen, wenn sie erscheinen. Das Hörbuch, bequem bei einer Autofahrt in den Recorder zu schieben, ist aus unserem alltäglichen Leben nicht mehr wegzudenken. Wie vieles können wir so mehr zur Kenntnis nehmen und erfahren, als wären wir eben nur die stillen Leser an einem einsamen Ort, der sich immer seltener bietet. Nur täuscht es nicht darüber hinweg, dass in der Performanz die Schriftlichkeit mit allen ihren unterstellten Verweisungen und Tiefenschärfen aufgegeben und einer aktuellen Transparenz geopfert wird. Das mag für Handlungsgeschichten, in denen die verwendete Sprache funktional orientiert bleibt und über sich selbst hinaus nichts zu erzählen hat, gut funktionieren; ein Kleist oder Bernhard, ein Beckett oder Joyce *kann niemals vorgelesen werden*, ohne dass es einem Eingriff in die literarische Topologie gleichkäme. Denn Stimme und Textur sind schon identisch und eingegangen in den syntaktischen Verlauf dieser Prosa – ebenso, wie eine reale Geschichte ihre Realität am Erzählen verloren und ein Energiefeld des Allegorischen hervorgebracht hat.

7.3.5. Je literarischer das Literarische, umso unlesbarer (im Sinne von «vor»-lesbarer) wird es – oder es übernimmt die Verfälschung und spielt sie neu durch. Poesie ist Schriftkunst, auch wenn sie am stärksten nach Lautwerdung und Gestik verlangt. Aber es ist die Gravur, die Setzung, die Einschreibung einer unwiederbringlichen Wortfolge in den «stehenden Text» der universalen Bibliothek, die jedem Effekt des Moments überlegen ist. Die Attraktivität einer phonozentrischen Kultur ist eher ein Sozialgebilde und spaltet das skripturale Werk. Die Oralität einer Sinnproduktion ist immer zuerst da – das haben wir an der Mutterstimme bereits schon entdeckt; und auch die frühen lyrischen Gesänge und rituellen Akte der Gottesanbetung sind als Verschriftung undenkbar. Das mündliche Überliefern der großen Menschheitserzählungen, von den babylonischen Epen bis zu den Sagas der Kelten, von den hellenistischen Mythen bis zu den Minnesängen im Frühmittelalter: es endet – pragmatisch und symbolisch – mit der ersten Gutenbergbibel von 1454 in Mainz. Die Dignität des Geschriebenen übernimmt die Flüchtigkeit des Gesprochenen, nicht zuletzt dadurch, dass die Schrift reproduziert und größeren Kreisen zugänglich gemacht werden kann.

7.3.6. Der Einbruch der Stimme in die Ordnung des Textes sorgt für Anarchie; andererseits bindet sie den Text an den Körper in einer Weise zurück, die für den Interpreten/Autor eine Zumutung ist, für den Empfänger/Hörer eine – wenngleich auch voyeuristische – Bereicherung darstellt. Er will performativ erleben, was konstativ mitgeteilt wurde, und aus der Differenz der Darstellungsweisen folgert er die Glaubwürdigkeit des Inhalts. Ein miserabler Rezitator verdirbt noch den besten Text, nicht, weil er dessen skripturale Architektur verändert, sondern weil er sie in dem Strudel der Performanz unwiederbringlich verliert. Hier und da leuchten noch ein paar poetische Fetzen hervor, und man ahnt wohl die Größe der Literatur, aber uns verlangt, das Buch zu erwerben und nicht länger dem Diktat auf der Bühne zu folgen; oder wir gehen enttäuscht und haben nichts von dem Autor verstanden. Der umgekehrte Fall: Wir sind mitgerissen von der Darbietung und eingesunken in ein theatralisches Produkt, das vergessen lässt, auch einen Inhalt zu haben. Die Lesung wird eine Oper, in der die Gattungen rivalisierend sich im Wege stehen und immer einer anderen den Vorzug geben. Ich habe noch nie eine Oper verstanden und liebe allenfalls die Ouvertüren oder Passagen der Arie – aber sobald die Mysterien der Handlung einsetzen, möchte ich ins Sprechtheater zurück.

7.3.7. Der Text wird im Vortrag zur Partitur – und er wird zu einem dekonstruierten* Objekt und nimmt alle Eigenschaften an, die außerhalb seiner selbst liegen. Die Stimme war dabei nur ein (wenngleich hauptsächliches) Element. Alles, was dem Auftritt zugetragen wird, erzeugt Resonanz und bestimmt die Signifikanten; mehr noch: die Signifikanten der Signifikanten werden mächtiger, je größer ihr räumliches Volumen und ihre performativen Aufbereitungen sind. Die Inszenierung von Bedeutung *ist die Bedeutung* – und dagegen kommt die lautlose Statik des Konstativen nicht an. Schicht für Schicht überlagern partizipierende Bedeutungsträger die Strukturen der Schrift, verwischen ihre inneren Spuren, verstellen Kontingenz und Referenz, und wir, Hörer in einer vorderen Reihe, sind allenfalls berauscht von der Stimme – völlig außerstande, einen semantischen Bogen zweiter oder dritter Ordnung zu bilden und mehr als das betonte Signifikat im letzten gesprochenen Satz im Gedächtnis zu behalten. Erkennen müssen wir auch, dass die rezitierende Stimme Formative bildet, die den Zeichenkörpern nicht mehr zugehören und sie in ihrem Fluss unterbrechen. Zugleich aber, wie ein Hüsteln, Räuspern, Verklingen der Morpheme in leere Tonalität vor- oder nachsprachlich eingreift, ist es *nicht nichtsprachlich*; es ist vielmehr die Außenseite der Innenseite der Sprache, ihre weitertragende Bedeutung im Moment des Gebrauchs. Die Schrift kann hermeneutisch gelesen werden, aber ein Vortrag wird niemals hermeneutisch gehört; er ist die reine Aktualität aller ineinander wirkenden, gegeneinander gestellten, sich ergänzenden und/oder ausschließenden Signifikanten – und der Transzendentalsignifikat ist der Interpret. Er verkörpert die Hoheit und übernimmt die Rede in sakraler Gelassenheit. Der Phonozentrismus in unserer Kultur hat seine tiefe Verwurzelung in der Auratisierung der Gesetze durch eine sie vertretende Person. Es reicht nicht, Elementarverfügungen in Stein zu schlagen oder auf Pergamentrollen zu kalligraphieren: sie müssen durch eine sie vortragende Stimme ratifiziert werden. Die «große Rede» eines Monarchen ist nicht so sehr von ihrem Inhalt bestimmt, sondern von der Überführung des Inhalts in Handlung. «Er wird auch tun, was er sagt», ist die unterlegte zweite Bedeutung, und «er», das ist natürlich ein charismatisch auftretendes Herrenpersonal, ein Identifikationsmedium, dem aus allen Teilen des gesellschaftlichen Lebens metaphysische Erwartung zukommt; bis hin zum Schneider für den Maßanzug und zur Köchin der Lieblingsgerichte: Der Monarch und sein Hof sind das Resultat einer Summe aus nicht mehr zu verfolgenden Diskurspartikeln und ein verabsolutiertes Signifikatenprodukt. Der «Stimmungszusammenhang» im Inneren einer Textur ist nämlich lange schon abgetreten nicht nur an eine Stimme, sondern an einen komplexen, mit Stimmung überzeichneten Raum, in dem auch noch die Rede verschwindet vor den Ritualen der sie umschließenden physikalischen Akte und symbolischen Aktionen.

7.3.8. Schrift und Rede bedienen sich wechselseitig und sind in dieser Verstärkungsdynamik politische Praxis. Michel Poizat schreibt: «Die Mündlichkeit der Auseinandersetzung ist die grundlegende Regel des Gerichts [*cour d' assises*]. Diese Regel verfügt, dass das Gericht seine Überzeugung nur aufgrund der im Gericht mündlich und in Anwesenheit der Parteien verhandelten Elemente bilden kann. Aus diesem Grund dürfen das Gericht und die Geschworenen während der Verhandlungen keine Akteneinsicht nehmen. (...) Aus diesem Grund darf auch die eidesstattliche Aussage eines Zeugen nicht gelesen werden, bevor er oder sie vor Gericht ausgesagt hat: Die Akte ist immer zweitrangig.»[19] Das besagt eines verbindlich: In der Mündlichkeit kann die Täuschungsabsicht dekodiert werden, sie bietet eine Vielzahl einander in Konkurrenz gestellter Partialakte, die der rhetorisch beschäftigte Delinquent nicht mehr unter Kontrolle halten kann. Die zurückgeholte Verkörperlichung des Schriftlichen im Prozess eines Vortrags ist genau dadurch distanzlos und indiskret – wie es die Stimme als Organ ja ohnehin schon ist; und wenn sie sich ästhetisch auflädt, entlädt sie die Ästhetik der Schrift. Wir können also das Performative immer auch als ein Modell der Überführung verstehen, als ein Bestreben, das Eigentliche dem Eigentlichen zu entreißen und nach einer Falsifikationsfrist wieder zurückzuerstatten – wenn es dann noch Substanz hat und beglaubigt worden ist. Denn ebenso, wie jede Mündlichkeit somatisch durchströmt wird und auf den Bildungsursprung der Sprache verweist, ist jedes Gesetz erst mit seiner Verschriftung gültig. Das Urteil vor Gericht *muss verlesen werden*, aber es wird

---

19 Poizat, Michel: Vox populi, vox Dei, Paris 2001, in: Dolar 2007, S.146.

abgelesen, und das heißt, es bezieht sich auf die Konstatierung der Schrift. Sie ist die erste und die letzte Instanz, und in ihren Zwischengliedern wird sie entfremdet und reichert averbale Bedeutungen an.

7.3.9. Auch technisch ist die gesprochene Sprache der geschriebenen unterlegen. Sie sorgt nicht nur für Diffusion im sprachlichen Aufbau, sie kann auch die Zeitform nicht halten. Das schon Vollbrachte in der geschriebenen Erzählung wird im Vortrag ein noch zu Vollbringendes; die Verlaufsform der Rede unterläuft die Reflexivität des Erzählten andauernd, sie wird, so geschickt sie auch verwendet sein mag, ihren Augenblick des Gestaltens nicht los, ihr unbedingtes Jetzt. Alle diese Zweifel am Performativen münden nun unweigerlich in die Frage, die sich jeder Autor stellen und beantworten muss: Möchte ich meine Autorschaft dadurch redigieren, dass ich mich noch einmal in die Entstehungsgeschichte zurückbewege und mit der Reaktivierung des Archivs auch entblöße; denn diese Entblößung der schreibenden Person übernimmt die Nacktheit des Textes, und allein das mag im Interesse des Hörenden/Sehenden/Erlebenden liegen; nicht so, wie der Lesende das Unverständliche verstehen und genießen will, hört der Hörende zu, sondern wie ein Zeuge nach der Überführung des Delinquenten, der die Frage gelöst haben will: hat er oder hat er nicht gelogen, als er schrieb, was er liest. Es ist immer eine Rückführungsabsicht im Spiel, eine Pragmatisierung des Metaphysischen. Die Aura der herrschenden Person war in ihrem Anfang natürlich textgestützt, ehe sie sich vom Text wieder löste und auf sich als den Körper einer Bestätigung des Textes verwies. Nach diesem säkular-religiösen Durchlauf kommt sie auf den Text zurück, charismatisch gestärkt und eins geworden mit der Bedeutung der Schrift – ihre Signatur sozusagen.

Die öffentliche Lesung. Zeremonien.

7.4. Diese Prozedur ist die öffentliche Lesung, mehr oder weniger davon, mehr oder weniger hiervon. Wobei eines noch zu bedenken ist: dass sich der literarische Text einer direkten Bestätigungslogik nach dem Muster, «wer lügt, macht es hörbar», entzieht. Denn anders als in einer Gerichtsszene, in der sich alle Kameras nah an die Gesichtszüge des Beschuldigten *zoomen* und ein Sachverständigenrat Falte für Falte und Muskel für Muskel daraufhin ansieht, ob er im Zustand der Aussagen adäquat kontraktiert, ist der Zusammenhang von innerer und äußerer Wahrheit im (literarischen) Text schon erloschen; oder nicht erloschen, aber auch nicht mehr kongruent, so wenig, wie es nur *einen Autor gibt*, und nicht eben viele. Text- und Körperverhalten sind reziprok, sobald sie die funktionale gegen die ästhetische Absicht eingetauscht haben. Was in den normierten Sprechaktszenen anzunehmen ist: die Übernahme der semantischen Struktur in Geste, Tonalität und Phrasierung synchron mitzuerleben und so einem Ereignis der Gleichzeitigkeit von Sprache → Stimme → Körper sowie: Symbol → Symptom → Signal (Bühler) ausgesetzt zu sein (interpretierbar für den Experten), trifft für den Literaturtext nicht zu. Das Theater erzeugt sich aus dieser Diskontinuität des Kontinuierlichen einen eigenen Widerspruchsraum; das Epische, und mehr noch das Lyrische, ist allzu sehr schon Überschreitung in sich, als dass es dem reinen körperlichen Ausdruck gehört. Es gehört dem körperlichen Ausdruck im Moment der Darbietung, aber bereits *als ein anderes, neues Objekt.*

Ein Schauspieler liest

7.4.1. Von daher kann natürlich ein Schauspieler lesen: weil er diese Entfremdungsspuren der vortragenden Lesung, diese Illusion, es könnte eine direkte Beziehung herrschen von Vortrag und Vorzutragendem, dadurch betont, dass er sie noch einmal und vor aller Augen und Ohren mit sich selber entfremdet. Er mimt Identität und legt dabei offen, dass es zwischen (Vor-)Lesung und Text keine (vordergründigen) Identitätsverbindungen gibt; die Interpretation, das Rezitativ, das Didaktische und Diktatorische ist eine Hinzufügung allerersten Ranges. Und wenn wir den Vortrag genießen, nicht als Literatur, sondern als autonome und sich selbst zum Zweck nehmende Performanz –

so, wie die singende Stimme immer eine Verflüssigung disparater Nachrichten ist (und deshalb auch nicht, jedenfalls nicht organisch, gestottert werden kann) –, dann gibt es kaum weitere Einwände gegen sie. Sie gleicht dann der Fotografie, die dadurch, dass sie Kontinuität außer Kraft setzt, kontinuierlicher wird als die Kontinuität, die zwar *real* ist, aber nicht erkannt, geschweige denn dargestellt werden kann. Oder dem Film als Verfilmung eines literarischen Stoffes, wenn er das Buch um sein Blut gebracht und in die verbliebene Hülle sein eigenes hineingepumpt hat. Es wäre dann eben nur ein szenischer Aufwand vonnöten, der die Spiegelung des Vorganges spiegelt und erkennbar werden lässt, was suggeriert werden soll: dass sich Performative und Konstative nicht nur ergänzen, sondern ein und dasselbe Wesen sind, verwachsen ineinander wie siamesische Zwillinge und niemals zu trennen.

Der Autor liest

7.4.2. Besser also – und natürlicher: der Autor liest selbst. Dass er keine Referenzen zum Text liefern wird, die wie im Gerichtsprozess verwendbar dafür wären, ihn der – scheußliches, weil völlig unsinniges Wort: – festgestellten oder eben nicht festgestellten «Authentizität» zu überführen, liegt auf der Hand. Denn wer, sehen wir einmal von der Diachronie* ab, die zwischen Schreiben und Lesen immer besteht und zwei Ordnungen für eine Sache anbietet, steht vor uns und liest (von sich) ab? Der Autor als Schöpfer der Schrift? Oder der Autor als Imitator des Autors als Schöpfer der Schrift? Oder der Autor als eine Kopie des Imitators des Autors? Oder jemand ganz anderes? Die Multiplikationen des sozialen Ichs sind im Autoren-Ich noch einmal vervielfältigt; er, der Schreibende, vollzieht Akte und überschreitet Grenzen, die der andere, der nicht schreibt (und wohlgemerkt ein und dieselbe Person ist), nicht vollziehen und nicht überschreiten kann, so dass der Autor, wenn er im Autoren-Ich redet, naturgemäß ein anderer ist als der, der sein soziales Ich demonstriert. Ebenso verzweigen sich die Ichvarianten des Autoren-Ichs weiter, je tiefer der Text in seine innere Welt dringt. Das Autoren-Ich bekommt die Färbung eines Figurensubjektes, und wollte er jetzt, etwa in Anbetracht einer furchtbaren Szene, die es zu beschreiben galt und die jetzt vorzutragen ist, inszenatorisch mit der Handlung derart verschmelzen, dass er *zu einem Handelnden wird*, wollte man es nun mit a) jetzt ist er aber authentisch?, oder b) jetzt hat er aber Authentizität ganz vorzüglich gespielt, übersetzen? Im ersten Fall würde er seiner perversen Abgründigkeiten entlarvt, im zweiten seiner grandiosen Fähigkeit zur Mimikry – zweimal aber wird er zum Opfer seiner Partialobjekte und mit diesen ganzheitlich identifiziert. Es ist ein Vexierspiel, ein Mysterium der Erfindungen und Kontraproduktionen im Umfeld des geschriebenen Textes, das nicht mehr entwirrt werden kann. Im Gerichtssaal konnten wir Rückführungen treffen (mit Vorbehalt freilich), auf der Bühne nicht mehr – zumal sie, die Bühne, selbst eine Metapher für verstärkte Erwartungen und Wunschbilder ist.

Gut lesen oder schlecht. Gern oder gar nicht.

7.4.3. Die Frage, wie gut oder nicht gut hat ein Autor gelesen, ist paradox und findet keinen Diskurs, der es nicht gleichermaßen wäre. Vom Rezitator kann man das sagen: er hat die Pflicht zur schönen Stimme und zur subjektiven Betonung eines im Vortrag herausgelösten Sinns. Wenn schon die Literatur keine Literatur mehr sein kann, sondern zu einer Vorlage für die Ankündigung von Literatur wird – von jenen erst in der Sprechhandlung zu sich selbst findenden Sonderformen wie Lettrismus oder Lautpoesie hier einmal abgesehen (deren Erhaltungsproblem immer der abrupte Ausfall der Stimme ist) –, dann muss sie auch professionell verwaltet werden. Darum kann ein lesender Schauspieler entsetzlich abstürzen (was einem lesenden Autor in dieser Form niemals passiert): er ist Dienstleister, so etwas wie der Chauffeur nicht des Autors, aber des Textes des Autors, und damit in einer sekundären Verfassung – wie übrigens jeder Schauspieler in jeder Rolle. Das und nichts sonst kennzeichnet sein Talent und seine Größe: anzuerkennen, das Objekt von Objekten zu sein und einen Auftritt zu haben allein dadurch, dass es die Gründe des Auftretens schon gibt, und den, der sie geschaffen hat. Allein und für sich und dabei, seinen transmittierenden Status zu durchbrechen, ist der Schauspieler dann, wenn er unmittelbar und zeitgleich *ist, was er ist:* ein Darsteller des Dargestellten (sofern er von keinem Regisseur oder Produzenten daran gehindert wird). Nicht nur die schöne, ausgebildete Stimme und individuelle Akzentuierung werden zu einem Ereignis des Vorlesens, sondern die gleichzeitige Vermittlung der Gewissheit, *es im Dienste zu tun.* Nicht der einzelne Versprecher und nicht der verlorene Rhythmus skandalisieren den Vortrag vor einem gutwillig zuhörenden Publikum, sondern der Ehrgeiz, ein Autor des Autors zu sein und mehr wissen zu wollen als dieser. Die Rolle auf der Bühne in einem Theater ist eine feste Verabredung, die alle Beteiligten an einem Stück miteinander und gegenüber dem Publikum getroffen haben; gleichviel, ob nach mimetischer* oder epistemologischer Theorie vom Theatralischen. Die schlecht gespielte Rolle durchbricht die ästhetisch angelegte Erwartung mit ihrem Gegenteil – und das macht sie «schlecht»; und die gut gespielte Rolle hält ein, was die Inszenierung fortwährend verspricht. Immer aber ist eine zweite Folie des Spiels zwischen dem Spiel (*play*) und dem Spiel (*game*) zwischengeschaltet, *und das ist die Rolle.* Der lesende Schauspieler aber hat keine Rolle, sondern er ist, was er liest, und er liest, was er ist. In gewisser Weise ist er schutzloser als in jeder bühnendramatischen Situation, sobald er einen literarischen Text in die Hand nimmt und zu lesen beginnt – denn er weiß oder ahnt, dass ihm keine Rolle mehr zur Verfügung steht, die es ihm abnehmen könnte, selber zu sein. Und exakt das ist der Scheitelpunkt dieser Herausforderung, die sich mit nichts anderem vergleichen lässt: *er darf nicht spielen, wenn er spielt.* Sobald er es tut, sich zu zieren beginnt und verzückt dem Klang seiner Stimme nachhängt, die Worte wie Orangen kostet, und die Zitronen bleiben links liegen, die Pose für die Geste hält und die Arabeske für eine Haltung, kurz: seine sachliche, nüchterne, eigentliche Arbeit vergisst und sich vor die Textur stellt wie ein Pfau vor die Sonne, hat er verloren. Er ist dann wie der Lyriker, der vor lauter Lust an der Akrobatik des Sprechens den Sinn seiner Sprache vergisst und vergibt, was er hätte mitteilen können. Ein Inhalt der Form bleibt gewiss immer noch übrig – aber er ist nur ein Halbprodukt, ein Fragment ohne fragmentarische Absicht. Genau deshalb aber, da er, der dafür vorgesehene und «eingeübte Mund», sich einverleibt und ausgesprochen hat, was nicht sein Eigentum ist, skandalisiert er den Vorgang, wenn er misslingt. Dieser «Mund» hätte kein Wort zu sprechen, wenn er es nicht bekommen hätte, und die einzige Rechtfertigung vor dem dunklen, endlosen Schweigen, aus dem er gekommen ist und in das er auch wieder verschwindet, ist, dass er es ausspricht *wie etwas Fremdes*.

Noch einmal Kleist

7.4.4. Das alles trifft für den lesenden, sich selbst (ab-)lesenden Autor nicht zu. Er hat es auf sich genommen – oder genießt es sogar –, in die Matrix einer verlassenen Zeitform zu wechseln und rückgängig zu machen, was schon geleistet wurde. Man könnte auch sagen: er überschreitet seine Überschreitungen durch performative Aktualität. Wie wenig er dabei wirklich präsent ist, haben wir schon gesehen, und wieviel er andererseits auch riskiert, ebenso. Und dennoch: er kann keine Fehler mehr machen, denn wenn er sie gemacht hat, dann eben im Text und damit gestern oder vor Jahren. Auch wenn es nicht den Anschein erweckt, da er alles in allem gut vorbereitet ist und noch jede auftrittsrhetorische Emblematik bedient – er ist gar nicht da, abwesend anwesend, anämisch wie ein Gespenst. Wie auch anders wäre es möglich, da ihm doch nichts anderes bleibt, als einen Prozess zu regenerieren, der schon Form geworden und damit vorübergehend ist. Und auch das kann er kaschieren, wenn er sich nur richtig in Fahrt bringt und damit betäubt, den Akt des Lesens wie den seines Schreibens zu behandeln. Kleist hat in genau dieser Lage gestottert. Er konnte das nicht. Er konnte nicht die Toten der Sprache zum Leben erwecken und damit verdrängen, dass ihr Leben bereits Geschichte geworden war. Das Ab-lesen aber ist ein solcher Akt der Wiederbelebung, in

jeglicher Hinsicht; und Stottern ist immer Ausdruck einer Kontrain-
dikation und attackiert die Symmetrie von Anlass und Sprechzeit; es
markiert einen Widerstand gegen den Signifikanten, der gerade gebraucht wird, und löscht ihn in der Verweigerung aus. Über die Subversivität der Dyslexie nachzudenken, würde ein neues Buch eröffnen,
das wir hier nicht schreiben können. Es soll uns genügen, was Kleist
am Ende seines Aufsatzes «Über die allmähliche Verfertigung der Gedanken beim Reden» (postum 1878) schrieb: «Denn nicht nur fühlen
sie [die Examinatoren] häufig die Unanständigkeit dieses ganzen Verfahrens [der Examination]: man würde sich schon schämen, von jemandem, dass er seine Geldbörse vor uns ausschütte, zu fordern, viel
weniger, seine Seele: sondern ihr eigener Verstand muss hier eine ge-
fährliche Musterung passieren, und sie mögen oft ihrem Gott danken,
wenn sie selbst aus dem Examen gehen können, ohne sich Blößen,
schmachvoller vielleicht, als der, eben von der Universität kommende,
Jüngling gegeben zu haben, den sie examinierten.»[20] Die Blöße ist hier
das bloße Nachsprechen einer schon beendeten Schrift und die Indiskretion einer Stimme, die keine weiteren Aufgaben hat als die, auf die
Nacktheit der Seele zu zeigen. Joan Copjec spricht von «ontologischer
Scham», die sich eben daraus ergibt, dass die Verbindungen von Sprache und Wunsch, die der Text schon einmal diskret in sich aufgenommen hat, im Sprechakt wieder hergestellt werden. Die mündliche Rede
ist demnach immer exhibitionistisch und an das Verborgene gekop-
pelt, das schon einmal geschrieben und damit aufgegeben war, und sie
verfälscht noch das Verborgene der Schrift.

7.4.5. Wir hatten von der pathologischen Stimme gesprochen, als es
um die Aufteilung väterlicher (männlicher) oder mütterlicher (weiblicher) Anteile am Sprechgeschehen ging. Hier treffen wir abermals auf
diese binäre Opposition in der Weise: performativ/aktiv und konsta-
tiv/passiv, szenisch/dynamisch und nichtszenisch/statisch, mütterlich/
konnotativ und väterlich/denotativ. Das Aufgeben aller vorgelagerten
Bedeutungen und die Zerschlagung signifikativer Grundmuster im

---

20 Kleist, Heinrich von: Ein Lesebuch, Berlin 1986, S. 352.

und durch den Auftritt ist, analytisch betrachtet, ein Aufstand der Mutter gegen den Vater (des Kindes). Man könnte auch sagen: die Lesung ist eine Schlacht um die Vorherrschaft über es; wobei der Vater die Tochter und die Mutter den Sohn für sich gewinnen will. Jedem anderen wäre der Vortrag des Textes ein neutrales Ereignis, denn er bliebe immer der Darsteller des Dargestellten, *der Schauspieler* – nicht aber dem Autor, denn er verbindet gerade das Nichtinszenierte der Schrift mit der Inszenierung der Rede, wie es seine augenblickliche Rolle von ihm verlangt und vor aller Augen und Ohren vollzogen werden muss. Ebenso, wie er nun ins Archiv seiner Gefühle hinabsteigt, indem er wortwörtlich beschwört, was bereits abgelegt wurde, und ebenso, wie er seine Stimme in den Vordergrund bringt und sich in die Labyrinthe des Körpers *hineinhören lässt*, ohne dass er noch irgend etwas Neues dabei verrichtet (außer zu spielen, es zu tun), so muss er jetzt die frühkindlichen Rivalitäten der Eltern um die Besetzung seines inneren Zentrums noch einmal durchlaufen. – Also auch das spielt sich aktuell ab und schlägt im Vortrag sich nieder: das triadische Konzept der Familie.

7.4.6. Der Autor achtet auf Fehler während des lauten, vernehmbaren Lesens. Er traut sich nicht mehr zu, was er sich zugetraut hat, als er schrieb, denn er ist in diesem Geschehen, *was er nicht ist*. Vielleicht schaut ihm der Vater über die Schulter, vielleicht flüstert ihm die Mutter ins Ohr – der Text löst sich auf und setzt sich neu wieder zusammen, *das ist es, was wir hören*. Wer aus dem Publikum mitlesen kann, wird sich wundern, warum hier und nicht dort eine Zäsur gesetzt wurde, das und nicht jenes Wort betont worden ist, der musikalische Zusammenhalt fehlt und die Phrasierungen gegen den Aufbau der Sätze gerichtet sind. Abgesehen davon, dass ein mitlesender Hörer für den (vor-)lesenden Autor so etwa das Furchtbarste ist, was es gibt (weil er dann doch gleich zu Hause auf dem bequemeren Sofa sitzen und ihn in Ruhe lassen könnte), er kontrolliert ihn auch und überführt ihn in seiner Abwesenheit augenblicklich. Ich ertappe mich beim Lesen vor Publikum dabei, in Gedanken abzuschweifen und nicht mehr im Vortrag zu sein; irgendwie regelt der Sprechapparat seine Arbeit – wie, ist mir ohnehin nur ein Rätsel –, aber es läuft auch ohne mich weiter, mechanisch, von einer anderen Instanz als von meinem Bewusstsein gesteuert, während ich an den Fahrplan für die Rückreise denke und an die immergleiche Frage: Warum bin ich hier (außer Geld zu verdienen)? Gewiss ist das kein Gesetz, nicht einmal eine Regel, es gibt überhaupt keine Erfahrung, die verallgemeinerbar wäre, bis hin zu einer Art von Lesung im Lustrausch, die manische Züge der Übertreibung bekommt und den Wortlaut komplett überzeichnet. Dann wieder die konzentrierte Nachformung eines absolvierten Gedankens, derart konzise, als wäre man selbst noch davor, den Inhalt auch zu verstehen, staunend und hilflos dem eigenen Sprachgut gegenüber. Das alles in allen Variationen und Folgen – nur eines eben nie: Kongruenz. Zwischen Autor und Text herrscht Diffusion, Unverständnis, Erstaunen. Oft erkenne ich frühere Texte nicht wieder, es ist, als hätte sie ein anderer geschrieben, und alles, was dann noch zu mir hindurchdringt, ist ein Gefühl, das dieser andere, der ich bin, mir weitergereicht hat – ein Gefühl von einem Gedanken, einer Geschichte, einer Zeit. Ebenso aber ließe sich sagen: Die Erzählung ist zwar abhanden gekommen, aber das Leben in ihr ist erhalten. Und das wollen wir ja, wenn wir schreiben.

7.4.7. Der Autor im öffentlichen Vortrag kann ändern, und auch das ist fatal. Denn natürlich kann er gar nichts mehr ändern, denn der Text *steht ja fest*, aber die Wiederaufnahme des Abgelegten im Moment der gesprochenen Sprache suggeriert diese Möglichkeitsform. Wir sagten ja schon, dass es absolute Texte nicht geben kann, nur zu einem Ende gebrachte, *vollendete* eben; mit jeder neuen Lesung aber wird dieses fehlende letzte Formativ hin zu einem Absoluten *gesehen*, werden die Differenzen und Kompromisse *erkannt*, wird der Text als ein Zwischentext *erfasst*. Man kann es sich vorstellen, wenn man sich ein altes Video von der Familie betrachtet und still dabei denkt: wäre das alles nicht eben so und so und so abgelaufen, wäre etwas anderes gekommen und es wäre etwas anderes passiert. Jetzt, in diesem Moment, packt einen die Lust, mit der Schere in die Folge der Bilder zu schneiden und ihre Ordnung so zu verschieben, dass eine neue Geschichte entsteht. Übertragen auf die Szene der Lesung ist das der Moment, in dem der Autor im Vortrag zu korrigieren beginnt. Ich korrigiere unwillkürlich und fast immer während des Lesens, und je wichtiger der Vortrag mir ist, umso mehr. Hier ein Wort weg, dort eines hinzu. Ganze Sätze oder Passagen werden ohne weitere Ankündigung übersprungen, weil sie mir plötzlich unangenehm sind, falsch, schlecht, misslungen. Ich habe Veranstaltungen erlebt, bei denen ich hätte in den Boden versinken mögen vor lauter Scham, weil mich das, was ich vortragen musste, bei Gott nicht mehr interessierte und überzeugte. Die ganzen Nachwendejahre hindurch von der DDR erzählen zu sollen und der Herkunft, und wer man dort war und wer man jetzt ist (als könnte man das alles überhaupt wissen), gehört zu den größten Rede- und Erklärungsstrapazen meines schon lange nicht mehr so ganz jungen Lebens, und es hätte mir sicher Verständnis eingebracht, hätte ich mich mit einem Recorder verbunden und ein Band laufen lassen in Endlosschleife mit dem immergleichen Wortlaut – ein modernisiertes «Krapp's Last Tape» sozusagen, bis hin zum Exzess am Material.

7.4.8. Ironie beiseite. Zeigen wollte ich, wie verzwickt und verstrickt der scheinbar einfachste Vorgang der Welt ist: ein Buch aufschlagen und lesen, vor-lesen, wiederholen, was schon geschrieben wurde und deutlich auf der Seite steht, so, wie man auch schwimmen gehen kann und sorglos in die Ferne blickt, weil der Körper alles von selbst arrangiert. Eben nicht – jedenfalls nicht für den Autor. Er liest, wie er liest, aber es ist *eine zweite Produktion* (und keine Darstellung des Dargestellten, wie sie der Schauspieler bietet). Ob er oder ob er nicht eingreift in den Text durch spontane Inversionen, ob er oder ob er nicht den Takt in einen anderen Rhythmus hebt und in der Lautung gegen alle Intentionen verstößt: die Erzählung erzählt etwas anderes durch die Art ihres Vortrags, sie wird dem Buch entrissen und dem Körper dessen, der sie geschrieben hat, wieder zurückgegeben, und vielleicht ist das das Spektakuläre am Spektakel einer Autorenlesung vor Publikum. Sicher verstehen wir jetzt, dass die Kriterien der Qualität einer Lesung, wie sie für den Schauspieler gelten, nicht gelten für einen Autor. So brillant ein Schauspieler auch rezitieren mag: er kann diese zweite Produktion, wie ein Autor sie bietet, nicht leisten – und deshalb stürzt er auch tiefer, wenn er denn stürzt. Der

Autor hingegen liest nie, selbst wenn er gut oder schlecht liest, gut oder schlecht, sondern einfach nur *richtig*. Und dies gerade dadurch, dass er falsch liest; und manchmal schon so falsch, dass man glaubt, er hat schlichtweg ein anderes Buch vor sich liegen. Es gibt keine erkennbaren Zusammenhänge von Text- und Vortragsbegabung, von Genre und Eignung zur Performanz. Ein Lyriker zum Beispiel, der einen Vierzeiler vorträgt, kann acht Mal dabei Störungen bauen. Oft, wenn ich in einer Jury sitze und zwangsläufigerweise mitlesen muss, was vor-gelesen wird, verstehe ich nicht, weshalb die Vers- oder Strophensprünge quasi «weggelesen» werden und der Autor Prosa vorträgt anstatt ein Gedicht. Fatal wäre nun, und es geschieht nicht eben selten, der Juror bewertet primär den Vortrag und weniger den Text, oder er stolpert in die Falle der Differenz zwischen beiden und unterstellt, der Autor habe keine Identität hergestellt zwischen Lesung und zu Lesendem, was wohl sicher – und schon sind wir wieder bei Gericht – an einer kenntlich (hörbar) gewordenen Unwahrhaftigkeit liegt. Denn die Umkehrung einer Unlust zur Lesung ist die Besessenheit darauf, gerade bei einer jüngeren Autorengeneration, die mit medialer Verwertbarkeit aufwächst, wie ich aufgewachsen bin mit den Tintenklecksen im Schönschreibeheft. Der Poetry-Slam ist eine Spielart dieser Verwertbarkeit und löst – mehr oder weniger gekonnt – die Konventionen der Schriftlichkeit auf; allerdings wofür, bleibt oft unklar. Sehr klar hingegen ist eine Tendenz zur Benutzung von Schrift, um einen Anlass für den Auftritt zu finden. Das gleicht dann einer Art von (prä-)literarischer Geiselhaft mit dem Ziel, sich auf der Bühne einmal auszutoben.

Metaphern der Bühne

7.5. Die Verfremdungsdynamik des Schriftlichen im performativen Prozess findet seine Fortsetzung im Raum. Die Antagonisten Bühne und Saal, Leser und Hörer, oben und unten, Tisch und Stuhl, Kleidung und Anlass, Bewegung und Stillstand, Ruhe und Ton, Beleuchtung und Schatten und vieles noch mehr werden zu bedeutungsstiftenden Kontextmetaphern und wirken in das Geschehen hinein. Von der Signifikation des Buches durch die Umstände seiner editorischen Beschaffenheit und Verbreitung haben wir gesprochen; hier kommen eine Reihe äußerer Effekte hinzu, die sich noch einmal in die Konsistenzen der Texte einmischen und zu weiteren Verfälschungen führen. Einige davon wählen wir aus.

7.5.1. Mikrophon oder nicht, das ist eine Grundentscheidung, unabhängig von den Gegebenheiten der Akustik und der Größe des zu füllenden Raumes. Ein Mikrophon liefert immer Verzerrungen von Unmittelbarkeit und nimmt dadurch auch etwas von den Indiskretionen der Stimme zurück, es «verwäscht» sie gerade dadurch, dass es sie phonisch verstärkt. Die eigene Stimme zu hören ist ein anderes, in die psychische Selbstregulierung eingreifendes Phänomen, aber sie als etwas anderes auch zu hören, als ein Objekt, das eben zur Hälfte das Objekt eines Instrumentes ist, mag dem einen ungeheuerlich sein und dem anderen ein Geschenk. Wie wunderbar lässt sich mit einem Mikrophon spielen, indem man es weghält oder herannimmt, leise oder laut stellt, so, als wäre man selbst gar nicht mehr der Produzent des Produzierten, sondern dieses kleine technische Ding, und wie viele akustische Schnittstellen lassen sich auf die Schnittstellen der Atmung und der Aussprache legen und so überzeichnen. Es mag konstitutionell sein, wie freizügig oder zurückhaltend das intimste Organ, die Stimme, verwendet wird, wie überhaupt diese gesamte Szene Extroversion und Introversion gegeneinander ins Spiel bringt. Das Mikrophon jedenfalls dient dem einen als ein Verstärker, dem anderen eher dafür, von sich selbst etwas abzurücken. Ich jedenfalls mag es sehr – vor allem dann, wenn es um eine Nuance falsch eingestellt ist und für leichte technische Störungen sorgt.

7.5.2. *Die Metaphern der Bühne*: a) Es wird etwas vorgetragen, geboten, produziert. Der Akteur ist zuerst Darsteller, dann etwas anderes (und in unserem Falle eben ein Schriftsteller). Zwar wird eine Autorenlesung nicht angekündigt wie ein Stück auf dem Sprechtheater oder ein Kabarettprogramm, sondern korrekt annonciert und als statisches Kunstwerk, als Antidrama kenntlich gemacht. Dennoch sagen die

Raumbestimmungen und vorhandenen Gegenstände genau das, was an anderen Tagen immer der Fall ist. Eine Sonderveranstaltung kann sich nie gegen eine Regel durchsetzen, die für jede andere Veranstaltung gilt. Im tiefer abgelegten Verständnis von einer Sache behauptet sich die Wiederholungserfahrung und gibt dem Neuen seine Signatur.

7.5.3. b) Die Bühne ist aufgelöst, weil wir uns in einer eigens auf Lesungen spezialisierten Buchhandlung befinden. Die Stühle sind locker um einen kleinen Tisch mit Stuhl und Leselampe gruppiert. Im Halbkreis, wie im elisabethanischen Theater. Aber etwas fehlt. Das Arrangement der Möbel und Gebrauchsgegenstände hat eine Lücke, die nicht gesehen, aber empfunden wird. Keiner kann sagen, weil es keinem bewusst werden kann, was genau *diese Lücke ist*, aber etwas stimmt nicht an den räumlichen Beziehungen, wie sie sich vor allem zu dem Autor, der gleich vor-lesen wird, ergeben. Zu demokratisch, zu gleichgeschaltet, zu indifferent, irgend etwas in dieser Art. Nicht, dass der Hörer das Erhabene sucht – er will es geboten bekommen, damit er etwas hat, das sich angreifen lässt. Kurz: er imaginiert sich, ohne davon je eine Kenntnis zu haben, die Bühne an genau der Stelle im gemütlichen Zimmer, an der sie durch ihr Fehlen eine Lücke gerissen hat, die empfindlich ist.

7.5.4. c) Die Bühne ist wiederhergestellt. Mehrere Autoren sitzen wie die Hühner auf der Stange nebeneinander, und jeder wird auf Zuruf ein paar Kostproben seines Schaffens abliefern. Nicht viel, nicht tief ins Innere des Werkes führend – nur eben so, dass man einen groben Eindruck von Stil, Ton und Thema bekommt. Das Unangenehme: Jeder der Autoren muss die Aufmerksamkeit mit den anderen teilen, wie in der Großfamilie im Kampf um die Liebe der Eltern. Das Angenehme: Man ist schnell wieder fertig, kann sich ruhig nach hinten lehnen und einfach nur zusehen, wie die vielen hörenden Menschen die wenigen auf der Bühne von unten nach oben betrachten. Hier und da ein Flirt mit den Augen, eine Affäre der Luft, dort sinkt einer ins Polster und schläft für Sekunden, alles in allem: recht leicht verdientes Geld. Wir können das jetzt weiterführen oder beenden – das Dramatische ist auf jeden Fall nicht diese Lesung in Serie, sondern was sie außerhalb ihrer selbst noch erzeugt.

7.5.5. Das berührt auch eine viel ausgreifendere und in ihrer Dimension nicht zu unterschätzende andere Frage: In welchem Volumen und Ausmaß, wie extensiv und intensiv die Selbstdarstellung eines Autors in den Medien analoger oder digitaler, konventioneller oder elektronischer Art überhaupt stattfinden soll, und wieviel Zeit und Energie er dafür aufbringen muss, beziehungsweise ab wann es zur Beschädigung/ Verhinderung des Werkes führt. Klar ist, dass die Darstellung von Leistung heute in einer Weise betrieben wird, die oft mehr Zeit verbraucht, als die Sache, die repräsentiert werden soll. Christoph Bartmann hat in einem fabelhaften Essay die Verpflichtung zum Performativen in der modernen Leistungsgesellschaft beschrieben, in welchem leeren Aktionismus wir uns befinden, wenn wir der Außenwelt klarmachen sollen, was wir eigentlich den ganzen Tag tun.[21] Die klassischen Begriffe «spurenlose Arbeit» und «leere Emergenz» reichen schon lange nicht mehr aus, um die sozialen, politischen und kulturellen Beziehungen des Subjektes zu seiner Arbeit zu fassen – denn der einzelne stellt ja kaum noch etwas her, das als ein Produkt von Arbeit angesehen und bewertet werden kann; vielmehr verliert er sich in einem Feld von Arbeit ohne Anfang und Ende und findet keinen sinnhaften Grund. Jeder kennt es von sich – wie viele E-Mails, wie viele Telefonate, wie viele über die Schulter gerufene Antworten haben wir gegeben, zu wie vielen Projekten wurden wir befragt, und wie viele Verabredungen, die zu vollkommen verschiedenen Interessen gehören, haben wir eingehalten, wie vielen Sitzungen haben wir beigewohnt und wie viele Feierstunden absolviert, kurz: Was war der Tag, wenn wir ihn von dem abziehen, was er als Produktdichte unserer tatsächlichen Aufgaben war?

7.5.6. Wie sehr wir zu Opfern einer Inszenierungsverpflichtung geworden sind, und wie groß das Potential der Täuschung dabei ist, hat Bartmann sehr gut beschrieben. Interessant ist es für uns, weil wir uns eben auch zu fragen haben, inwieweit sich der Autor diesen Dramaturgien der Entfremdung und Vergesellschaftung von substantieller

---

21 Vgl. Bartmann, Christoph: «Die Performance-Falle», in: Süddeutsche Zeitung, 25. Januar 2012.

Innerlichkeit unterwerfen soll – das heißt, inwieweit er seine «Ware» vor seinen «Wert» stellen und sich verhalten soll wie jeder andere produzierende Konsument auch –, oder ob er nicht doch für sich in Anspruch nimmt, ein Gegenpol der Gegenpole zu sein und der Vertreter eines konkurrierenden Sinns. Das stärkt dann den inhärenten Wert seiner «Ware», die Absicht der Schrift, ihr Vorhaben *auf das Andere hin.*

7.5.7. Diese Frage kann abstrakt und für sich genommen nicht beantwortet werden, ohne dass wir nicht Auskunft erhalten über die soziale Topologie, in der sie erscheint; ein Autor mit weltweiter Resonanz und hoher Startauflage kann sich einiges mehr erlauben als ein nur mäßig erfolgreicher Verfasser einer Reihe schlechtverkäuflicher Bücher. Dennoch wäre der zweite sehr schlecht beraten, wenn er sich von sich abbringen ließe und sein literarisches Anliegen verliert. Wir wissen genug darüber, wie lange viele von denen, die heute in aller Munde sind, auf Anerkennung warten mussten, und nicht wenige haben es lebend gar nicht erlebt. Ein Autor, der seine gesamte psychopoetologische Verfasstheit, seine unersetzbare singuläre Erfahrung, seine Intentionen und Motive, Ziele und Absichten aufs Spiel setzt, um ein anderer zu werden mit einer anderen Rezeptions- und Erfolgsgeschichte, stirbt unweigerlich in einem doppelten Sinn: nach innen in die Kohärenz eines Werkes, das literarisch zerfällt, und nach außen einem Publikum gegenüber, das sich ebenso abwenden wird (weil es *seinen* Autor nicht mehr erkennt), wie er kein neues gewinnt (da es schon lange abonniert auf andere, in diesem Genre bessere ist). Eine Literatur, die sich zu sehr durchströmen lässt von marktrelevanten Kategorien, verliert sich selbst aus dem Blick, bis sie so weit zu einer Affirmationsmasse geworden ist, dass nichts mehr an sie erinnert; dann sollte auch der Schriftsteller keine Ansprüche mehr erheben, die legitim waren, solange er ein Suchender war und ein Findender in einem neuen Gebiet; und dann auch sollte er dieses Berufswort, merkwürdig, wie es ohnehin klingt, am besten vollkommen meiden.

7.6. Maß und Übermaß, Diskretion und Anbiederei: das sind die Koordinaten, in denen sich der Autor bewegt, sobald er marktkompatibel geworden ist. Natürlich kann er in allen Foren und Chats, Blogs und Blogbusters gleichzeitig tickern, hier eine Community gründen und dort ein Portal – nur wann er dann noch etwas schreiben will außer eine Sekundennachricht für seine eintausend Freunde bei *facebook*, bleibt allein mir ein Geheimnis. Ich bin schon erschöpft, wenn ich meine E-Mails *checke* und mehr als drei hintereinander beantworten soll. Hier noch ein Fax und dort noch ein Anruf – und der Tag ist gelaufen. Nicht der Zeit halber, die sich vielleicht nur auf serielle Blöcke von Minuten erstreckt, aber in der Zerstörung der Konzentration *auf ein Ding*. Nicht die Überflutung durch Zeichen, Bilder, Nachrichten und so weiter werden zu einem Problem der kognitiven Bewältigung – da ist unser Gehirn erstaunlich anpassungs- und abwehrbegabt –, sondern die damit einhergehende geistige Unschärferelation, die sich selbst nicht mehr erkennen kann; die Flüchtigkeit, die sich für das Ganze hält; die Zerfaserung der Logiken an den Rändern eines sequentierten, ausgesetzten Denkens.

7.6.1. Gewiss: Wir werden nicht alles und sofort erfahren, wenn wir uns multimedial «abkoppeln», soweit es eben geht; aber es ist doch eine Illusion anzunehmen, man könnte die Frequenzen der Informationsverteilung, wie sie sich uns bietet, in ihrer gesamten Dichte erfassen, einschließlich ihrer Objekte, die doch allzu oft nur produzierte Leerstellen sind. Darin beansprucht, auf alles und sofort eine Antwort zu haben, gehen nicht nur die Fragen verloren, sondern auch die Sprachen, die für Fragen überhaupt noch gebildet werden können. Es geht hier nicht um eine Kritik der Technik an und für sich, sondern um eine Kritik ihrer Folgen bezogen auf unsere doch sehr besondere Produktion. Natürlich ist auch eine Vertauschung der Werte denkbar und eine Etablierung jener virtuellen Stoffe und Spuren, die nichts von dem mehr erhalten, das wir in früheren Zeiten einmal qualifizieren und herausfiltern konnten aus den Schlacken einer blinden und sich ihrer selbst nicht bewussten Realität. Dann wird es zwar andere Kunstformen geben, aber keine Verständigung darüber in einem die gesamte kulturelle Gesellschaft einbeziehenden Sinn. Wir wollen und können das hier nicht weiter vertiefen, sondern haben die Alternative zu klären, wie sie sich für einen Autor von heute, zumal für einen noch jungen, der auf den Weg gebracht sich bemerkbar machen will, ergeben:

7.6.2. a) Ich bediene das Netz in seiner ganzen Komplexität, multipliziere alle Kontakte bis auf das Niveau der Unüberschaubarkeit und einer nicht mehr zu beherrschenden Verwaltung, halte mich präsent (ohne Präsenz) und bin ansprechbar (ohne ansprechbar zu sein), oder b): Ich schreibe und ziehe mich zurück um den Preis, von keinem registriert zu werden. Zwar wäre es jetzt sinnvoll, auf eine «goldene Mitte» zu verweisen und beide Aspekte vorteilhaft miteinander zu verbinden – aber diese komplementären sozialen Funktionen sind, jede für sich betrachtet, derart fordernd und absolut, dass sie nur schwer in Übereinstimmung zu bringen sind. Wer einmal am Netz hängt wie ein Junkie an der Nadel, wird sich kaum mehr auf etwas anderes einlassen können als auf den Stoff, den er sich suchtgemäß zufügt. Dies zumal, da unsere biologische Zeit die einzige Ressource in der menschlichen Natur und ihrer Umwelt ist, die nicht beliebig verlängert, vergrößert oder erweitert werden kann und immer Begrenzungen setzt; ich kann also, *multitasking* her oder hin, nur eine beschränkte Anzahl von Formaten bedienen – jedenfalls so, dass es noch irgendeinen Sinn dabei gibt. Das alles in Beziehung gebracht zur Entstehungsgeschichte von Literatur, wie wir es versucht haben aufzuzeigen, heißt eines ganz unbedingt: Es gilt, eine Entscheidung zu treffen, eine fundamentale Option, deren existentielle Bedeutung den Schreibsachen, die wir herstellen wollen, ebenbürtig ist.

7.7. Kommen wir, nach diesen Einlassungen auf die kulturellen Räume, die wir gestalten und von denen wir gestaltet werden, auf unsere Szene des öffentlichen Lesens zurück. Hier aber in einem größeren Verständnis insofern, als die Lesung, das Vor-tragen und Ab-lesen des schon Vollzogenen, symbolisch bedeutet und metaphorisch erweitert werden kann. Es bieten sich hauptsächlich zwei Strategien der Erwiderung an auf diese produzierte Verpflichtung zur Lust am Performativen und zur Entkleidung der Textsachen vor den Augen der anderen:

7.7.1. a) *Ich ist* nicht nur *nicht Ich*, wie es Lacan sagt, es verweigert sich auch noch dieser Identitätslosigkeit und *spielt, nicht Ich zu sein*. Das wäre dann eine Affirmation der Entfremdung in der Erwartung, unerkannt davonzukommen. Der Autor wird zum Schauspieler des Autors, er inszeniert die Inszenierung und kappt jede Verbindung zum Werk als Ausdruck einer körperlichen Ursprünglichkeit. Das Dilemma dabei ist, dass er sich eine Rolle erfindet, aus der es dann, wenn sie einmal mit Erfolg auf medialen Kurs gebracht ist, kein Entkommen mehr gibt; sie ist eine Festlegung, eine Entscheidung zur Hülle und zur Verhüllung. Dilemma zwei: Die Produktion eines Anderen im Eigenen setzt sich persistent gegen das Eigene durch, bis die Hülle Körper und der Körper Hülle geworden ist; exakt an dieser Stelle taucht dann jener Signifikant auf, der ein Symptom ist: der Schmerz vor dem Gesehenwerden, Erkannt- und Gedeutetwerden. Aufwendig ist diese Strategie einer Inszenierung der Inszenierung auch dadurch, dass sie sich stets selbst unter Beobachtung halten muss – ganz wie unser Text, der sich einem Handbuch des Schreibens anvertraut hat und jetzt mit einer *checklist* daraufhin kontrolliert werden soll, ob er auch alle Bedingungen, die eine Rezeptur von ihm verlangte, erfüllt.

7.7.2. Oder b): *Ich ist nicht ich* und zeigt es auch. Wir haben gesehen, dass wir von einem Autor nicht verlangen können, was wir von jedem verlangen, der kein Autor ist, da jeder nur der Repräsentant seiner selbst bleibt und nicht eines Werkes, das hinter ihm steht. Das heißt, er vertritt sich, so gut er es kann, und er wird eben daran gemessen. Die Handlung eines jeden ist reine Tatsachenhandlung und steht in einer direkten Beziehung zu einem Anlass und einem Zweck; der Schauspieler im weitesten Sinne bildet hier eine Ausnahme, da er sich von seinen Rollen her, die er zu spielen hat, veräußert und erklärt, der Politiker, wenn er zum Schauspieler wird, ebenso, und über den sich selbst (als einen anderen) darstellenden Schriftsteller haben wir ja eben gesprochen. Bei allen diesen Performativen wird eine symbolische

Schicht vom Dargestellten durch den Konsumenten stets wieder abgetragen: Der Zuschauer weiß natürlich, *dass der Schauspieler spielt* und dass ein Politiker mehr oder weniger *auch ein Schauspieler ist*, wenn er redet; nur dass ein Schriftsteller spielen soll, ein Schriftsteller zu sein, und dass seine Lust am Vortrag womöglich nur die Inszenierung von Lust ist – das weiß er nicht und stellt es sich auch nicht vor. Das Publikum übt hermeneutischen Verzicht; es ist konzentriert auf den Text in Verbindung mit dem, der ihn schuf, aber nicht in der Weise einer reinen Übereinkunft, sondern in der einer komplizierten Verstrickung, wie sie sich aus den Differenzen und Spaltungen von Werk und Verfasser ergibt. Gewiss, ich setze hier das souveräne, vielleicht auch elitäre Publikum voraus, aber welches sollten wir Textproduzenten andernfalls finden? Die Ausbildung des Kulturköpers ist im wesentlichen abgeschlossen, so wie die Aufteilung der Welt mit dem Ende des 19. Jahrhunderts es war; jetzt geht es um Werterhaltung und Substanzsicherung. Und ebenso wenig, wie wir dem im Schatten einer öffentlichen Aufmerksamkeit stehenden Autor allen Ernstes raten konnten, seine Produktion auf das Bedingungsfeld seiner Umgebung hin abzugleichen und sich dem Geschmack anzupassen, wie er gerade kursiert, ebenso wenig dürfen wir die womöglich gar nicht so wenigen Leser verstoßen, die auch eine Masse sind, ein Publikum mit einem kulturellen und philosophischen Anspruch.

7.7.3. Wir retten uns selbst, wenn wir unser Publikum retten, denn wir sind nichts ohne es, und mit ihm ebenso nichts, wenn es das falsche ist. Das heißt, meine Entscheidung, als Autor mich zu verhalten, wird auch zum Schicksal des Werkes und seiner Verbreitung. Natürlich ist es ein schöneres Gefühl, auf dem Plaza de Nacional in Santiago de Chile vor mehreren Tausend Menschen zu lesen, wie es mir schon einmal vergönnt war, als vor einem halben Dutzend irgendwo auf dem Lande. Aber das ist nicht die entscheidende Frage; viel wichtiger ist: *Wer ist er, der dort liest, und welchen Raum findet er vor und bedient ihn?* Dass wir in einer Eventkultur leben, die Sensationen produziert, um die Sensationslosigkeit unseres betäubten digitalen Lebens zu kaschieren und einen Ersatz für verlorene Inhalte zu finden, soll hier nicht weiter besprochen werden – nur eines eben doch: Jeder Autor muss sich entscheiden, von welchem Strom er aufgenommen und getragen werden will; und dabei gibt es, fürchte ich, auch keine Korrekturmöglichkeiten.

7.7.4. Wir waren schon auf das Wort «authentisch» in einem anderen Zusammenhang gestoßen und mussten es von uns weisen, weil es nichts wirklich zu fassen vermag und keine Qualifikationen für eine Sache einführt. Dennoch besitzt es eine Strahlkraft, für die ich im Moment nichts Besseres weiß und die mit «Identität» auch nur schlecht übersetzt ist. Beides, Identität oder Authentizität, kann sich keine genaueren Umrisse geben, *womit* identisch oder authentisch, und *womit eben nicht*. Das macht diesen Begriff sehr beliebig und bringt jeden in Verlegenheit, sobald er ihn bestimmen soll. Schließlich kennen wir die Identitäten des Nichtidentischen auch und können ebenso authentisch sein, wenn wir Authentizität simulieren. Die Figur, die wir hinter dieser verwischten Bezeichnung vermuten, ihr Signifikat, es mag so etwas sein wie die dem Leibnizschen Rationalismus entlehnte Notation a = a, als man noch annehmen konnte, dass es eine Inkludierung mit sich selbst identischer Aussagen gibt und jenseits dessen nur Gottes Schweigen. Wenn wir diese schiefen Metaphern hier ausschließen können und jenem Gefühl für Bedeutung vertrauen, das uns *authentisch zu sein* suggeriert, weil es eben auch sagen kann: wir sind Zeuge sehr empfindlicher Prozesse, die sich widersprechen und widerstrebend sein können, da es kein Apriori des Harmonischen gibt – dann erwarten und suchen wir *das Authentische*. Die Signifikanten des Raumes und der Stimme, der Kleidung und der Geste, der Inszenierung des Inszenierten und aller Aneignungspraxen eines konsumierenden oder rezipierenden Publikums – sie schwächen sich ab oder lösen sich auf und gehen ein in dieses große Gefühl einer inneren Geschlossenheit, einer Archäologie der wahren Empfindung.

7.8. Das können wir wollen.

III. Teil Techniken

8. Lesung

Struktur und Ornament. Zur Rhetorik der Zeichen.

«the medium is the massage» (ursprünglich: message)

Marshall McLuhan

8.0. Nach den «Bedingungen» für und den «Bildungen» von Literatur wenden wir uns nun den Techniken zu – also jenem Teil literarischer Produktion, der sich in seiner Mechanik zeigt und ebenso verstanden wie beeinflusst werden kann. Beginnen wir damit, dass wir den Sprachkörper trennen von dem, wofür er gemacht worden ist: Information zu übertragen und Handlungen vorzubereiten. Schon aber sehen wir auch etwas anderes: dass der Sinn der Zeichenproduktion, kommunikativen Wert herzustellen, gar nicht mehr erklärt werden muss, sondern, so wie die Linien der Hand den Körper ausdrücken, schon repräsentierender Bestandteil des Morphologischen ist. Ein wenig verfärbt sich damit die Vorstellung von der Semiose*, das heißt vom unaufhörlichen Prozess einer Wirkungsentfaltung; wohlgemerkt, er hebt sie nicht auf, denn dann wäre ja die Arbeit schon getan, sobald wir davon reden, arbeiten zu wollen – aber er bietet ihn in psychophysischen Miniatursystemen schon einmal an, kodiert und nur sporadisch erkennbar.

8.1. Noam Chomsky entwickelte in seiner «generativen Transformationsgrammatik» die Vorstellung einer Korrespondenz von Oberflächen- und Tiefenstrukturen, die ihrerseits neue Systeme ergeben, die sich dann abermals spalten, und so fort. Diese Rhizome* fallen deshalb nicht auseinander, so Chomsky, da sie eine Art universale Grammatik besitzen, die genetisch schon programmiert ist – ein Kode, der nicht mehr erlernt werden muss. So lasse sich zum Beispiel der schnelle Spracherwerb bei einem Kleinkind verstehen, das keine Bedeutungen

167

kennt und nur die orale Verformung des ihm vor-sprechenden Mundes. Dass diese Theorie mit der Entdeckung der Spiegelneuronen 1995 durch Giacomo Rizzolatti – jener Nervenzellen im Gehirn, die Aktivitätsmuster spiegelbildlich abbilden können und in der Betrachtung von Handlungen selbst handelnd, also aktiv (emphatisch), werden – kaum noch zu halten war, interessiert uns jetzt nur am Rande. Relevant bleibt sie dennoch, denn unbestritten ist ihr Determinationshintergrund: dass es materielle Splitter, morphologische Raster, logographische Zeichen und so weiter gibt, denen eine Sprache, die noch gar nicht gesprochen wurde, schon inhärent ist. Das hieße auch, im noch nicht etablierten Wissen ist schon ein Wissen von sich selber präsent – und das wäre dann nichts anderes als ein unbewusstes Subjekt (das niemals Objekt werden kann, da es vom bewussten Subjekt nicht erfasst wird); derartige Hypothesen finden sich im übrigen schon bei Platon, der die schnelle Aneignungsweise kognitiver Grundfertigkeiten auf Vererbungen zurückführt beziehungsweise auf Verknüpfungen des individuellen Einzelnen mit einem kosmischen Ganzen.

8.1.1. Radikaler noch beschreibt es Donald Davidson in seinem *token physicalism*, mit dem er geistige Ereignistypen auf physische zurückführt und in dem er einen das Repräsentationsfeld eines anderen erkennt. Gleichviel, was wir davon annehmen können oder als Holismus* verwerfen – hier genügt die Gewissheit, dass es zwischen den verschiedenen Stoffen und Aggregatzuständen systemische Verwandtschaftsverhältnisse gibt, die sich gegenseitig zur Aussage bringen.

Sprechakte. Interjektionen.

8.2. *Ja oder Nein* (0 oder 1) ist eine kybernetische Grundformel. In ihrer Verschriftung heißt das: «Ja» verfügt über zwei und «Nein» über vier Buchstaben. Es muss also eine doppelte Anzahl von Buchstaben dafür verwendet werden, um eine Bejahung in eine Verneinung zu verwandeln; mathematisch wäre das die positive Zahl in Summe einer Multiplikation zweier negativer Zahlen. Symbolisch könnten wir jetzt lesen:

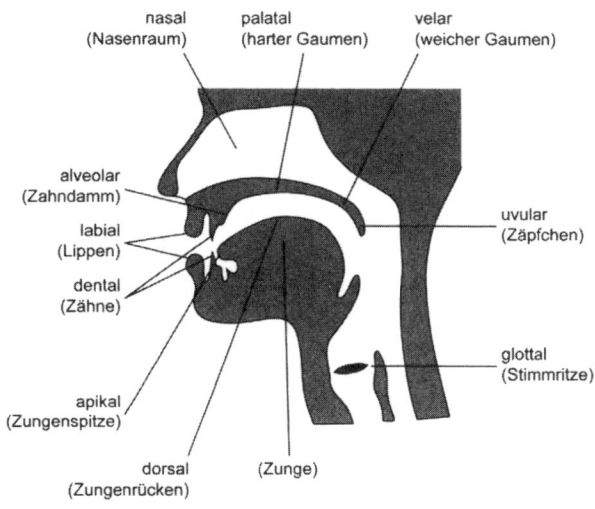

nasal (Nasenraum) palatal (harter Gaumen) velar (weicher Gaumen)

alveolar (Zahndamm)
labial (Lippen)
dental (Zähne)
apikal (Zungenspitze)
dorsal (Zungenrücken) (Zunge)

uvular (Zäpfchen)
glottal (Stimmritze)

Abbildung I (Der Artikulationskanal – Vokaltrakt)

Ich brauche eine doppelte Kraftanstrengung, um «nein» zu sagen, als dafür, «ja» schon gesagt zu haben. Das würde uns Einblicke geben in eine Kultur der immanenten Schuld: verpflichtet zu sein aus einer ontologischen Tatsache heraus und nicht durch moralische/rechtsphilosophische Begründungsszenarien. Wie nah diese Übersetzung am Ursprung eines Puritanismus des 16. Jahrhunderts wurzelt, ist offensichtlich, und wie weit sie in unsere Gegenwart ragt, ebenso. Was also hielte uns jetzt davon ab, in der mathematischen Buchstabenlogik nicht auch eine kulturhistorische Einschreibung zu erkennen, die sich über weite Zeiträume und linguale wie graphematische Verschiebungen herausgebildet hat?

8.2.I. Dass unsere Ableitungen sofort zusammenbrechen, sobald wir die Sprachen wechseln, versteht sich von selbst. Aber es setzt nur die Ableitungsfolge außer Kraft, nicht aber die Ableitbarkeit an und für sich. Die Entscheidungsworte «Yes» und «No» (im Englischen), «Oui» und «Non» (im Französischen) oder «Да» und «Нет» (im Russischen) und so weiter stehen dann lediglich in einer anderen Verweisung und vertreten andere soziale Ökonomien, ihre physikalische Markierung aber ist ebenso sicher. Das gilt auch und desgleichen für die Bewegungsdynamik oraler Prozesse, die sich aus einem Zusammenspiel der Sprechwerkzeuge und ihrer zur Verlautung gebrachten sprachlichen Materie ergibt.

8.2.2. *Die Vokale:* «A/a» → Der Mund wird (weit) geöffnet. Er gibt seinen Innenraum frei. Ein- und Ausgang für die Stimme sind offen. Wir sind erstaunt, überrascht, voller begeisterter Anteilnahme. → (Ahh…hhh…!) Solange die Atmung fließt, halten wir diesen Ton fest. Zugleich ist A/a der erste Buchstabe im Alphabet. «Wer *a* sagt, muss auch *b* sagen.» Gelesen heißt das: Wer zu sprechen beginnt, muss Sätze bilden. Daraus wird: Wer Sätze bildet, ist zu einem Eigentum der Sprache geworden. Daraus folgt:

8.2.3. → «O/o» wie → (Ohh…hhh…!) An diese Konsequenzen haben wir noch gar nicht gedacht. Der Mund verschließt sich, aber nicht vollends. Er sucht Schutz, braucht aber noch immer eine Öffnung, ein Tor für die Verlautung eines Erstaunens, das seine Konnotationen verschiebt. Aus «Ja» ist «Nein» geworden. Dieser Form der zweifachen Überschreibung waren wir schon begegnet. Das wird «U/u» wie «unheimlich», weil es uns immer tiefer in die Mysterien der Zeichen und ihrer Spiele hineinführt → (Uhh…hhh…!) Der Mund ist fast völlig geschlossen.

8.2.4. Es regt sich ein Ekel. → «I/i» wie «igitt» zeigt die Zähne und schirmt die Höhle des Mundes fast vollständig ab. Ein herausgeschossener Konsonant, scharf wie ein → «t», ist das letzte phonische Zeichen vor dem Verschluss. Der Tod ist ein «Schnitter» und dringt mit seinem Unheil überall ein. Dennoch: wir bleiben in unserer Festung und lassen die Brücke über dem Graben nur herunter, um ein kleines «i» hereinzulassen, einen Agenten der Krie → ge um uns herum. // Aber die Lie → be? Ein Krie → g?

8.2.5. «Ä/ä» → (Ähh…hh…!) ist ein protosprachliches Produkt, eine Überlegung, die gerade einfriert und den Satz zum Stehen bringt. Wir wissen nicht so genau, wohin es gehört, zum vorherigen oder zum folgenden Satzteil; vorausgreifend hieße: «Ich weiß noch nicht, wie ich es sagen soll, aber – ähh…hh – die Lesung findet heute nicht statt»,

und nachträglich: «Die Lesung findet heute nicht statt, aber – ähh...
hh –, wie ich es sagen soll, weiß ich noch nicht.» In Fall a) läuft A auf
→ B linear zu, gestört durch eine lautgebende Verhaltung im semantischen Fluss, in die hinein sich eine Menge Deskriptionen schieben:
Der Sprecher hat Angst vor den Reaktionen, weil ..., oder er schämt
sich, da ... und so weiter. Fall b) ist psychologisch gar nicht zu interpretieren, sondern allenfalls ist ein Zeichenfeld festzustellen, das keine
Aussage trifft. A bleibt ← für sich // und B → ebenso. Wir können
natürlich die einander sich ausschließenden Aussagen a): etwas findet
nicht statt, und b): es konnte nicht gesagt werden, dass etwas nicht
stattfindet, so übersetzen, dass sie gleichbedeutend werden – und im
pragmatischen Gebrauch werden wir das auch tun, was Davidson
principle of charity nennt: wohlwollend interpretieren. Nur etwas von
dieser Labilität des Sagens bleibt immer erhalten, sobald sich unbe-
zeichnete Formate ergeben.

8.2.6. Über dem «U» gibt es zwei Punkte. Wir trennen ja auch Überschrift von
Unterschrift, sonst wären ja Unterschrift und Überschrift gleich. Die Punkte überraschen
uns also und verwandeln Objekte in das Gegenteil ihrer selbst. U-Boote
können nie über den Wolken segeln (zum Beispiel).

8.2.7. Dem Punkt über dem «i» sind wir auch schon begegnet. Kehrt
man es um, haben wir ein Ausrufungszeichen *gebaut*, das *laut* zu uns
spricht: «Nur wenn ich *klein bin*, werde ich groß durch einen Punkt, der
mir gerade geschenkt worden ist.»

8.2.8. «Und was sich reimt,/ ist dadurch wahr,/ dass wunderbar// zu-
sammengeht,/ was andernfalls/ alleine steht.» Die Worte «gebaut» und
«laut» im vorherigen Absatz sind also zur Wahrheit *gebracht* durch eine
Reimklammer, deren *Macht* wir noch kennenlernen werden. Hier fragen wir uns, warum die Sprache dem kleinen «i» einen Punkt schenkt,
den sie dem großen «I» verweigert. Mitleid? Oder wirklich nur die
Möglichkeit einer Zeichenumkehr zum «!» als Dekompensationsan-
gebot für angeborene Kleinwüchsigkeit? (Also ein «Napoleon-Effekt»
inmitten des Alphabets?)

8.2.9. Der Klagelaut «Ach!» ist eine der beliebtesten Interjektionen
des 18. und beginnenden 19. Jahrhunderts. Wir hören es bei Goethe

ebenso: «Habe nun, ach!, Philosophie (…) studiert» wie in den Disti-
chen Schillers: «Spricht die Seele, so spricht, ach!,/ schon die Seele
nicht mehr», in den Oden Klopstocks: «Ach, vermöcht'ich dich, Herr»
sowie den Elegien Hölderlins: «Ach! wir kennen uns wenig» oder
Lenz': «Ach! und weder Lust noch Qualen/ sind ihm schrecklicher als
das». Der Anfang des alphabetischen Sprechens mit «A/a» zum er-
staunten «Ahh…hhh», über das erhebende «Aha!» zum klagenden
«Ach!», ist eine anthropologische Grundform der Erkenntnis. Bei
Goethe sind es die Gespenster, die gerufen wurden und fortan nicht
mehr verschwinden, so dass dem Gewinn an Wissen ein Laut des Jam-
merns, der sich auf alle Bereiche des Lebens erstreckt, tief eingeschrieben wird. Dabei ist dieses Morphem nicht einmal näher bezeichnend
und auch nur sehr hilfsbedürftig verschriftet; es ist so etwas wie ein
«freies Radikal» der Sprache, das semantisch nicht genau zu erfassen
ist. Wer klagt warum? Dieses generalisierte «Ach!» greift weit über die
Erzählung hinaus, in die es gestellt ist, und findet seinen Abschluss in
der Desperationsphilosophie* Friedrich Nietzsches. Die Schmerzlaute
«Au…uuu!» und «Au…aaa!» vollenden dann das «Ach!» und beschlie-
ßen so das 20. Jahrhundert, das sich zum «B» hin eröffnet und die Da-
tenmenge *bits* damit meint.

Die Rhetorik der Zeichen

8.3.   Die Onomatopöie* ist der Sprechakt in Reinkultur, ohne intentio-
nales Vor- oder Nachspiel, ohne semantische Fernverweise. Die Lautung ist ein Affekt und der Affekt eine Lautung. Diese Eigenreferenz
koppelt jeden Sinn ab, um ihn erst dann wieder zuzulassen, sobald die
Lautfigur aufgehört hat zu sein. In diesem zeitlichen Nacheinander bilden sich Inhalte heraus, und es scheint fast so, als wäre der Übertragungsweg eines Reizes zum Gehirn, wo er transformiert und abgelegt
werden kann in ein neuronal vorgeformtes Wahrnehmungscluster –
Schmerz, Leid, Trauer, Freude, Glück und so weiter –, gleich groß (lang)
wie der des «Vertönens» onomatopöischer Eigenschaften und ihrer se-

mischen Verwertung. Schon bei Clemens Brentano lesen wir zur Klang-nachahmung der Vokale: «In dem A den Schall zu suchen,/ In dem E der Rede Wonne,/ In dem I der Stimme Wurzel,/ In dem O des Todes Odem,/ In dem U des Mutes Fluchen/ hat er aus dem Bauch geholet.» **8.3.1.** Wenn also die Buchstaben Gesten der Sprache sind, dann sind die Satzzeichen Haltungen. *Der Punkt* ist immer ein Abschluss, auch wenn er einen Gedanken von einem nächsten nur optisch trennt, nicht aber logisch. Selbst ein Wort wird durch einen Punkt zu einem Satz. Die fehlenden Beziehungswörter finden wir dann in anderen, vor-oder nachgeordneten Satzverbänden. Oder wir denken sie uns. Ellip-sen arbeiten damit. Dass sie uns zur Vervollständigung angedeuteter Satz- und Handlungsverläufe zwingen. Und in Anspruch nehmen, dass wir unbezahlte Mitarbeiter, Kollegen dieses Textes sind. Das kann. Muss aber nicht. Funktionieren.

8.3.2. Punkte sind zugleich auch Kontrapunkte, denn sie halten ein erzähltes Geschehen für die Zeit der Erkundung dessen, was gesche-hen ist, fest. Nicht nur um den Einschluss einer Aussage im semanti-schen Umfeld sorgen sie sich, sondern auch um eine temporale Struk-tur des Verstehens. Sie sind autoritär insofern, als sie Ordnungen bieten, die Kohärenz anstreben.

8.3.3. Nicht so *das Komma*, es setzt zwar ebenso Takte in den Fluss der geschriebenen Rede, organisiert Syntagma und System, aber das alles einem unendlichen Prozess der Entfaltung von Sinn und Erzähl-stoff entgegen, einer Semiose, die keine Erfüllungen findet, rastlos ist und immer den Moment einer Gegenwärtigkeit des Denkens mit sich führt, so wie jemand, nennen wir ihn Paul und wechseln von der Para-taxe, die sich, ihrer Reihenform halber, leichter lesen lässt als die Hy-potaxe, aus deren Unterordnern herauszufinden nicht nur dem Leser, sondern auch dem Verfasser einige Mühe bereitet, so wie also Paul, wenn er vielleicht Polizist ist und gerade Bereitschaftsdienst hat, nicht und niemals einschlafen darf, damit der Satz in seiner sich entfalten-den Aktualität nicht gebremst wird →

8.3.4. → und den Erzähler am Erzählen hindert. Ob Parallelität oder Inversivität – das Komma ist vielleicht das rhetorischste Zeichen überhaupt, da es ganz maßgeblich *discourse and story/ discours et histoire* (Chatman/Genette) voneinander löst und gegeneinander ins Spiel bringt. Wären Punkt und Komma ein Paar, würden sie →

8.3.5. → *das Semikolon* erzeugen; es ist quasi Ein- und Ausschluss in einem, weiblich (konstativ/geborgen) und männlich (dynamisch/verlaufend); vielleicht könnte man es als *transgender* bezeichnen; seiner ambivalenten Funktion nach; zu trennen, und dann wieder doch nicht; verbunden zu halten, und dann wieder doch nicht! → Da also haben wir ihn,

8.3.6. → den vormilitärischen Schreiton im arroganten Ausrufungszeichen! Auch visuell nicht sehr schön! Man kann an ein abgehängtes Suppenhuhn denken, wie es gerade in den Kochtopf fällt! → Oder an Immanuel Kants *kategorischen Imperativ*, der jedoch immer →

8.3.7. → in die Frage mündet, wie lassen sich die Selbstinteressen so verwalten, dass sie das Allgemeinwohl gleichermaßen befördern? Sie sehen, dass wir einen Philosophen unter den Satzzeichen haben? Einen, dem sich die Frage nach der Antwort öffnet? Der, würde er dieses Buch geschrieben haben, hinter jedem Satz stehen müsste? Hinter jedem Wort, jedem Buchstaben vielleicht? Weil nichts von sich behaupten kann, zu sein? Außer →

8.3.8. → unsere drei intelligenten Punkte einer Auslassung vielleicht (…), die immer noch reden, obwohl keiner mehr irgendwo noch etwas sagt (…), sagen könnte (…), sagen wird …

8.3.9. → und das *Kolon* erfindet: das uns eine Vor- und eine Nachgeschichte bietet: ohne dass wir noch verantwortlich wären: für dieses Kontinuum über uns hin:

8.4. → (Und das alles wohlweislich in Klammern gesetzt, da sich die primäre Rede von der assoziativen freihalten muss (obgleich die Ordnungsbeziehungen primär/sekundär oder relevant/irrelevant oder behauptend/ergänzend und so weiter nur unklar zueinander gestellt sind (und ebenso –

8.4.1. → in *Parenthese* gesetzt werden könnten – also dem Satzverband nicht unter-, sondern nebengeordnet –, – eingeschoben –, – ein Zwischenruf –, – wie bei einer Versammlung der Taubenzüchter –, –

mehr als eine $_{Fußnote,}$ die zeitlich immer zu spät kommt und nachträgt, was der Erzähler im Moment des Erzählens vergaß (oder nicht in den Satz bringen konnte) –, – und weniger als →

8.4.2. *Inversionen.* Zitat Kleist (aus: «Die Marquise von O…»): «Sie sagte, während der Obrist noch, mit einer nichtssagenden Miene, in das Papier hineinsah: sie habe einen Einfall. Ob er ihr erlauben wolle, auf einen oder zwei Tage, nach V… hinauszufahren?»

8.4.3. → Satz ($1^{a/b}$): «Sie sagte (…): sie habe einen Einfall.» Satz (2): «Während der Obrist (…) in das Papier hineinsah.» Satz (3): «Der Obrist (…) mit einer nichtssagenden Miene.» Satz ($4^{a/b}$): «Ob er ihr erlauben wolle (…), nach V… hinauszufahren?» Satz (5): «Auf einen oder zwei Tage.»

8.4.4. Die *inversio* (Umkehrung) der Satzteile ergibt eine neue Denkanordnung und verändert ebenso den sprechenden Blick. Erst wird «Sie» gesehen/gedacht, dann der «Obrist», dann dessen «Miene», dann das «Papier», in das er hineinsieht, und jetzt erst, nachdem diese Blickbewegung auf alle hier wesentlichen Objekte vollzogen ist, kommt die Rede der erzählten Figur zu ihrem Recht – nämlich zu fragen, ob sie «nach V… hinausfahren dürfe». Diese Frage, um die es hier ausschließlich geht, wird nun noch einmal präpositioniert durch eine Ankündigung darauf, «dass sie einen Einfall habe». Sie fragt also nicht unvermittelt, wie man es gemeinhin tun würde, sondern meldet es a) an, und das erst b), nachdem alle Objekte der Szene vorgestellt wurden. Daraus schließen wir c): Die erzählte Figur – jene «Marquise von O…» – ist in der Hierarchie der grammatischen Funktionen das mit Abstand schwächste Geschöpf; und das selbst noch dann, wenn sie es einer politischen/sozialen Nomenklatura nach nicht wäre.

8.4.5. Darauf, mit Inversionen ersten, zweiten oder dritten Grades, die, in der Nachstellung des Hauptsächlichen, von unausgesprochener Effektivität sind, und das, wie hier gesehen, erfahrbar gemacht und nicht behauptet, syntaktisch und nicht semantisch, perzeptiv und nicht deskriptiv, gründet, können wir sagen, Kleists grandioses sprachliches, und das meint hier: *literarisches*, Talent.

8.4.6. Die gleiche Passage hätte zum Beispiel auch so geschrieben werden können: «Sie fragte, ob sie nicht auf einen oder zwei Tage hinausfahren könne, nach V…, das wäre ihr, während der Obrist mit einer nichtssagenden Miene in das Papier hineinsah, eben so eingefallen, und ob er es ihr nicht erlauben wolle.» Alle Aussageteile wären hier erhalten geblieben, nur die Aussage in ihrem Kern wäre es eben nicht mehr. Denn in dieser Fassung ist die Abhängigkeit der fragenden zur gefragten Person eine lediglich äußerliche, da die Frage, die wohl mehr aus einem sittlichen Anstand heraus gestellt worden ist und Konventionen einlöst, die sicher lange schon leerlaufen, mit dem ganzen Selbstbewusstsein eines souveränen Subjektes auftritt – also erst wird die Frage diktiert (Subjekthandlung), und dann erst werden die Umstände, denen sie untersteht, aufgeklärt. Die Exekutive, ob er, der Obrist, es wohl erlauben möge, wäre am Ende dieser Satzfolge ebenso kraftlos, wie es ihre, der Marquise von O…, Frage im Kleistschen Originaltext war. Das Aktiv rückt vor das Passiv – genau das aber widerspricht der Konstitution des Verfassers, der uns erstarrte Modelle anbietet und wenig Hoffnung dabei lässt, sie auch verändern zu können.

8.4.7. Wie erfolgreich sich Inversionstechniken in das semantische Netz des Erzählten einmischen und durch Vertauschungen von Wort- und Satzreihen auf der syntagmatischen Achse die Aussagen ändern (und sogar noch mit ihrem Gegenteil konfrontieren), konnten wir an diesem Beispiel recht gut erkennen. Syntax und Semantik sind demnach unteilbar miteinander verbunden, und die Analyse des einen muss immer auch eine Analyse des anderen sein.

8.4.8. Natürlich können wir uns die rhetorischen Achsen nicht starr vorstellen und eindeutig darin, den zu untersuchenden Satzgegenständen einen Platz zuzuweisen im metonymischen und/oder metaphorischen Spektrum. An Beispielen der Lyrik werden wir noch genauer sehen, wie sehr die Bezeichnungen aus ihren grammatischen Bindungen brechen, sobald sie – etwa durch den Einschub einer Metapher – die Systeme ihres Auftretens wechseln. Überhaupt ist wohl klar, dass sich jeder literarische Text nur in seiner gesamten ästhetischen Komplexität realisiert und niemals in einzelnen Teilen. Die Analyse herausgelöster Segmente kann immer nur ein Missverständnis sein, sofern sie nicht typisiert und dadurch verallgemeinerbar sind. Das macht die Bewertung von Textstellen so schwer, die stellvertretend für ein Ganzes sein sollen, ohne das Ganze zu zeigen.

8.4.9. Ob Parataxe (semantische Nebenordnung) oder Hypotaxe (semantische Unterordnung), ob Ellipse (semantische Verkürzung) oder Hyperbel (semantische Erweiterung), ob kurze oder lange Sätze, nominal oder konditional: Entscheidend für die Produktivität aller dieser Sprechweisen, die in der Summe einen Stil ergeben, ist die Glaubwürdigkeit, die aus einem Verhältnis des Erzählers zum Erzählten hervorgeht und in uns die Bereitschaft erzeugt, mimetisch zu reagieren. Und damit haben wir auch unser generelles Problem zurück: dass es nicht genügt, an einzelnen Punkten der literarischen Architektur einen Aufwand an Reflexion und Analyse zu betreiben, wenn sie nicht referentiell werden und eingehen in ein umfassendes Beziehungsgeflecht (das analytisch nicht mehr vollständig erscheinen kann). Es gibt also immer einen intuitiven/körperlichen Eigenanteil an ästhetischer Potenz, der nicht mehr erlernt werden kann und der auch nicht unter Beobachtung einer Erkenntnistechnik gleich welcher Art steht; dieser *Autoreferent* mag klein sein, wie er will – wesentlich ist er immer. Das heißt für unsere «Techniken»: dass sie über uns hinweg produzieren, durch uns hindurch oder an uns vorbei – und das gelegentlich so, wie es unseren Absichten entspricht.

Vom Rhythmus

8.5. *Rhythmus.* Alles geht in ihn ein, alles geht von ihm aus. Vereinfacht gesagt, ist Rhythmus ein Muster von Zeitintervallen, das sich beliebig reproduzieren lässt. Etymologisch ist der Begriff dem griechischen «erýo» (= ziehen) entlehnt und kann mit «Spannungsgefüge» recht gut übersetzt werden. Der Spannungsproduzent ist hierbei nicht semantischer, sondern syntaktischer Natur – die Art und Weise also, in der zeitlich/räumlich skalierte Abläufe sich wiederholen und anorganische Frequenzen in organische versetzen. Ebenso, wie wir Lebens- und Alltagsrhythmen affirmieren, produzieren wir sie. Unser Sozial- rhythmus ist seinen Ursprüngen nach dem Biorhythmus entlehnt, auch wenn diese einander entsprechenden Beziehungen im modernen Gesellschaftsverhalten, das Flexibilität, Mobilität und vielseitige An- passungen verlangt, kaum mehr nachzuweisen sind. Dass Rhythmen neuronale Reizmuster aktivieren, die ihrerseits psychotrope Wirkun- gen haben (stimulierend oder dämpfend, euphorisierend oder halluzi- nierend und so weiter), wussten schon die frühesten Kulturen und ha- ben es sich medizinisch oder religiös/spirituell nutzbar gemacht. Die periodische Verlautung von Zaubersprüchen, Kultliedern, Beschwö- rungen, Anbetungen und Flüchen – später von Gesängen und Dich- tungen – entspricht einem physiologischen Ablaufsystem von At- mung, Herzton, Bewegung, Stillstand und Ruhe. Das somatische Funktionsgeschehen findet also in den Rhythmen, die wir erzeugen, ihre unwillkürliche Fortsetzung. So ist zu verstehen, dass die Rhythmi- sierungen um uns herum – ob technischer, sozialer oder ästhetischer Art – somatische Eingriffe sind, Regelverstärkungen oder -verletzun- gen, Produzenten oder Provokateure, je nachdem, wie geordnet oder dissonant sie sind. Mehr noch: Die Dysfunktionalisierung natürlicher Rhythmen ist eine Form von Körperverletzung, gegen die es keiner- lei Schutz gibt. Was das einmal für die avantgardistische Musik des beginnenden 20. Jahrhunderts bedeutet hat, deren ästhetisches Pro- gramm in der Destruktion tonaler Paradigmen bestand und das Publi- kum in Scharen aus den Konzertsälen und Opernhäusern trieb – gar von hysterischen Überreaktionen und Todesfällen durch abrupten Schlagfluss ist in den Journalen dieser Zeit immer wieder zu lesen –, können wir heute gar nicht mehr würdig ermessen. Natürlich hat es diese Subversivität (zum Beispiel durch Auflösung der Verse in ihrer metrischen Bindung) auch in der Literatur gegeben, wie wir es gleich noch genauer sehen werden, und in der Malerei mit ihrem radikalen Reflex auf die Fotografie sowieso. Dass Atonalität, Abstraktion und Atomisierung des akustischen, visuellen oder sprachlichen Materials Bewusstseinsentscheidungen einer negativ erregten Künstlerschaft um

1900 waren und nicht nervöse Psychomotoriken hochsensibler Einzelgänger, zu denen die Psychopathologie dieser Zeit sie gern stilisierte, wissen wir heute. Damals aber war es äußerst bedrohlich, zur Avantgarde zu gehören, und wenn wir einmal etwas Zeit darauf verwenden wollten, die Verbrennungen und Verketzerungen großer Denker und Künstler in ein Verhältnis zu ihren Leistungen zu graphieren, von den Hingerichteten wie Sokrates 399 v. Chr. über Meister Eckhart 1327 oder Giordano Bruno 1600 bis zu den durch Zerstörungs- und Verleumdungspraktiken sozial Diffamierten in der Moderne, hätten wir eine aufsteigende Kurve vor uns, die Errungenschaft und Demütigung in einer proportionalen Abhängigkeit zueinander belegt.

8.5.l. Die Tonhöhe der Stimme und die Skandierung der Sätze, beides Nachbildungen rhythmischer Frequenzwellen des Gehirns, sind die ersten Kontaktsignale der verbalen Verständigung zwischen Menschen, und sie schaffen bereits mentale Bereitschaften, noch ehe ein informativer Appell von dem einen zum anderen überhaupt erfolgt ist. Hohe und kurzfrequente Stimmlagen werden dabei eher negativ bewertet und mit Gefahr übersetzt, während tiefe und langfrequente Ruhe und Vertrauen auslösen. Die Synchronität von Prosodie* und Körperhaltung ist der nächste Aspekt, der unbewusst verarbeitet und in die soziokulturellen Register Wahrheit/Lüge, Verifikation/Falsifikation, Angriff/Flucht und so weiter abgelegt wird. Auf die Besonderheiten der poetischen Rede in Verbindung mit dieser beobachtbaren und hermeneutisch erschließbaren Gleichzeitigkeit haben wir schon hingewiesen, und sie kommt praktisch auch dort nicht ausreichend zur Geltung, wo sich in die Erscheinung des Körperlichen gegenwirkende Kräfte mischen, die keine Verheimlichungen oder Täuschungen sind, sondern paradoxe Erregungen als Reaktion auf die Furcht – und das, obwohl Sprechakt und Gestik vom selben neuronalen Netzwerk gesteuert werden. Die Simulation des Gegenteils kann durchaus eingeübt werden und stört auch ein Messgerät zur Ermittlung der Aussagenwahrheit empfindlich; ebenso ist Asynchronität zwischen verbaler und körperlicher Aktion nicht unbedingt schon Beweis einer willentlichen Täuschung, so wie das schnelle Erröten eines schüchternen

Menschen ja auch noch nicht aussagt, dass er ein Lügner ist oder ein Dieb. Es gehört zum Behaviorismus* einer allein auf physikalische Reaktionslogik geschulten Betrachtung, psychogene Abweichungen und Paradoxien, wie sie allenthalben metaphysischen Konzepten entlehnt sind, übertragen auf körperliche Sensationen nicht mehr beobachten, geschweige denn bewerten zu können; das Aenigma* der Mythen findet nicht und nirgends mehr statt, es sei denn, es kommt aus dem Unbewussten und kehrt dorthin zurück. Schon das «Black-Box»-Modell, wonach Reiz und Reaktion (*stimulus and response*) positiv analysierbar seien, unterschlägt, dass es variable innere und zentralnervös gesteuerte Antriebe für Verhaltenweisen gibt, die sich einer kausalen Form der Erkenntnis entziehen. Der gesamte Lust-/Unlustkomplex bleibt so lange verborgen, solange er zum Beispiel die Handlung des Essens allein auf die Ursache «Hunger» zurückführt und jede andere unzweckmäßige Initiation («Ich esse, weil es mir Spaß macht oder weil ich gerade Zeit dafür habe oder weil es schön aussieht, was auf dem Teller liegt», und so weiter) außer acht lässt.[22]

8.5.2. Übertragen auf unser Betrachtungsfeld hieße das, jede grammatikalisch unnötige oder alogische Konstruktion im Regelgebrauch der Sprache abzuerkennen und auf Wittgensteins Logikverständnis zurückzufallen: «Was sich überhaupt sagen lässt, lässt sich klar sagen; und wovon man nicht reden kann, darüber muss man schweigen. Das Buch will also dem Denken eine Grenze ziehen.»[23] Wir müssen nicht unterschlagen, dass sich der Verfasser später selbst korrigiert hat und im Gebrauch der «Alltagssprache» die gültige Verwendung von sprachlicher Unschärfe sah, um den enormen Wirkungszusammenhang – der übrigens in die gleiche zeitliche Ära eines John B. Watson und Edward Thorndike, den Erfindern des Behaviorismus, fiel – einmal sicherzustellen. Denn gewiss waren diese analytischen Denkfol-

---

22 Vgl. Schrott, Raoul und Jacobs, Arthur: Gehirn und Gedicht, München 2011, S. 310 ff.

23 Wittgenstein, Ludwig: Tractatus logico-philosophicus, Frankfurt am Main 1921/1963, Vorwort.

gen szientistisch durchdrungen und allein für die Naturwissenschaften verwendbar, nicht aber für Bereiche eines metaphysischen und psychoästhetischen Lebens. Der Kreis zu unserem Thema schließt sich insofern, als die Begriffe «Struktur und Ornament» genau die oppositiven Faktoren eines rhetorischen (literarischen) Sprechens beschreiben, die sich in Art und Weise der Durchdringungsgeflechte von Syntax und Semantik, Form und Inhalt, *discourse and story* gegenseitig hervorbringen und attackieren. Paul de Man geht sogar so weit zu behaupten, dass diese Ambiguität zwischen logischer und rhetorischer Gestalt eines Textes zur Auslöschung seiner Funktionsbestimmungen führt und nur im literarischen Genre dadurch überwunden werden kann, dass dieser sich von vornherein seiner Blindheit bewusst ist und sich ihr unterwirft.[24] Wir kommen im Lyrikteil auf Roman Jakobson zu sprechen und werden diesem Thema dann noch einmal begegnen. An dieser Stelle ist zu erkennen, wie sehr die Rhythmisierung von Sprache auch zu einer formalen Beeinflussung (Über- oder Unterbewertung) der Aussagen führt oder diese komplett verhindert. Um es nutzbar zu machen im Sinne unseres Anliegens eines literarischen Sprechens, können wir Wittgenstein vielleicht so besser lesen: *Was sich überhaupt sagen lässt, lässt sich nur unklar sagen; und wovon man nicht reden kann, darüber muss man schreiben. Das Buch will also dem Denken eine Grenze eröffnen.* Oder mit Friedrich A. Kittler gesprochen: «Dichter, die das Ungefähre hassen, gehören allemal in eine Kultur von Ingenieuren und Ärzten.»[25]

8.5.3. Sprache wird durch ihren Rhythmus zu einer Schallform, die gruppendynamisch verwendet und politisch benutzt werden kann. Die Rhetorik ist darauf konzentriert, im Modus dieser erzeugten Schallformen für positive Assoziationen zu sorgen und die Rede damit zu emotionalisieren. In dem Jahrhundertfilm «Der große Diktator» von Charlie Chaplin (1940) gibt es zwei Szenen, in denen nach einer Ansprache vor einem Massenpublikum euphorischer Beifall ertönt. Die

---

24 Vgl. de Man, Paul: Blindness and Insight, New York 1971.

25 Kittler, 1995, S. 415.

erste Rede hält Hynkel im propagandistischen Hitlerverschnitt, die zweite der mit ihm verwechselte Friseur, dessen leidenschaftlicher Appell dem Humanismus und Weltfrieden gilt. Obwohl inhaltlich diametral entgegengesetzt, sind die Wirkungen beider Reden gleich groß. Was Chaplin mit dieser genialen Bild- und Szenenwiederholung demonstriert hat, ist nichts anderes als die gezeigte Anästhesierung der Massen durch einen in Schwingung gebrachten Rhythmus, der sich über eine Semantik spielend hinwegsetzt.[26] Ebenso beschreibt Elias Canetti, wie ein kultisch praktizierter Rhythmus zu einem alle Anwesenden des Stammes mit sich reißenden Trancezustand führt – eine Kollektiverregung, die in ihrer Affektsumme unberechenbar wird und jede Kognition unterläuft. Die kriegerischen Truppen der Frühzeit sind mit rhythmischen Schlägen der Schwerter gegen die Schilde in die Schlacht gezogen, und die Primaten schlagen sich rhythmisch gegen die Brust, ehe sie auf ihre Feinde losgehen. Rhythmus setzt Botenstoffe frei, die für Primärreaktionen benötigt werden. Von den Makrorhythmen des Kosmos über die Georhythmen in der Natur bis zum Biorhythmus des organischen Lebens ist alles rhythmischen Gesetzen unterworfen, und auch die ästhetische Mimesis ist nur eine Kopie des Rhythmushaushaltes ihrer Gegenstände. Wie schnell werden wir «wach», wenn dieser prähypnotische Rhythmus einmal gestört ist – die mit ihrem Räderwerk gleichmäßig über die Schienen rollende Straßenbahn muss plötzlich scharf bremsen, und wir werden von einem Tonus der Ruhe in den der Spannung versetzt, das regelmäßige Trommeln des Regens auf ein Metalldach wird unterbrochen, und so weiter und so fort. Die Schizophrenieforschung geht in neuesten Theorien sogar davon aus, dass die psychotische Störung allein auf zeitlich versetzten Reaktionsmustern beruht, die synchron verlaufen müssten – was hieße, dass die Korrelation der Affekte nicht unangepasst an und für sich ist, sondern nur auf verschiedenen zeitlichen Achsen verläuft. Die falsche Antwort wäre dann nicht die unverständliche Rede innerhalb eines zweiten semiotischen Systems, sondern nur eine falsche

---

26 Vgl. Poizat, 2001, S. 169 ff.

Schnittstelle im gleichen reaktiven Muster. Es reichte also eine zu ermittelnde sequenzielle Verschiebung, um die Korrelationen wieder funktional zu gestalten, eine Takteinheit nur, die verzögert oder beschleunigt werden müsste.

8.5.4. Die Kunst hat mit den Gesetzen der Rhythmik immer gespielt und intuitiv verstanden, welche Kraft in ihr liegt und welche Effekte aus ihr gewonnen werden können. Schon Haydn hatte in seiner berühmten G-Dur-Sinfonie den unvermittelten «Paukenschlag» verwendet, um das rhythmische Muster zu stören. Im gleichen Maße aber, wie die Rhythmusstörung ein ästhetisch brauchbares Mittel der Betonung und Hervorbringung neuer Sinnsubstanz ist, ist die Rhythmuserzeugung eine im voraus zu leistende Bedingung. Nur ein Herz, das schlägt, kann auch aussetzen – es ist wie mit der Verhältnismäßigkeit von *langue* und *parole*; ein Sprechen ohne Sprache ist ebenso ausgeschlossen, wie eine Sprache nichts sagen kann, ohne dass sie jemand verwendet *und spricht*.

8.5.5. Für die Prosa liegt das Spiel mit der Rhythmik auf zwei Ebenen: semantisch im Wechsel von Szene (Erzählzeit lang, erzählte Zeit kurz) und Beschreibung (Erzählzeit kurz, erzählte Zeit lang), syntaktisch in einem Algorithmus kurzer (kürzerer) und langer (längerer) Sätze oder Satzteile. Ist eine solche zyklische Gliederung nicht gegeben, kann man es vergleichen mit einem erstarrten Körper, dem die Atmung fehlt. Immer wieder bekomme ich Texte von jungen Autoren, die durchaus über eine originelle Geschichte mit interessanten Figuren verfügen, aber alles in einem einzigen (ihrem) *sound* erzählen, der keinen eigenen Rhythmus, keinen erzählerischen Puls findet und statisch werden lässt, was dynamisch sein müsste. Natürlich hängt es immer von dem Volumen eines Textes ab, wie viele temporale Verlängerungen oder Verkürzungen und topische Expansionen oder Komprimationen einander abwechseln sollten, und gewiss gibt es auch die Statik des Monologs, deren ästhetischer Effekt in einer erzählerischen Außerkraftsetzung der Zeitklammer liegt – stets jedoch muss es einem stilistischen Kalkül entsprechen und nicht einer handwerklichen Nachlässigkeit. Wie es nicht nichts gibt, so gibt es auch nichts, was nicht über einen Rhythmus verfügt, das sollte jeder, der schreibt, beherzigen, denn es ist eine der primären Bedingungen für ein erfolgreiches Schreiben.

8.5.6. Rhythmus in der Lyrik heißt, in festgefügten Takten zu sprechen, wofür der Vers organisiert werden muss. Was im Prosatext auf weite Satz- und Erzählbögen verteilt ist, wird hier auf kleinster Zeichenfläche präsent: in einem regulären System betonter und unbetonter, langer und kurzer, harter und weicher Silben rhythmischen Fluss zu erzeugen. Brechen Satz- oder Wortteile aus diesem Taktgefüge aus, werden sie entweder bedeutend (positive Dissonanz) oder störend (negative Dissonanz). Welche Dissonanzproduktion vorliegt, ist nur kontextuell festzustellen. Entscheidend vielmehr ist eine rhythmische Unbedingtheit des Lyrischen, die durchaus der Verslehre entgegenstehen und singuläre Akzente setzen kann. Inwieweit die Paradigmen der Metrik mimetischer Natur sind und nicht rationalisierte Programme zur Beherrschung und Beschränkung der individuellen Sensorik, wurde bis heute nicht geklärt.

8.5.7. Fragen wir noch einmal nach der Funktion, die das Aussetzen der rhythmisch-/sequenziellen Grundregeln in der modernen Kunst und Literatur seit dem beginnenden 20. Jahrhundert haben kann. Gustav René Hocke beschreibt in seinen fulminanten Studien zum Manierismus die alternierenden Zyklen von asianischem und attizistischem* Kunstverständnis in der Geschichte der ästhetischen Weltaneignung als historische Verweisungssysteme; stabile Gesellschaften, zu denen die griechische Antike gehört, haben ein Reproduktionsverlangen nach dem Harmonischen und stilisierten Schönen, instabile, wie zum Beispiel in der ersten Hälfte des 17. Jahrhunderts in Mitteleuropa mit ihren verheerenden Kriegswirren und Epidemien, erkennen sich wieder im Irregulären, Zersprungenen und Kranken.[27] Das Ornamentale gegen das Funktionale, die Arabeske gegen das Strukturelle und den leeren gegen den gefüllten Signifikanten zu tauschen, ist durchaus ein Ausdruck von Todesverfallenheit, die sich hinter der Maske einer

---

27 Vgl. Hocke, Gustav René: Die Welt als Labyrinth, und: Manierismus in der Literatur, Hamburg 1957 und 1959.

übertriebenen Feierlichkeit verbirgt. Die Üppigkeit des Barock ist nicht nur praktizierter Hedonismus, sondern vor allem auch Ekstase des letzten Fests. Der größte Romancier dieser Zeit, aktuell bis zur heutigen Stunde, Hans Jakob Christoffel von Grimmelshausen, hat exzellent vorgeführt, wie Ironie und Witz mit Mord und Totschlag einhergehen und dass ein entsetzliches Lachen beginnt, sobald die Beteiligten einer Geschichte tot sind – ganz im Sinne François Rabelais' pantagruelischem Gelächter.[28] Wir können das hier leider nicht ausbreiten, wie sehr eine literarische Rückbesinnung auf die morphologischen Bestandteile der Sprache mit Nihilismus und kollektiver Entmutigung einhergehen und wie sehr gerade der Manierismus eine Abwehr von Sinn ist – aber dass es diese Verbindungen zwischen funktionaler und formalisierter Rhetorik gerade auch in der Kunst gibt und dass sie zu einem historischen Signum werden, ist offensichtlich. Der Expressionismus antizipierte den Ersten Weltkrieg, der Surrealismus den Zweiten, auf den der deutsche Experimentalismus der 1950er Jahre ein stringenter Reflex war und neu für sich entdeckte, was Nikolaus von Bostel oder Johann Caspar Schade schon im Hochbarock unternahmen: Der Sprache sprechend ihre Macht abzunehmen: «GOTT/ du bist mein Gott.// bistu mein GOtt?/ GOtt du bist mein./ DU GOtt bist mein./ mein GOTT bist DU.// DU GOtt bist mein GOtt.// mein GOtt// bist GOtt,/ bist mein GOtt/ GOtt,// GOtt/ GOtt bist mein./ GOtt mein GOtt BIST.// BIST du GOtt mein GOtt?» und immer so weiter.[29] Wenn wir dann noch die «Letternkreuze» von Anna Ovena Hoyers wiederentdecken, scheint uns die Zeit bis zur konkreten und visuellen Poesie des 20. Jahrhunderts geradezu stehengeblieben zu sein.

8.5.8. Die Gleichschaltung der Körper durch Rhythmus ist also ein durchaus – und die zwei letzten großen Diktaturen der europäischen Moderne, Faschismus und Kommunismus, haben es gezeigt – politi-

---

28 Vgl. Rabelais, François: Gargantua und Pantagruel, Frankfurt am Main 1974.

29 Conrady, Karl Otto (Hg.): Der neue Conrady, Düsseldorf und Zürich 2000, S. 198.

sches Problem, das so radikal noch nie in Erscheinung getreten ist. Sich diesem Massenrhythmus zu entziehen und nicht Teil einer Schwingung zu sein, deren Selbstverstärkung nur Krieg und Grauen verbreitet, wird zu einem existentiellen Programm. Aber die Erhaltung und Etablierung des Individualismus durch abgewehrte Gleichschaltungen jedweder Art liegt historisch wesentlich früher; im Grunde ist es die entwickelte Drucktechnik, die eine optimale Vereinzelung des einzelnen ermöglicht und die komplementären Parteien Schreiber/Leser klar voneinander trennt. Wer etwas wissen will, kann es lesen und braucht keine Stimme, die es vermittelt. Damit zerfallen die kollektiven «Schwingkörper» auch und die phonalen Überschüsse und Durchlässigkeiten. Was wir über das öffentliche Lesen gesagt haben, in gewisser Weise eine Tautologie zu sein, da sich im Schriftkörper alles schon realisiert hat, was zu realisieren es gibt, gilt in gewisser Weise für die gedruckte Seite ebenso, die sich fast wie von selber verbreitet und keine gruppentechnologische Verstärkung dafür braucht. Mit anderen Worten: Der Autor ist frei von einer literarischen «Rhythmusgemeinschaft» und frei, ganz in seinem Skript aufzugehen. Dass wir heute eine generelle Rückführung auf die Mechanismen der phonetischen Distribution erleben, was zu einer umfassenden Entindividualisierung führt und den Autor als Transporteur seiner selbst wieder erschafft, streifen wir nur mit dieser Bemerkung.

8.5.9. Hier haben wir nur noch eine Schlussfolgerung zu treffen: dass jeder Literaturtext über eine rhythmische Architektur verfügt (und verfügen muss) – aber es braucht keine der sozialen Übereinkunft zu sein; ein formaler Syllabismus* hat mit Poesie ebensowenig zu tun wie der Wortsalat eines Katatonikers. Ich habe jedenfalls noch kein gutes Gedicht gelesen, das nach einem schematischen Prinzip entstanden wäre. Vielmehr gestaltet sich der Rhythmus aus einer körperlichen Notwendigkeit heraus autonom (wenn man ihn lässt), und wir werden am sogenannten «freien Vers» noch jede Menge Rhythmusrest finden, ohne den er gar nicht konsumierbar wäre. Vielleicht wäre das sogar der natürlichere Weg: das Soma ganz unmittelbar an einen ästhetischen Ausdruck zu binden und zu vertrauen, dass es ihn findet.

Metaphern (II)

8.6. Die *Metapher* ist eine Wörtlichkeit des Traums. Sie verbindet nicht zueinandergehörende Wirklichkeitsräume und kürzt semantische Umwege ab. Genau das aber ist ihr Problem: nicht zeigen zu können, dass diese Abkürzungen keine Verzweigungen sind in andere Ordnungen des Denkens und mit den Zielen einer sprachlichen Absicht tatsächlich kooperieren. Denn je weiter die Kohärenzfelder entfernt voneinander liegen und eine semiotische Vernetzung entfällt, umso assoziativer und auch beliebiger müssen die inhaltlichen Auffüllungen sein, die im subjektiven Akt der Einführung einer Metapher in das System ihrer Verwendungen geleistet werden. Kürzer: Metaphern sind blind. Für den referentiellen Teil der sprachlichen Rede sind sie ein Generator für Missverständnisse, für den ästhetischen, der immer nach neuen Formen von figuraler Polysemie* sucht (zumindest gelegentlich und vor allem in der Lyrik), ein mehrwertbildender Gewinn.

8.6.1. «Zeit ist Geld.» Diese drei Worte sollen uns jetzt einmal nicht zeigen, warum sie zur Gruppe der sogenannten (Sprung-)Tropen gehören und eine Metapher ergeben, sondern warum sie geeignet sind, die Existenz von Metaphern grundlegend in Frage zu stellen. Entweder nämlich, wir verstehen dieses paradoxe Kompositum sofort, weil wir Benjamin Franklin kennen und seinen Topos von der Zeit, die dadurch Geld wird, dass sie eine Produktmasse proportional zu sich selbst quantifiziert, oder nie, weil es keine sinnvollen Verbindungsmöglichkeiten innerhalb dieser Wortfolge ohne semantische Vorkenntnisse gibt. Im ersten Fall haben wir es dann mit einer Lexikalisierung zu tun, und die Metapher tritt quasi nicht in Erscheinung, im zweiten mit einem intransitiven Idiom*. Das heißt, dass wir auf einer Skala der Metaphorik von der habituellen zur akzidentellen Metapher über die Zwischenformen tote, lexikalische, stehende, dunkle und kühne Metapher nur zwei Exponenten tatsächlich nutzen können: die bewusste (gebildete) oder die unbewusste (gebrauchte) Metapher, da alle genealogischen Schattierungen entweder unnötig sind oder nicht qualifiziert werden können (so wie man auch keine weiße Schrift auf weißem Grund lesen kann). Wenn wir dann noch von der absoluten Metapher als einem festen Bildfeld sprechen, für das es keine Tauschbeziehungen gibt – wie es vor allem der Surrealismus so erfolgreich verwendet hat –, dann sprengt sich der Begriff quasi von selbst. Oder aber, man käme darin überein, dass «Metapher» selbst nur metaphorisch verstanden werden kann – also jede Verbindlichkeit im Sinne eines gebrauchsfähigen Terminus konsequent aussetzt.

8.6.2. Dann haben wir in Zusammenhang mit der Bestimmbarkeit von Metaphern noch das im Grunde nicht zu verstehende Argument eines uneigentlichen Sprechens, das sich grammatisch nachvollziehbar von einem eigentlichen unterscheiden lassen müsste. Aber was könnte das sein? Eine Eigentlichkeitssprache wäre dann gegeben, wenn eine Aussage ohne Interpretationsmodus auskommt. Aber nicht einmal das isolierte Nomen ist im Sinne einer Regel a = a' frei verfügbar. Die Metapher ist also eher ein Symptom der Nichtverwendbarkeit sprachlicher Ausdrücke als deren Lösung, und was die stoffliche Raumfüllung durch nicht übereinstimmende Signifikationen betrifft, so folgen sie einer Verschaltungslogik des Gehirns, die auf Bekanntes zurückgreift und (naturgemäß) nicht auf Unerfahrenes. Der Metaphernkomplex reproduziert damit, was er abschaffen wollte: Ressentiment – wenngleich auf unbewusste Objekte und Präpositionen verteilt.

8.6.3. Etymologisch heißt Metapher (griechisch: *meta-phorein*) so viel wie «Übertragung», oder prädikalisiert: «übertragen». Aber woher und wohin etwas übertragen wird, lässt der Begriff offen. Das heißt, er belässt sich selbst in einem unaufgeklärten Status von Referentialität (es sei denn, wir könnten das komplette sprachliche Verweisungsnetz überblicken, aus dem er hervorgeht). Hans-Jost Frey hat in einer Studie über Paul de Mans «Allegorien des Lesens» das Problem der ungeklärten Referentialität an dem Wort «Verrücktheit» (*madness*) einmal vorgeführt und gezeigt, dass finale Ausschließungsworte wie dieses am Ende sich selber ausschließen.[30] Lesen wir es phänomenologisch,

---

30 Vgl. Frey, Hans-Jost: Die Autorität der Sprache, Lana, Wien, Zürich 1999, S. 271 ff.

meint «Verrücktheit» einen oppositiven Zustand von Vernunft (der sich aber nicht zeigt, weil sich «Vernunft» noch gar nicht erklärt hat); lesen wir es linguistisch, dann ist «ver»-«rückt» tatsächlich verrückt im Sinne von «verrutscht» und müsste «zurückgeholt werden», damit wir es verstehen können. Ich brauche also ein ganzes Bezugsfeld an Informationen, um dieses Wort sinnvoll zu erfassen – und erst davon hängt schließlich ab, wie (und ob überhaupt) es metaphorisch konnotiert ist. Mit der Metapher wäre es dasselbe: sie meint, was sie überspringt, und sie überspringt, was sie meint.

8.6.4. Es kann jetzt also nicht unser Ziel sein, in hier gebotener Kürze die vielgestaltige Theorie der Metapher von Aristoteles (Metapher ist die Übertragung eines Wortes von der Art auf die Gattung oder von der Gattung auf die Art) bis Davidson (Metapher ist eine wörtliche Aussage, die nichts meint, sondern nur deutet) in Betracht zu ziehen, zumal es nicht meine Absicht ist, Wissen zu wiederholen, ohne es nicht auch in neue Zusammenhänge einzubinden und für unsere Schreibzwecke nutzbar zu machen. Dafür erscheint es mir sinnvoller, die Verweisungszusammenhänge aufzurufen, durch die sich Metaphern (und tropische Rhetoriken überhaupt) nicht nur a) bilden, sondern vor allem b) durchsetzen lassen – und das heißt, wir simulieren einmal, dass sie unwidersprochen logisch sind.

8.6.5. Metaphern sind labile Figuren und unbedingt geschichtlich. Sie gehören, da sie keiner Regel folgen, eher zur Literatursoziologie als zu einer sprachtheoretisch verbindlichen Analyse. Der politische Aspekt der Verdrängung und Tabuisierung von mentalen Objekten, wie er seit Freud erkannt und therapiert wird, ist daher ein viel erfolgreicherer Standpunkt der Metaphernbetrachtung, weil er sich der Paradoxie, die semantisch wilden Wirkungsproduktionen nicht qualifizieren zu können, von vornherein entzieht. Nicht, was Metaphern sind, ist hiernach primär, sondern was sie bezwecken. Ziehen wir an dieser Stelle noch ein zentrales Theorem Lacans hinzu, das «Sinthom» – also jenen symptomatischen Rest, der nicht mehr aufgelöst und interpretiert werden kann –, dann haben wir vielleicht eine bessere Metaphernkenntlichkeit im psychoanalytischen als im linguistischen Modell.

8.6.6. a) *Bildungsparadigmen für Metaphern* sind gesellschaftlich vorgeordnet. Das über Jahrhunderte hindurch wirksame Lustverbot hat
mindestens ebenso viele Sexualmetaphern nicht nur in der Poesie,
sondern auch in der Alltagsrhetorik hervorgebracht, wie der Blasphe-
mieverdacht in rigiden Kirchengesellschaften oder politische Einsprü-
che in totalitären Regimen Metaphern der ideologischen Widerrede.
Interessant in diesem Zusammenhang wäre ein Vergleich von Meta-
phernbildung und der Entstehung von Witzen, die paradigmatisch
ähnlich verläuft. Lockern sich nun die semantischen Ausschlüsse und
demokratisieren sich die Redegewohnheiten, fallen die Metaphernfel-
der wieder zusammen, beziehungsweise reduzieren sich in ihrer assoziativen Dramatik. Das sehen wir bei jedem gesellschaftlichen Wandel,
der immer auch seine Literatursysteme verletzt und neue entwirft. Bilder verblassen, der Bildspenderbereich (Harald Weinrich) deckt sich
nicht mehr mit dem Bildempfängerbereich. Die Zerstreuung gram-
matischer Lineaturen, die auf der Affektebene angesiedelt ist und
emotionale Leerstellen bildet, gleitet auf ihren sinnstiftenden Ursprung zurück und erschöpft sich in ihrer metaphorischen Wirkung.
Diese «gleitende Verfasstheit» der Metapher, skaliert zwischen Synekdoche, Metonymie, Analogie und Simile, ist in Systemen erster und
zweiter Ordnung (vertikal/horizontal) nicht mehr darstellbar – sie ist
discourse.

8.6.7. b) *Metaphorische Durchsetzbarkeit* kann nur kontextuell erfolgen, wie die Metapher an und für sich nur im Kontext erfolgreich sein
kann. Es hat keinen Zweck, dunkle Bilder und kühne Bildsprünge zu
produzieren, wenn sie kontextuell nicht gestützt werden können. Es ist
wie mit jeder irregulären Stilfigur: sie muss das Prinzip der Ähnlichkeit ebenso erfüllen wie das der Mehrdeutigkeit, weil das Gehirn nicht
zwei überlappende Reizmuster gleichzeitig bedienen kann.[31] Auf die
Metapher in der Lyrik gehen wir gesondert noch ein – im Prosage-
schehen löst sie sich meistens von selbst wieder auf oder ist viel zu spät
zu entdecken, weil ihre semantische Klammer zu weit gefasst war.

---

31 Vgl. Schrott/Jacobs, 2011, S. 176 ff.

(Oder sie generalisiert sich wie bei Kafka und ist dann explizit nicht mehr vorhanden.)

8.6.8. Daraus ergibt sich die Frage, inwieweit die Metapher als Stilelement überhaupt benutzt werden kann oder ob es nicht sinnvoller wäre, sie konsequent ruhen zu lassen (und bewusst nicht anzuwenden). Denn wenn sie sich selbst ständig erschöpft und technologisch im Wege steht – die Generalisierungsmetaphern gleichwohl hier ausgenommen –, dann wäre das Verfahren, sie sich und ihrer unbewussten Genese selbst zu überlassen, effekvoller (weil kognitiv unabhängiger). Sie tritt, souverän geworden, immer noch genug in Erscheinung. Was hat Flaubert unter Metaphern gelitten, die er selbst (und zum Teil exzessiv) produzierte, oder richtiger: *die sich produzierten.* «Ich verjage die Metaphern und verbanne rücksichtslos die psychologischen Analysen», schreibt er am 10. Mai 1855 an Louis Bouilhet. Oder Nietzsche, dem die Sprache ein einziger «Metaphernsumpf» war, den es trockenzulegen galt (selbst um den Preis eines «Nichtsmehrsagens»). Dieser offensiven Feindschaft steht ein immenser literarischer Gewinn gegenüber, von dem alle diese sich so unerbittlich gegen die Metapher aussprechenden Autoren gewiss reichlich profitierten: die Verräumlichungstiefe von Sinnesobjekten durch Metaphern literarisch vollzogen und diese Sprungtrope* effektiv verwendet zu haben. Damit schließen wir auch an den weiter vorn geäußerten Gedanken, dass allein die poetische Metapher stabil ist, noch einmal an; jenseits dieser besonderen Funktionalität fällt sie auf ihre ideolektische Grundsubstanz zurück und auf eine symptomatische (und sinthomatische) Referenz.

8.6.9. Jetzt müssen wir die Metapher auch systemisch noch eingrenzen, um sie nicht mit den Grenzverschiebungstropen wie Periphrase, Metonymie, Synekdoche und Hyperbel zu verwechseln. Bei Schrott/ Jacobs findet sich dazu ein Schema, das ich hier gern zitiere: «1) Synekdoche: Eigenschaften von A gehören auch B an. 2) Metonymie: Eigenschaften von A hängen von B ab. 3) Analogie: Eigenschaften von A verhalten sich zueinander wie Eigenschaften von B zueinander. 4) Simile: Einzelne Eigenschaften von A sehen aus wie B. 5) Metapher:

A ist nicht B; aber da ist etwas an A, das an B erinnert (ohne dass es sich anders sagen lässt).» Und weiter: «Die Übergänge von Simile zur Metapher sind fließend – es gibt eine Grauzone, in der die kognitive Distanz zwischen A und B so groß wird, dass der Vergleich ins Metaphorische kippt.»[32] Das allerdings ist durch kein Verfahren mehr darzustellen, da jede Schrittfolge der Verstärkung oder Abschwächung des Metaphorischen in einen benachbarten Sektor «kippen» kann oder vollends außer Kontrolle gerät. *Denn die Metapher ist real immer nur in sich selbst.* (So wie auch der Traum in seiner Wörtlichkeit eine absolute Erzählung des Träumenden ist *und damit unübertragbar.*) Sie poetisch zu kapitalisieren ist ein anderes, allein dem Ästhetischen zugehöriges Phänomen und hängt von einem textimmanenten Zusammenschluss aller rhetorischen Teile ab. Das bedeutet, dass die Metapher Hinweise auf die überraschende Gleichheit in der Verschiedenheit der Dinge nur in einem ästhetischen Zusammenhang liefern kann – dort nämlich, wo sie durch eine Form (wie der des Gedichtes zum Beispiel) vorverabredet wurde. Außerhalb dessen ist sie eklatant falsch, wie Donald Davidson es sagt.

Ironie

8.7. Wenn die Metapher nicht sagt, was sie weiß, weiß die Ironie, was sie nicht sagt. Sie ist ein Verzicht auf entworfene Vollständigkeit und damit auch dem Unbewussten insofern entkommen, als sie es bewusst von sich abgetrennt hat (in den Grenzen des Möglichen freilich). Die Verklammerung des Gesagten mit einem anders Gemeinten bleibt, wie bei der Metapher, erhalten, und damit ist Ironie eine rhetorische Erscheinung der Tropen. In kenntlicher Differenz zu anderen tropischen Figurationen steht die Ironie dadurch, dass sie ein komplementäres Verweisungsnetz beim Empfänger benötigt; das heißt, sie muss von einem Wissensbestand beim Hörer/Leser ausgehen, der

---

32 Ebd., 2011, S. 193 f.

a) nicht nur gleich groß ist, sondern b) auch die intentionalen Auslassungen konnotiert. Paul Grice nennt es eine *konversationelle Implikatur*. In gesprochener Rede sind konversationelle Implikaturen durch klare Ironiezeichen wie Mimik, Gestik, Intonation und so weiter gegeben. Der Hörer der Rede versteht durch die Performation des Redeinhalts die Absicht einer negativen Entgegnung. Noch einfacher funktionieren nonverbale Ausdrucksmittel wie das Verdrehen der Augen oder eine abschätzige Bewegung der Hand, um Ironie zu übersetzen – wohlweislich nicht unbedingt in das Gegenteil des Gesagten, sondern in eine Korrektur, die auch nur eine Steigerung (Hyperbel) oder Schwächung (Meiosis) des Geäußerten sein kann. Die sokratische Ironie – eine Geste der veräußerten Demut – wäre eine solche Form von ironischer Eigentlichkeit, ebenso die Ironie bei Nietzsche mit ihrer Überzeichnung empathischer Objekte. Aber schon die romantische Ironie, theoretisch beschrieben vor allem von Schlegel und Tieck, ist um vieles komplizierter, denn sie geht von einem gestörten Bezugssystem aus, das aus Sprache hervorgeht und in Sprache retransformiert.

8.7.1. Ironie (*eironeia*) als «Verstellung», «Täuschung», «Maskierung», wie sie die griechische Antike schon auf die Bühne gebracht hat, um Schein und Sein, Präsenz und Intention voneinander zu trennen, geht in der Romantik über in eine generelle Krise des Vertrauens in vergesellschaftete Sprach- und Verständnissysteme – psychoanalytisch gesprochen *in Unwahrhaftigkeit*. Ironie heißt jetzt nicht mehr: ich setze das Mittel einer Absichtsverletzung ein, um auf die Möglichkeiten des Gegenteils einen Hinweis zu liefern, sondern: ich rücke vom Mitgeteilten dergestalt ab, dass ich es als unkenntlich anerkenne und aussetze. Es ist also eine permanente Schwächung der Aussageleistung dadurch gegeben, dass Aussagen nur noch ironisch, das heißt in unwahrhaftiger Gestalt, vollzogen werden können. Der Ironiker ist damit nicht mehr der Produzent von Ironie, sondern das leidende Medium, durch das Ironie erst erscheint. Die objektive Ironie, wie sie sich als «Ironie des Schicksals» und so weiter in den Paradoxien der Geschichte immer wieder ereignet, wird zur subjektiven und umgekehrt. Ironie ist

fortan keine Entscheidung mehr, sondern eine Verpflichtung des aufgeklärten Geistes. Schlegel schreibt: «Ironie ist das Gefühl von dem
unauslöslichen Widerstreit des Unbedingten und des Bedingten, der
Unmöglichkeit und Notwendigkeit einer vollständigen Mittheilung.»[33]

8.7.2. Auf einen substantiellen Nenner gebracht heißt das: Ironie ist
die Erkenntnis der immerwährenden Diskrepanz von sprachlichem
Ausdruck und zum Ausdruck gebrachter Sache, oder kürzer: Ironie ist
die Präsenz der Inkongruenz von Zeichen und Bedeutung. Dieses
Problem war zwar seit Aristoteles, der auch schon das semiologische
Dreieck beschrieb, quasi latent, aber erst jetzt, auf der Schwelle eines
neuen «Aufschreibesystems» (Kittler) zum Durchbruch gelangt. Und
warum? Weil die Unselbstverständlichkeit immer neuer sprachlicher
Ausdrücke in einem gleichen Maße zunehmen musste, in dem die
Signifikanten «explodierten», das heißt, durch eine Menge neuer Erfindungen und Technologien auch neue Wörter freigesetzt wurden, die
immer kleinere, spezifiziertere Räume besetzten und allgemein nicht
mehr verwendet werden konnten. Aus nichts anderem folgte die klassische Moderne als aus diesem eklatanten Versagensgefühl das eigene,
der Verständigung dienende Medium betreffend und dem intuitiven
Reflex, es abzuwehren. Diese Aporie durchzieht die ironische Nachricht ebenso: sie attackiert ihren Inhalt mit dem Verweis, ihn so nicht
gemeint zu haben, will aber gerade dadurch erreichen, dass er verstanden wird. Das ist, mit Schlegel gesprochen, die Ironie in ihrer Verwendung gegen sich selbst – quasi *die Ironie der Ironie.*

8.7.3. Nehmen wir noch einmal die Maske zur Kenntnis, die das materielle Äquivalent für Ironie ist, dann sollte sich hinter der Maske
auch etwas verbergen, das ihre Verwendung sinnvoll werden lässt. Nur,
was könnte das sein? Ein großes Gefühl? Subjektive Identität? Oder
nur die leere Fläche einer hochgestellten Ankündigung? In diesen
Strudel der Enträtselung des Maskierten gerät die Romantik dadurch,
dass sie sich zunehmend in die Reflexion ihrer Schreibgründe ver-

---

33 Schlegel, Friedrich: Lyceum-Fragment Nr. 42, in: Kritische Ausgabe, Bd. 2,
Paderborn 1958 ff., S. 160.

strickt und die kalten Antagonisten des Materials dabei entdeckt, mit dem sie – figurativ oder sprachlich – handelt. Es ist der Blick des Tausendfüßers auf seine vielen in Bewegung gebrachten Beine, der ihn plötzlich stillstehen lässt. Ein paar Jahrzehnte später wird sich das Krisensystem noch einmal verschärfen und einen Malte Laurids Brigge nur noch mit sich selbst sprechen lassen, da keiner mehr hören und verstehen kann. Die Sprache, primäres Instrument der aufgeklärten Vernunft, ist ein Spiegel, der blind ist und eine eben erst entdeckte Subjektivität wieder entführt. *Das Ich ist, um zu zerfallen* – das ist die Botschaft, und das ist auch die Ironie der Romantik.

8.7.4. Die Maske verbirgt also gar nichts, sondern hält nur zurück, was nichts ist und nichts wird. Sie ist, anders als zur Zeit ihrer Erfindung, nicht Täuschung, sondern Verhinderung (oder richtiger, Verzögerung) von Ent-täuschung. Fällt sie, zeigt sie einen Abgrund, in den alles hinabgezogen wird. Nietzsche wird der große Demaskierer sein, Schopenhauer ist es vor ihm – eine Philosophie der radikalen Verneinung bis zur paradoxen Glückseligkeit. Von daher ist die Ironie ontologischer Kitt, der noch zusammenhält, was dem Zerfallen schon preisgegeben ist. Immerhin bezieht sie den fiktiven Leser in ihre Kenntnisse ein, ohne sie geäußert zu haben; sie macht ihn zum Komplizen eines Andersgemeinten und geht davon aus, dass er die gleiche Haltung der Verzweiflungen einnimmt, die in der grausamen Natur ihrer Sache liegen. Die Ironie spielt mit sehr hohem Einsatz und muss naturgemäß abgewiesen werden von einem preußisch domestizierten Bürgertum, das erst einmal funktionieren muss, ehe es sich die nervösen Invektiven der Romantik leisten kann. Die Ironie also bleibt, was sie ist: wörtlich nicht zu verstehen und transformativ unerledigt.

8.7.5. Die Ironie als ein Verzicht auf das Ganze (und damit auch auf ein Pathos, das nur im Ganzen zu finden ist) kann also keine Sinnproduktionen eröffnen, die nicht zugleich schon deren Beendigung wären. Das macht sie, sobald sie keinen Mitspieler findet, ebenso radikal wie fragil. Der Übergang zu einem Witz, über den niemand lachen kann, ist dann denkbar klein, und wer eine zweite Botschaft nicht erhalten will, schickt sie an seinen Absender zurück, wie es Porzia bei Shakespeare rhetorisch so meisterhaft tut, als er auf Shylocks erworbenes Recht, dem Antonio ein Pfund Fleisch aus dessen Brust zu schneiden, einschränkend sagt: «Wart noch ein wenig: eins ist noch zu merken:/ Der Schein hier gibt dir nicht ein Tröpfchen Blut,/ die Worte sind ausdrücklich ‹ein Pfund Fleisch›.» Die Abweisung der zweiten Botschaft zerstört das System, und die Ironie empfängt sich dann selber ironisch – oder sie verfällt in Zynismus, der alles auf ein gleiches Bewertungsmaß setzt und jede moralische Differenz nach außen verliert. Gleichviel, wie sie sich verschwendet oder erhält: eines darf sie nie, und das ist für uns, die wir schreiben, entscheidend: sich selbst kommentieren. Sie wäre dann wie ein Wegweiser, der die Strecke mitgeht, auf die er seine Hinweise liefert.

8.7.6. Die Ironie im öffentlichen Raum ist funktional und soll möglichst schnell dekodiert werden können; der Redner tritt neben seine Rede und sagt, dass er gerade neben seine Rede getreten ist (weil, würde er das nicht tun, er etwas gesagt haben würde, das nicht gesagt werden darf); dadurch aber, durch diesen Akt eines rhetorischen Beiseitetretens, sagt er es. Im Grunde eine Form von Aposiopese. In Schrift gebracht ließe sich das etwa durch Ausrufungszeichen oder Versalien kenntlich machen: Achtung, Ironie, lieber Leser! Die Internetsprache hat dafür ein ganzes Arsenal von Inflektiven wie ˙grins˙ oder ˙zwinker˙ beziehungsweise Emoticons wie ja ;-) oder nein ;-(oder doppelte Zirkumflexe wie ^^ eingerichtet, die es der Sprache nicht einfach nur leichter machen, wie es so schön heißt, sondern sie so weit simplifizieren, bis sie ausgesetzt ist wie ein gestorbenes Herz.

8.7.7. An der komplizierten Situierung eines Gemeinten durch Implikaturen des Nichtgemeinten wird der Schwierigkeitsgrad kenntlich, der in der Rückführung von Ironie auf ihren Intentionskern besteht. Da wir hauptsächlich vom literarischen Text reden – also die Verschriftung des Ironischen im Auge haben (noch eine Metapher, ohne die es wohlweislich in keiner Sprachordnung geht) –, beschränken wir uns auch auf die skripturalen Darstellungsweisen. Auf jeden Fall also muss Ironie implizit sein. Anders als die Metapher, die mit dem Unbewussten spricht und kognitiv nicht abschließend beherrscht werden kann, ist Ironie *kalkulierbar* – wie eine Fliegenklatsche mit hineinge-stanztem Loch, damit die Fliege ihre allerletzte Chance behält. Dass dieses kleine agile Tier einmal tatsächlich durch das winzige Fenster im Schlaggitter rutscht, ist dabei ebenso unwahrscheinlich, wie eine Ironie noch ironisch bleiben kann, wenn sie sich selber anzeigt. Ein «lach!» im *chatroom* entkräftet zwar auch dort jede zweideutige Rede, aber es wird wohl auch keine Erwartung so schwerwiegend enttäuscht, wie es der Fall sein könnte, wenn sich ein Leser sehr ernsthaft auf die Komik eines Textes eingelassen hat. Das Entschlüsseln einer Botschaft ist eine rezeptive Leistung, *die auch geleistet werden will* – sofern die Bereitschaften dafür durch eine erschreckende Digitalisierungsmatrix, die nur noch binäre Ein- und Ausschlüsse kennt, nicht alsbald schon abgelöst werden. Man stelle sich nur einmal ein Worträtsel vor, das seine Auflösung in einer Unterzeile gleich mit sich führte – kein Mensch würde es noch lösen, das heißt, abschreiben wollen.

8.7.8. Ironie ist verstehbar, aber nur, wenn sie *ist*, und nicht, wenn sie erst *werden muss*. Sie entsteht nämlich nicht durch eine Verwendung von Masken – hinter denen, wir sagten es schon, die Gesichter erstarrt sind –, sondern sie ist ein geistig geregelter Standpunkt zu einer Welt, die nicht aussagen kann, dass sie unsinnig ist. An der Ironie haben wir auch nicht zu beklagen, dass sie permanent die Blickfelder wechselt und jeden Anspruch auf Erfüllung einem Gegenteil zuführt, sondern allenfalls, dass sie – ganz im Sinne Derridas – dekonstruiert und alles in ihren gewaltigen Zweifel zieht. Ebenso aber hält sich die Ironie das Zerwürfnis vom Leib, das sie benennt; und sie gibt auch nichts dafür her, dass sie eine Leere hinterlässt, die schon vorhanden war, aber nicht erkannt werden konnte. Sie ist, was auch zu einem irreversiblen Verlust des auktorialen Erzählers geführt hat: Evidenz des verlorenen Ganzen. So verstanden, kann kein modernes Kunstwerk unironisch angesehen werden, ohne nicht zugleich auch dem Kitsch zu verfallen. Und die Selbstironie ist dabei noch die letzte Instanz der Vermittlung von mo-ralischen Restwertbeständen.

8.7.9. Ironie ist Abwesenheit des Erhabenen – das verbindet sie mit der Komik. Aber wenn sie selbst komisch wird, verfällt sie auf tragische Weise (wie ein Major Tellheim in «Minna von Barnhelm»). Sie ist dann aus ihrer Rolle gefallen und versteht nicht, dass jeder versteht, was sie will. Das Komische erzeugt sich ja eben daraus, dass es nichts von sich weiß, während alle es wissen, und wenn der komische Held stürzt, müssen wir lachen, weil wir es genau so vorhersehen konnten. Der komische Held handelt dem Wissen des Betrachters stets hinterher, der tragische, so Lessing, voraus. Beide dramatischen Positionen aber setzen die Möglichkeiten der Ironie außer Kraft, weil sie die benötigten Wissensgleichstände zwischen Sender und Empfänger schon aufgelöst haben. Eine Figur, gleichviel, in welchem Genre, kann nicht mehr ironisch sein, wenn sie schon komisch oder tragisch geworden ist; jeder Versuch, es dennoch zu werden, endet in einem ästhetischen Einbruch. Der Spiegel, der in das Geschehen installiert werden soll – ob intrapersonell/monologisch oder interpersonell/szenisch –, um die zweite verschwiegene Ordnung zu spiegeln, ist nämlich lange schon verlorengegangen, und der Leser/Zuschauer weiß das natürlich und glaubt der nachträglich vorgenommenen Spiegelung nicht mehr. Es ist, als wollte der Weihnachtsmann noch einmal zu den Kindern in die Wohnstube kommen, nachdem er schon unmaskiert vor ihnen stand. Vielleicht spielen sie ja sogar mit und ignorieren die Entblößungsszene (weil sie freudig ihre Geschenke erwarten) – aber eben nur noch auf komische Weise.

Pathos

8.8.   Interessant an der Ironie ist eine Verwandtschaft, die sie selber verleugnet: *Pathos*. Würde es nicht diesen hohen Willen nach Reinheit und Vollkommenheit geben, wie ihn die Kunst der Antike je unnachahmlich in Stein geschlagen und verewigt hat, hätte die Ironie gar keinen Grund, sich ein Lachen zu erschaffen, das diese tiefe Verstörtheit an der Welt sublimiert. Wahrscheinlich sind alle Verzweiflungsbücher Glücksansprüche in ihrer verstandenen Unmöglichkeit – Erzengel einer unentwegten Idealisierung. Das macht den Ironiker auch so unendlich tragisch, dass er, sobald die Mechanik seiner polysemen Redegewohnheiten festgefahren ist, weil sie die Bedingungen ihres Funktionierens verliert, seine Ideale so offen zur Schau stellt. Noch einmal mit Lessing: Major Tellheim ist so tragisch, weil er so komisch ist, und er ist so komisch, weil er keine Einsicht in den Unsinn seiner moralischen Vorstellungen bekommt; er könnte keine ironische Geste mehr produzieren, wie es etwa Rodolphe in «Madame Bovary» kann, wenn er auf seine Initialen unter dem Abschiedsbrief an Emma einen Wassertropfen netzt, damit es so aussieht, als habe er geweint. Vielleicht ist «Madame Bovary» überhaupt einer der ironischsten Romane der Weltliteratur, an dem man annähernd alles herauslesen kann, was zwischen Ideal und Wirklichkeit nicht nur psychologisch und ökonomisch, sondern auch ästhetisch geschieht.

8.8.1. Pathos ist ein Element der rhetorischen Trias: Glauben, Leidenschaft und Argument (*ethos, pathos, logos*). Innerhalb der drei primären Redegattungen: Gerichtsrede, Beratungsrede und Festrede (*genus iudiciale, genus deliberativum, genus laudativum*) nimmt das Pathos eine zentrale Bedeutung ein, denn es konditioniert wesentlich die zwei anderen «psychagogischen» Register (Platon). Die Stilhöhe «schlicht» (*genus humile*), «neutral» (*genus medium*) und «erhaben» (*genus grande*) bestimmt konfigurativ das verwendete Pathos; ein *genus humile* oder *genus medium* kann nämlich durchaus auch pathetisch verwendet werden, sobald es zu einer inszenierten Meiosis* führt. An diesem exakten Bauplan rhetorischer Grundfertigkeiten ist der sublime Täuschungsgrund gut zu erkennen, mit dem Pathos strategisch/dramaturgisch eingesetzt wird und sich in weiteren Schritten auch noch erheblich verfeinert (*elocutio, memoria, pronuntiatio* und so weiter).

8.8.2. Neben dem, ein Korrelativ der Ironie zu sein (Fiktion des Harmonischen), ist Pathos also auch deren Verlängerung (emotive Simulation). Nicht umsonst hat Aristoteles das Ethos der Glaubwürdigkeit mit in die Agenda der Rhetorik gefügt, um nämlich auszuschließen, dass das Faszinosum der gelungenen Rede (sprich: «der Berauschung») Recht und Gerechtigkeit außer Kraft setzt. Es gibt genügend Beispiele dafür, wie durch gute Rhetorik eine schlechte Sache durchgesetzt wurde und eine gute Sache durch schlechte Rhetorik verlorenging. Unser Interesse an öffentlichen Gerichtsprozessen (oder Filmen darüber) gilt so auch nur zu einem Teil den verhandelten Tatgegenständen; zu einem zweiten und vielleicht sogar größeren Teil wollen wir den Kampf der Rhetoriken mitverfolgen und sind gespannt, wie die eine Logik des Redens die andere absetzt. Es sind verbale Gladiatorenkämpfe, die sich schon die alten Griechen geliefert haben und die an Attraktion (und eminenter Gefährlichkeit) bis heute erhalten geblieben sind. Und wenn wir von literarischer Verführung sprechen, die mit dem Expositionalsatz schon geleistet werden soll, damit der Leser einen Grund hat, auch den nächsten zu lesen, dann entspricht das durchaus den Prämissen der Rhetorik, eine gelungene *Überredung zu sein*.

8.8.3. Pathos ist also eine durchaus ambige Figur, die auf das Ganze setzt und alles gewinnt oder alles verliert. Diese Totalität (und dieser Anspruch auf Totalität) macht sie ebenso charismatisch wie suspekt. Wir glauben Pathos nicht, weil wir eine Täuschung befürchten und das falsche Gericht. Oder wir suchen es auf, weil es uns partizipieren lässt an einer großen, transzendentalen Idee. Dass dieser Wunsch nach kollektivem Anschluss auch in ideologische Vereinnahmungen münden kann, haben wir gerade in Deutschland auf das tragischste erleben müssen – und das zeitgleich mit einer wahren Hypostase der Rhetorik in der Gesellschaft. Schon von daher war der Gebrauch von Pathos in Kunst und Literatur seit Ende des Zweiten Weltkrieges sehr schwer beschädigt und ist es aus ebendiesen Gründen geblieben. Sehen müssen wir aber auch, dass Rede- oder Schriftpathos in keinem proportionalen Verhältnis zu Bild- und Tonpathos stehen, das intermedial gerade heute um vieles effektiver funktioniert. Allein die Produktwerbung ist ein einziges psychomotorisches Schlachtfeld der Zerstörung alter und der Einführung neuer Affektbereitschaften. Eine Untersuchung darüber, was von einem freien Willen des Käufers noch übrig bleibt, wenn er schon mit dem Erwachen morgens um sechs gigantische Datenströme an subalternen Einflüsterungen durch sich hindurchfließen lassen muss, nur um dann auch etwas über das Wetter des Tages zu erfahren, wäre ein komplett neues Buch. Sprache hat ja noch immer den Nachteil der Diachronie (der literarisch allerdings ein Vorteil ist). Pathetische Tonfolgen hingegen strukturieren sofort und tiefenwirksam. Oder Bilder. Kein Diktator hat es verabsäumt, sich auf emblematische Weise mit Kindern zu zeigen – sie auf dem Arm haltend, ihnen über den Kopf streichend, zu ihnen herabgeneigt. Hitler und der Schäferhund – zweimal zwei treue Augen und so weiter und so fort. (Hier käme dann noch die Obszönität einer «Ironie der Geschichte» hinzu, denn Hitler war es auch, der vor den Exzessen des Genozids die ersten «Reichstierschutzgesetze vom 24. November 1933» verabschiedet hatte und Vivisektionen verbot.)

8.8.4. Die enorme Wirkung nicht zueinander gehörender Bildlogiken im Dienst einer sachlichen und/oder emotionalen Manipulation war für das Ethos der Rhetorik von jeher präsent. Aristoteles unterschied so «adäquate» und «nichtadäquate Emotionalisierung» und schloss die Familien der vor Gericht stehenden Delinquenten vom Prozessverlauf aus, da sie die Richter durch Mitleidsgesten nonverbal beeinflussen könnten. Für Kant schließlich war die Rhetorik «gar keiner Achtung mehr würdig», da sie in Verruf stand, zur reinen Sophistik zu werden und jeden zu übervorteilen, der ungeschickt spricht. Und doch erlebte das Pathos als ein Kerngegenstand der Rhetorik immer wieder gigantische Auferstehungen – bei Schiller, der das Pathetisch-Erhabene für die primäre Figuration hielt, die eine Gesellschaft voranbringen würde und «die Bühne zu einer moralischen Anstalt» werden lässt. Dies aber nicht im *páthos* reiner Leiden/-schaftlichkeit, sondern im Überwinden des Leidens durch eine Idee. Von Schiller auf Nietzsche zu folgern, leuchtet eigentlich nicht gleich ein, aber ein Gedanke ist es wohl wert, inwiefern Nietzsches Bewunderung und schließliche Abkehr von Wagner nicht dieselbe intellektuelle Lineatur von Pathos und Ironie nachzeichnet, die der Nachkantianismus epistemologisch hervorgebracht hat. Nicht von ungefähr heißt Nietzsches erste große Schrift von 1872 «Die Geburt der Tragödie aus dem Geiste der Musik», in der Wagner noch verehrt wird (um dann, nur sechs Jahre später, in «Menschliches, Allzumenschliches» komplett verworfen zu werden).

8.8.5. Es wäre jetzt wohl interessant, über Rolle und Wirkung des Pathos in der Kunst Richard Wagners zu sprechen, auf dessen Bayreuther Hügel sich ja tatsächlich die dramatischsten Szenen von Hypertonie bis Apoplexie und tödlichem Herzschlag ereignet haben – allein, uns fehlt die Zeit. Unlängst hatte Lars von Trier in seinem großartigen Film «Melancholia» Wagner auf eine Weise zitiert, dass das Pathos nicht mehr ironisch unterlaufen wird, und damit auch einen Nerv der Rezeption getroffen: Pathos in sich selbst zu begründen und zunächst einmal freizuhalten von jeder Kontextualität. Die Idee des Transzendentalen erscheint nämlich nirgendwo so unmittelbar wie im Pathos, und deshalb kann es keine schwierigere Sache geben, als es literarisch einzusetzen.

8.8.6. Die vorweggenommene Negativität von Pathos – ja schon der bloße «Pathosverdacht» – machen einen Umgang mit ihm reichlich schwer. Mir fällt im Moment kein neueres literarisches Werk ein, das Pathos nicht nur verwendet, sondern ästhetisch auch durchhält. Hingegen ist die Ironie bis zum Sarkasmus (oder schon zum Zynismus erstarrt) aus der Sphäre der künstlerischen Produktionen nicht mehr wegzudenken, weil es wohl zum guten Ton zählt, die Uneigentlichkeit allen Seins auch begriffen zu haben. Das aber ist eine unstatthafte Verkürzung der Ironie, die auf einem Missverständnis beruht: dass ihr kein Pathos mehr anhängen könnte. Im Gegenteil. Wir produzieren gerade dadurch Pathos, dass wir es leugnen, und in dieser Leugnung wird es frei für den Missbrauch. Die gesamte *Eventkultur* basiert auf einem pervertierten Pathos, und an einer Ästhetik der erfolgreichen Hollywoodproduktionen lässt sich die Technik zur synthetischen Erzeugung von primitiver Erregung sehr deutlich erkennen. Der «Nullpunkt der Literatur», von dem Roland Barthes bereits vor einem halben Jahrhundert sprach, ist lange schon zu einem *Nullpunkt der ästhetischen Affektibilität* geworden – und das ist wohl auch das Problem, das Pathos als Figur des Erhabenen hat.

8.8.7. Es kann also gar nicht mein Rat sein, Pathos zu meiden, weil es so sehr verdächtig geworden ist, schlecht konnotiert zu werden. Vielmehr braucht es eine Disziplin, die ein Stoiker Gelassenheit nennen würde. Denn es kommt eine zweite Belastung im Umgang mit Pathos hinzu: die falsche Perspektive auf die Entfaltung von Narration. Wir pathetisieren nämlich einen Vorgang schon dann, wenn er lediglich seinen Spiegel nicht mehr zeigt, in dem sich alles auch mit seinem Gegenteil bricht. So wird der Ausfall von Ironie schon zum Pathos, und er ist doch nichts als eine neutralisierte Ausgangslage für unvoreingenommenes Erzählen. Wir können also abschließend sagen: Pathos ist ein soziokulturelles Produkt und keine feste Figur des Ästhetischen; hingegen erreicht die Anapher* (respektive Epipher) ganz unmittelbare Effekte von Pathos.

8.8.8. Der Wiederholung von Worten am Satzanfang oder -ende kommt eine erstaunliche Kraft zu. Sie untermauern die Dringlichkeit und machen aus einer Anrede einen Appell: «Wer nie sein Brot mit Tränen aß,/ Wer nie die kummervollen Nächte/ Auf seinem Bette weinend saß.»[34] Es ist wie der berühmte stete Tropfen auf einen Stein, was hier so eindringlich – und pathosfördernd – verwendet wird. Natürlich hat das auch mit Effekten von Rhythmus zu tun, wenn nach einer immer selben Silbenabfolge ein Aufruf wiederholt oder dem Satzlauf hinterhergetragen wird.

8.8.9. Genau diese Nachhaltigkeit in der Betonung eines Besonderen kann aber auch qualvoll werden, und der metaphorische Tropfen trifft dann nicht mehr den Stein, sondern den Kopf eines Opfers während der literarischen Folter. Das mindeste, was eine Anapher nämlich benötigt, ist ihre unbedingt wichtige Nachricht – und die vermissen wir allenthalben und fühlen uns dann geradezu «anaphorisch genervt». Dasselbe betrifft die Klimax*. Wenn die gesteigerte Anrufung im Grunde einem Abstieg an Sinn nahekommt, ist sie eine Zumutung. Zum Beispiel der wiederholte Hinweis der einen an eine andere Person, dass es gleich zu regnen beginne und man es doch noch weit bis nach Hause habe, vorgetragen in einer sich hysterisch steigernden Erregung, porträtiert schon die ganze Unerträglichkeit der wohl recht

---

34 Goethe, Johann Wolfgang von: Wer nie sein Brot mit Tränen aß, in: Conrady 2000, S. 284.

nervösen Verbindung und könnte nur noch als Ironie etwas taugen; oder die Klimax wird Kitsch, wo wir auch gleich das Klischee finden werden.

Klischees

8.9. Aber was ist ein *Klischee*? Zunächst einmal ist *cliché* (französisch für «Abklatsch») eine billige Nachahmung, eine Redensart, die semantisch leerläuft, da sie jeder verwendet. «Abklatsch» aber ist ein Probeabzug im Druckwesen, im Grunde eine erste Formation, ein Unikat insofern, als es die Serie schon ankündigt, aber selbst noch nicht dazu zählt. Diese doppelte Bedeutung von a) sinnleerer Phrase und b) Vorankündigung eines Produkts, ist insofern nicht ohne Wert, als sie schon darauf hinweist, dass ein Klischee nicht einfach nur defizitär ist. Denn das durchaus tragische Leben eines Klischees besteht wohl darin, dass ihm eine Botschaft von Bedeutung zwar anhängt, sie aber verschüttet ist unter dem Geröll eines perpetuierten Gebrauchs. Klischees sind also Wahrheiten, die nicht mehr erkannt werden können, da ihre Sichtbarkeit nur allzu deutlich geworden ist.

8.9.1. Ich höre es immer wieder, dass Autoren, denen Klischees nachgesagt werden, entrüstet darüber sind und nicht zu Unrecht darauf bestehen, dass ihr Klischee eine Wahrheit verkörpert. Aber der Satz: «Wer im Regen steht, wird nass», ist auch wahr – und dennoch ist er Klischee, weil dieser Wahrheit nichts Neues hinzugefügt wird. Man kann auch sagen: Der Satz fällt auf den Status seiner Tautologie zurück, nachdem er seine Karriere als Metonymie oder Metapher hinter sich hat. Denn nicht der Satz allein, aber seine Kontexte sind geeignet, ihn symbolisch zu situieren. Irgendwann ist er ein Bild, das sich selbst repräsentiert und metaphorisch verstanden wird wie das Mythem: «Die Letzten werden die Ersten sein.»

8.9.2. Warum aber wird aus diesem wahren Aussagesatz, der sogar einen Aufstieg zur Metapher erlebte, ein Klischee, während das Mythem unantastbar geblieben ist? Kurz: Er wird nicht mehr gesehen, sondern nur noch verstanden, so wie «Ich liebe dich» keinen Sinn ergibt, wenn der, dem der Satz gilt, nichts davon spürt. Es liegt in unserer Natur, Wissen abzulegen, sobald es mehrmals gebraucht worden ist und sich dadurch signifikativ auch verliert. Irgendwann ist es ganz verschwunden, und wenn es dann aus den Archiven doch wieder auftaucht, sind wir überrascht, was uns da entgangen war in all dieser Zeit seines Fehlens. Das ist die zweite Geburt der Wissensbestände im allgemeinen: so aktuell, als wären sie gerade erst ergründet.

8.9.3. Klischees sind tragische Figuren und bestrafen ihren Verkäufer und werden bestraft, auch wenn sie keine Lügen verbreiten und auch gar nicht unanständig sind. Sie überraschen uns nicht mehr, und das ist ihr tief in sie abgelegter Skandal. Sie zu neuer Blüte zu bringen heißt, das Sichtbare wieder sichtbar zu machen durch inszenierte Entfremdung. Gesprengte Klischees sind dann wieder interessant, weil sie zeigen können, einmal keine gewesen zu sein. Nur wir, in unseren kalten, unerregten Blicken, haben sie dazu gemacht.

Orte der Prosa. Die Zeit und der Blick.

«Die Verletzung der Form liegt in deren eigenem Sinn.»

Theodor W. Adorno

9.0. Es wäre wohl ein Vergnügen, Paul de Man folgend einmal nicht von den Texten zu sprechen, die sich geschrieben haben, sondern von denen, die dadurch erfahrbar geworden sind. Denn gewiss ist der extensionale (eröffnete) Text um ein Vielfaches größer als der intensionierte (erschlossene) – andernfalls wäre er literarisch unbrauchbar. Und während wir nun besprechen, warum X mit Y so und nicht anders umgegangen ist oder Z sich mit X gegen Y verbündet hat, entgeht uns, dass wir in dieser Art eines allegorischen Lesens (de Man) den eigentlichen Grund verpassen: Warum nämlich fragen wir nicht, wo A, B oder C geblieben sind und was dieser Beziehungskonflikt für das Alphabet (für die Summe aller Teile einer Gemeinschaft) an und für sich zu bedeuten hat? Denn es geht in allem, was wir erzählen, um die Simulation von Kontinuität und teleologischer Sinnhaftigkeit. Das heißt: es gibt keinen Zufall innerhalb dessen, das als zufällig erscheint. Erzählen heißt *ausgewählt haben*, und das schließt die gesamte restliche Welt aus. Dieser «Totalitätsrest» aber bestimmt darüber, was das Erzählte zur Bedeutung erhebt. Denn eigentlich ist unsere hier schnell konstruierte Geschichte einer zerrütteten Freundschaft von X, Y und Z denkbar simpel, würde sie sich nicht deduzieren lassen aus den Verhältnissen, denen sie symbolisch angehört. Der Leser also «springt» zwischen den Registern seiner Erwartung – er will «verstehen», aber er will so verstehen, dass es das Unverständliche mit in sich aufgenommen hat. Das war ja die Tragik des Klischees, wie wir es eben besprochen haben: dass sie zwar eine Wahrheit veräußert, sie aber dadurch gewissermaßen «einfriert», dass ihr kein Widerspruch, keine neue, überraschende Perspektive mehr inhärent ist.

9.I. Das nun besagt die Theorie bei de Man: dass die erzählte Welt sich ästhetisch erschöpft und die nichterzählte erzähltermaßen zurücklässt. Und in der Tat, auch wenn wir es nicht denken und deskriptiv besprechen, ist im Erzählten auch das Nichterzählte präsent – als eine Präposition, eine narrative «Vorschaltung», die im Bewusstsein direkt nicht mehr abgebildet wird. Musik können wir ja auch nur dadurch hören (und genießen), dass wir alle anderen Geräusche zeitweise ausblenden. Und ebenso lesen wir: in Konzentration auf das sehr bestimmte und architektonisch exakt gebaute Sprachwerk. Gleichzeitig aber sind wir viel tiefer affiziert und in semantische Anschlüsse verstrickt, die quasi zugedeckt bleiben, als wir es wissen. Bei de Man kommt hier noch der schon erwähnte Gedanke hinzu, dass sich im literarischen Vollzug der Sprache die Intentionen des Sprechens permanent überlagern und den Text schließlich auf eine Nullsumme bringen, ihn ungeschehen machen und «blind». Am Gedicht kann man das am ehesten sehen, wie funktionale und poetische Sprache, Sinn und Musik, Phrase und Rhythmus, Semantik und Reim und so weiter in einem andauernden gegensätzlichen Verhältnis zueinander stehen, sich bedienen und bedingen einerseits, sich ausschließen andererseits. Der Sinn des Textes ist dann seine Auslöschung, aus der ein zweiter, verborgener Sinn – in der Spur des Verlöschens – erst noch entsteht. Übersehen dabei bleibt, dass es keine oder nur höchst selten Kräfteverhältnisse gibt, die symmetrisch sind und parallel sich vollziehen. Wir werden in unserer Beschäftigung mit Lyrik noch einmal darauf kommen: dass sich die (warme) Stimme der Mutter und die (kalten) Gesetze des Vaters fortwährend positionieren und um eine Vorherrschaft über das Innere des Kindes bemüht sind – aber diese Interferenz an Positionen muss nicht für eine Auflösung von substantialer Masse sorgen; ebenso kann sie der Energiefluss sein, der eben geschieht und zu einem effizienten Produktionsmotor wird. Wir müssen nur erkennen, welche Tonlage sich durchsetzen konnte und wie sie zu vermitteln ist.

9.1.1. Für uns heißt das: nicht primär die Frage danach zu stellen, wie welche literarische Mechanik funktioniert, sondern in welchem Kontext sie verwendet werden kann. Zum Beispiel gibt es doch wenig Grund, ausführlich über den auktorialen Erzähler zu sprechen, wenn dieser nur noch am theoretischen Tropf hängt. Andererseits haben wir es mit Erzählweisen außerhalb literarischer Verwendungen zu tun, die lange schon beherrschend geworden sind und unsere Verstehensordnungen auch verändert oder gar neu hervorgebracht haben. Ich bin mir nicht sicher, ob die vorhandenen Poetiken (die ich in Vollständigkeit nicht überschaue) repliziert genug sind, um diese grundlegenden Verschiebungen im Kommunikationsfluss der Gesellschaft genügend zu berücksichtigen – was gewiss ein Problem aller Paradigmen ist. Denn Lesemüdigkeit entsteht ja auch daraus, keine Position des Erzählens mehr vorzufinden, die angemessen ist (um das alberne Wort «zeitgemäß» hier einmal bewusst zu umgehen). Um Inhalte, das kann ich nicht oft genug sagen, *geht es uns nie*. Sie kommen und gehen wie die Zeitung des Tages. Das heißt freilich nicht, dass wir nichts zu sagen hätten – im Gegenteil; nur ist das keine Verhandlungssache des Poetischen mehr. Hier haben wir zu betrachten, wie das, was wir sagen wollen, seinen Empfänger erreicht – und eben als ästhetische Signalisierung und nicht als moralische Applikatur. (Noch genauer, damit es keine Irrtümer gibt: eben weil es um die Botschaft des Sinnvollen geht, geht es *um ihre Form*.)

9.1.2. Vielleicht wäre es ein brauchbarer Ansatz, die Möglichkeiten modernen Erzählens einmal an den Errungenschaften der Filmkunst zu messen (wohl wissend, dass der Erzähler nicht wie eine Kamera sieht und dass Präsentation/Nichtpräsentation des Bildlichen umgekehrt funktional sind). Von Anbeginn war das Theater die allumfassende Weise einer Verknüpfung von Raum, Zeit und Figur, jetzt könnte das für den Film ebenso gelten. Große Werke wie die eines Fellini oder Antonioni, Tarkowski oder Greenaway, Lynch oder von Trier – ich gestehe, von diesen kinematographischen Systemen eines möglichen Erzählens (oder auch Nichterzählens) mehr gelernt zu haben als von allen Gebrauchspoetiken zusammengenommen. Auch die

Literatur kann über sich selber viel weniger sagen. Wir nehmen nur einen unsäglichen Strom an Verquatschtheit zur Kenntnis, wie er auch aus jeder Talkshow rieselt, und wenn er goutiert wird, dann ist es nicht sehr anders als der Sieg eines besonderen Shampoos durch persistierende Werbung. Es sind die dem Gedächtnis am weitesten vorgelagerten Signifikanten, die am ehesten abgerufen werden, und das hat mit Kunst erst einmal noch gar nichts zu tun.

9.1.3. Wenn wir schreiben und den Standort des Erzählers erkunden, könnten wir also auch einmal fragen: Wo steht die Kamera, und wie wird sie bedient? Wann zoomt sie sich heran und wann wieder zurück? Was sieht das Auge des Kameramanns – und was erscheint, ohne dass er es sieht? Oder brauchen wir überhaupt noch eine Kamera, wenn wir fortwährend erkannt dabei werden, *wie und was wir begehren*? Könnte neues Erzählen nicht auch so funktionieren, dass es sich des fremden Reflektors bedient, der alles zersetzt und in weitere Informationscontainer zur Blindheit aller Beteiligten ablegt? Diese Überlegungen greifen über die Ziele dieses Buches hinaus und sollen jetzt nur anregen, darüber nachzudenken, ob es nicht ein Modell des selbstgenerativen Erzählens geben könnte, das den Erzähler vollkommen aussetzt und eingemeindet in den Stoff des Erzählten (und auch nicht mehr als Reflektorfigur, sondern als erzählendes Ding unter Dingen). Dafür aber müssten wir wohl eine Vorstellung darüber haben, in welchem Ausmaß unsere Vorstellungen schon präfiguriert worden sind, und das wäre eine Aporie in ihrem Urzustand. Denn so viel ist klar: Die moderne Massen- und Werbepsychologie hat Besitz ergriffen von unserem Unbewussten und damit auch von der Freiheit des freien Gedankens und Assoziierens. *Écriture automatique*, einmal die große Existenzrevolte der Surrealisten, wäre heute affirmativ insofern, als es dieselben semantischen Schlacken hervorstoßen würde, die es abschaffen wollte; mit anderen Worten: hinter dem Produkt-Ich steht nicht etwa *Ich*, sondern nur wieder ein anderes Produkt. Das alles wären durchaus Felder des Denkens und Reflektierens, die Literatur neu besetzen könnte, anstatt immer nur über ihre Entbehrlichkeit zu klagen (die sie ja selbst auch hervorbringt).

9.1.4. Wenn es keinen gesicherten Standort des Sehens (mehr) gibt, dann kann es auch keinen des Erzählens (mehr) geben. Gleichviel, dass wir den «unzuverlässigen Erzähler» schon so lange kennen, solange sich die Moderne ihrer selbst ästhetisch bewusst ist; das Problem nur eben bleibt, dass es bei aller substantialen Zerstreuung (die ja quasi einer Flutung des Realen gleichkommt) kein freies Recht auf das Zerstreute als einen Wert gibt – alle «post/postmodernen» Versuche in dieser Hinsicht sind gescheitert und in dieselbe Leere gelaufen, der sie entkommen wollten. Textuales Denken im Unterschied zum wilden Gedankenstrom (ohne Gefäß) ist immer Struktur, selbst dann noch, wenn sie nicht gleich erkannt wird. Das heißt, wir können nicht einfach einen Erzähler finden, der nur eben erzählt, dass er nicht mehr erzählen kann; von diesen Nichterzählern handelt die Welt ja schon an und für sich. Vielmehr braucht – und gerade weil es um Zerstreuung geht – jede Formlosigkeit ihren Sinn, der eine Form ist. Wir müssten demnach einen Erzählort finden, einen *point of view*, der einerseits keine Standfläche (mehr) hat – denn die wäre illusionäre Fiktion und führte in eine neue und kaum zu ertragende Unterkomplexität –, sie dann aber so besetzt, dass sie zu einem Stand (für den Blick des Erzählers) wird. Denn der unersetzbare Verlust ist immer ein Begehren nach dem, was sich dem Begehren entzieht – und das eben auch in einer noch so großen Erzählung darüber.

9.1.5. *The Blair Witch Project*[35] ist ein solcher Film, der zeigt, wie durch die Erzählperspektive der subjektiven Kamera (dem Auge des Erzählers) die ganze filmwirkliche Welt zu einem einzigen Albtraum gerät. Am Ende, nachdem alle Personen getötet sind, bleibt nur noch der Videorecorder am Ort des Horrors zurück, durch den wir die Geschichte überhaupt nur erfahren. In Allegorie gesprochen: Wenn es nichts mehr von uns gibt, dann gibt es noch immer die kalten Bestattungen im Unendlichen einer digitalen Welt und ihrer haltbaren Speicher. Das beleuchtet die Frage nach einem geeigneten Standort des Erzählens von einer zweiten Ebene her, die quasi immer schon da ist,

---

35 Daniel Myrick und Eduardo Sánchez, USA 1998.

noch ehe wir überhaupt begonnen haben zu sprechen. In dieser Meta-ordnung entfällt ein Anspruch (Recht) auf «unzuverlässiges Erzählen» aus sich selbst heraus sowieso, da es sich am unzuverlässig Erzählten neutralisiert. Realismusbruch setzt einen Realismus voraus, der evident werden kann – aber faktisch und objektiv ist nur die physikalische Welt, und die entgeht uns auf subjektive Weise. Das Paradoxe an der Überdetermination, in der wir leben, ist der enorme Zuwachs an Kontingenz; die vielen, sich unaufhörlich multiplizierenden Signifikanten-ketten, die signifikativ erlöst werden wollen, fallen beharrlich auf sich selber zurück: und das ist der grandiose Wertesturz der Zeichen, den wir zu erkennen haben. Parataxis, erklärt uns die Wissenschaft, ist eine Störung im Kommunikationsfluss, die dadurch entsteht, dass alle kommunizierenden Subjekte dermaßen abweichende Vorstellungen von einem Referenten besitzen, dass es keine semantische Schnittflä-che mehr gibt, die von allen gleichermaßen sinnvoll aufgefüllt werden könnte. Das stößt auch die Zeichen auf sich selbst zurück wie die In-dividuen, die sie verwenden; sie stehen dann entweder für nichts (Iso-lation), oder für alles (Paranoia). Vor diesem Hintergrund zerfällt auch die schon bei Platon/Aristoteles beschriebene Dichotomie (Zweitei-lung) *Mimesis* und *Diegese**, weil sie sich völlig neu situieren und inter-medial abgleichen muss. Aber das alles führt uns nicht weiter. Wir wollen, und wir müssen, erzählen, weil eine nichterzählte Welt eben keine mehr ist – jedenfalls keine, in der wir Menschen noch eine menschliche Rolle spielen. Nur sollten wir Wege des Erzählens finden, die immer auch Infragestellungen sind; und deshalb gehe ich von kei-nen Poetiken aus, die kanonisiert werden können (oder es sind). Die poetische Realität ist immer genauer und komplexer als jeder Versuch, sie zu verstehen. Aber wir wollen sie verstehen, um sie verändern und auch genießen zu können. Und vielleicht finden wir sogar Antworten, die neue Fragen eröffnen.

9.1.6. Zum Beispiel könnte ja die Ungesichertheit des Gesicherten auch dazu führen, dass selbst der auktoriale Erzähler wieder möglich und angemessen wird; dann nämlich, wenn sich zeigen sollte, dass wir alle alles gleichzeitig wissen und ebenso gleichzeitig abrufen können.

Die Gnadenlosigkeit der Präsenz, wie wir sie bis zur Vernichtung von Biographien tagtäglich erleben, weil niemand mehr unbeobachtet sein kann, ist auch das Ende einer bürgerlichen Freiheit zur Individualität. Wir sind heute näher an einer Zwangskollektivierung als jemals zuvor. Das hat keine politischen, sondern technologische Gründe; kämen politische hinzu (wie in Diktaturen der islamischen Welt), dann würde aus Orwells «1984» eine Geschichte zum Einschlafen werden. Gewiss geht es uns hier zuerst um unsere poetologischen Interessen – nur hat es eben auch keinen Sinn, sie abseits aller modernen Technologien der Subjektgleichschaltung und kulturellen Züchtigungen zu erörtern, so als wären sie selbst nicht mehr deren Teil und ihre Nutzer nicht mehr auch Konsumenten dieser Teile. Nehmen wir einfach mal an, ein Erzähler wird dadurch allwissend, dass er am Internet partizipiert und alles in Sekundenschnelle verfügbar hat – dann wäre er gewiss immer noch nicht «intelligent» (und gebildet gleich gar nicht): aber auktorial wie im 18. Jahrhundert. Eine gewiss riskante Vorstellung – aber keine, die völlig aus dieser Welt fällt. Was und wie immer auch weiter geschrieben werden wird: Der Schreibende muss die Suche nach einem *point of view* nicht nur für sich allein und ohne Rücksicht auf Konventionen leisten, er muss, davon bin ich überzeugt, den Adressaten einbeziehen in diese Suche und ihn sozusagen *mitsuchen lassen.* Beide, Erzähler und Leser, eine Doppel-Autorenschaft ohnehin, haben dasselbe Problem: nicht zu wissen, in welchem Raum was, wie und warum geschieht. Das bindet sie aneinander, und das ist auch die Wahl, die wir noch haben. Die Technik ist dabei austauschbar.

9.1.7.   Die «richtige» Perspektive des Erzählens zu finden, ist Intuition. Wir müssen *imaginieren*, was wir erzählen, mit dem inneren Auge *sehen*, wer wo steht und erlebt – dann kann fast nichts mehr falsch sein. Wer nicht *sieht*, was er schreibt, nicht *erlebt*, was erlebt wird, nicht *hört*, was geredet wurde, der kann beim allerbesten Willen einfach nicht schreiben, jedenfalls nicht gut, und da nützen dann auch keine Fachkurse etwas. Erzählen heißt *reden in Bildern* – und wäre es anders, könnte es jeder.

9.1.8.   Wollen wir uns jetzt an zwei grundlegenden Modellen einmal genauer orientieren: *der Zeit und dem Blick.* Zeit heißt, in welcher Folge und Frequenz miteinander verknüpfter sprachlicher Bilder bewegen sich die Figuren durch eine Handlung, die immer ein Raum ist. Wann sehen wir sie nah, wann fern, wann in Beschreibung (diegetisch) und wann in Aktion (mimetisch), wann von innen (direkte Rede), wann von außen (indirekte Rede)? Wie verhalten sich innere und äußere Zeit, die Zeit des Erzählens (in Seiten) und die Zeit des Erzählten (in Handlung)? Was ist empfundene Zeit (Raffung, Dehnung, Stillstand), was historische Zeit (Chronometrie)? Was subjektiv und was objektiv? Wer sieht das alles? Und wer spricht darüber, wo, wann und zu wem? Dann aber auch immer in dem Bewusstsein: Haben die ästhetischen Paradigmen der Räume, Zeiten und Figuren vor denen Bestand, die außerästhetisch habituell sind? Denn es gibt kein Innen des Textes, das nicht auch ein Innen des Außen sein könnte.

Erzählperspektiven

9.2. Die Erzählperspektive ist ein tragendes Element jeder Prosa. Der Leser will wissen, nach welchen Prinzipien des Erzählens erzählt wird (Prämisse), um sie seinerseits imaginieren zu können. Dabei braucht er zwei Bestimmungen: a) die Verbindlichkeit eines Standpunkts, von dem aus erzählt wird (und der, wenn er plausibel signalisiert ist, auch labil sein kann) und b) die variable Geschlossenheit des Erzählten (variabel meint hier, dass die Geschlossenheit sich erst im Leser vollzieht, aber *geschlossen werden können muss*). Einer dieser beiden Faktoren sollte stabil sein, damit der andere «spielen» und «gleiten» kann. Der Erzähler verlässt seinen Ort nicht, und die Geschichte kann disparat erzählt sein; oder der Erzähler «springt», aber die Geschichte nimmt einen kausalen Verlauf. Zwei labile Faktoren hieße: es kann noch nicht erzählt werden, zwei stabile: es braucht nicht mehr erzählt zu werden. Wohlgemerkt: mit allem kann frei und flexibel verfahren werden, wenn es denn glaubwürdig «verabredet» wurde.

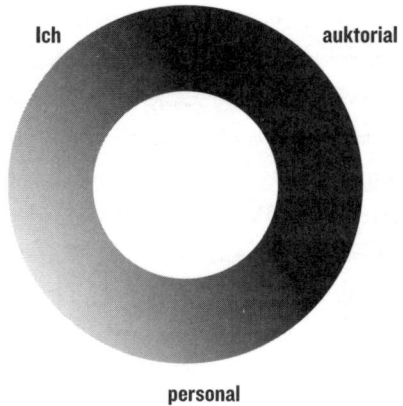

Ich   auktorial

personal

Abbildung 2 (Der Typenkreis nach Stanzel)

9.2.1. Von den zwei geläufigen Modellen zur Erzählperspektive, der Typenkreis bei Franz K. Stanzel[36] und die Taxonomie bei Gérard Genette[37], haben beide gleichermaßen Vor- und Nachteile, die gegeneinander aufzuwiegen recht schwer fällt. Empfehlenswert in diesem Zusammenhang ist eine Romananalyse von Christoph Bode[38], der das verglichen und exzellent beschrieben hat. Uns reichen hier die Grundbegriffe: Bei Stanzel die Trias auktorialer Erzähler (aEZ), personaler Erzähler (pEZ) und Ich-Erzähler (iEZ) sowie, später hinzugezogen, der neutrale Erzähler (nEZ), und die Taxonomie bei Genette: *wer sieht?* (Modus/Fokalisierung) und *wer spricht?* (Stimme/Diegese). Genette teilt in heterodiegetischen und homodiegetischen Erzähler, also der Erzähler, der im Erzählten nicht erscheint (bei Stanzel: aEZ) und der, der Teil des Erzählten ist (bei Stanzel: pEZ/nEZ). Der autodiegetische Erzähler ist eine Unterform des homodiegetischen Erzählers (bei Stanzel: iEZ). Sofern es eine Binnenhandlung gibt, erzählt die äußere Handlung der extradiegetische EZ, die innere der intradiegeti-

---

36 Vgl. Stanzel, Franz K.: Theorie des Erzählens, Göttingen 2008.

37 Vgl. Genette, Gérard: Die Erzählung, München 2010.

38 Vgl. Bode, Christoph: Der Roman, Tübingen und Basel 2005.

sche EZ. Der metadiegetische EZ erzählt noch einmal eine Geschichte in der Geschichte (die beliebig weiter verzweigt werden kann). Die Fokalisierungsmodi sind Nullfokalisierung (EZ > Figur), interne Fokalisierung (EZ = Figur) und externe Fokalisierung (EZ < Figur). Die Frequenzen des Erzählens sind *singulativ* (was einmal geschieht, wird einmal erzählt), *repetitiv* (was einmal geschieht, wird mehrmals erzählt) und *iterativ* (was mehrmals geschieht, wird nur einmal erzählt). Die Tempora: aEZ und iEZ = alle Formen des Präteritums (Plusquamperfekt, Präteritum, Perfekt), Präsens und Futur (Futur I und II); pEZ = alle Formen des Präteritums und Präsens; nEZ = Präsens (*camera eye*). Die Formen der Rede: direkte Rede, indirekte Rede, erlebte Rede, innerer/äußerer Monolog, *stream of consciousness* stehen vollständig dem aEZ, dem pEZ und dem iEZ zu, sind nur nicht gleichermaßen praktikabel in ihrer Verwendung. Der nEZ verfügt über die direkte und indirekte Rede sowie den äußeren Monolog. Das Erzählschema ist *discourse and story.*

9.2.2. Über den Autor (A) brauchen wir jetzt nicht mehr zu reden: er ist tot und stets ≠ aEZ, pEZ oder nEZ. Nicht einmal mit dem iEZ – dieser grandiose Simulant des unvermittelten Erzählens – hat der Autor noch etwas zu tun. Vorausgesetzt freilich, das Textsubjekt konnte sich gestalten (Autopoiesis), wie wir es weiter vorn ausführlicher besprochen haben. Alles, was der Autor leisten konnte, hat er geleistet, als er noch schrieb. Mit dem letzten Satz ist er aus dem Kreis seiner Erzählung getreten und wird nie wieder direkten Zugang zu ihr haben. Jetzt herrscht die Erzählung uneingeschränkt, und der Erzähler erzählt immer auch die Geschichte seines Verfassers, so wie ein Bild auch von seinem Maler erzählt (und ein Buch von seinem Leser).

Der auktoriale Erzähler

9.3. Der auktoriale Erzähler (aEZ) ist prärogativ; er herrscht über das Reich des Erzählten, dirigiert, komponiert, bewertet, wie es ihm gefällt. Er ist Gott, oder richtiger: er gibt vor, Gott zu sein. Dass in dieser Position des Erzählens ein gehöriges Maß an Zumutung liegt, versteht sich von selbst. Andererseits sorgt der aEZ für eine Identifikationslogik, wie es sie so einfach und ungebrochen in keiner anderen Weise des Erzählens mehr gibt. Der Erzähler ist wie ein Lehrer darum bemüht, seine Bewusstseinspartikel unter die staunenden Leute zu bringen, und jener Typ Leser, der sich lieber etwas sagen lässt, als selbst etwas zu sagen, wird dabei gewiss gut bedient. Aber er ist auch verführt worden auf eine didaktische Art, und der Roman in seiner auktorialen Form neigt sich dem ideologischen Bekenntnis (für oder gegen die Kirche, den Staat, die Familie et cetera) und ist immer auch in Gefahr, ein Katechismus zu sein. Das Moderne am «Don Quijote» von Miguel de Cervantes war eben diese Einsicht, wie sie sich fortan durch die Literaturgeschichte zieht: Lesen ist gefährlich und macht dumm. Deshalb wird auch die Mutter von Charles Bovary nicht müde, die «Grillen im Kopf» der hysterisch gewordenen Emma ihrer Lektüre zuzuschreiben, die sie blind konsumiert, und deshalb wird der Literatur aus der Position eines Anspruchs auf Herrschaft auch diese prominente Rolle zuteil: weil sie erziehen (und verziehen) kann, bilden (und verbilden), führen (und verführen).

9.3.1. Dass der auktoriale (heterodiegetische) Erzähler für die moderne Erzählung nicht völlig außerhalb einer literarisch ernstzunehmenden Reichweite liegt, haben wir schon bemerkt (und dass er für jeden Arztroman in Serie sogar der einzig verfügbare ist, brauchen wir nur kurz zu erwähnen.) Es ist alles eine Sache des Kalküls und der gelungenen Kontextuierung. Eines aber muss der aEZ immer leisten: Verzicht auf (sein) narratives Wissen. Das eben ist ja die große Verführung: sich überall einzumischen und nichts unkommentiert erzählt oder beschrieben zu lassen, bis das gesamte Erzählsystem lücken- und pausenlos ausgefüllt ist. Der aEZ muss sich beschränken lernen und Informationen so lange verweigern, bis seine Diegese sie unbedingt braucht. Und auch dann ist eine Nachreichung (Analepse) immer noch besser als eine Vorhersage (Prolepse). Diese «narrative Überversorgung» (Genette) durch einen aEZ, der über keine erzähltechnische Ökonomie mehr verfügt, weil ihm quasi alles zu Füßen respektive unter der Schreibhand liegt, ist vielleicht das größte Problem dieser Erzählperspektive – neben der generellen Unglaubwürdigkeit natürlich, von einer Welt zu erzählen, die in Wirklichkeit unsichtbar ist.

9.3.2. Aber es gibt durchaus auch eine produktive Schwächung des aEZ, wie zum Beispiel Thomas Mann sie genutzt hat: die Verflechtung mit Ironie. Der aEZ spielt dann mehr mit dem Wissen vom Ganzen, als dass er es hat, und in dieser augenzwinkernden Sprechart ist er positionell in den Stand eines pEZ rückversetzt (ohne dass er darauf verzichten muss, einen Kompass und eine Karte zu haben). Aber hier gilt natürlich, was für die Ironie ohnehin gilt: kein Spiel ohne Partner.

9.3.3. Ein weiterer überlegenswerter Nutzungsaspekt des aEZ – und er kommt der Ironie durchaus nahe – ist die bewusste Signalisierung einer mimetischen Simulation, wie sie unter anderem auch das Märchen liefert. Scheinbar wird eine Miniaturwelt realistisch kopiert (so wie die Behauptung etwa, ein Bild vom Eiffelturm sei das Gleiche wie der Eiffelturm selbst), aber diese Kopie erschöpft sich in ihrem Rahmen, der sie in eins mit der Fiktion setzt. Genau das liefert ein Märchen mit dem Expositionalsatz: «Es war einmal», der sofort eine Markierung des Imaginären setzt. Von nun an ist es Wille des Lesers, dieser Markierung zu folgen und sie so anzuerkennen, als hätte er sie gar nicht zur Kenntnis genommen.

9.3.4. Wie wir es an Stanzels Typenkreis sehen, grenzt sich der aEZ nach rechts zum pEZ und nach links zum iEZ ab. Die farblichen Übergänge in den Grenzbereichen zeigen aber auch an, dass wir uns eher Mischformen des Erzählens vorzustellen haben anstatt feste Erzählerstandorte. Die Multiperspektivität, wie sie die klassische Moderne seit Flaubert ausgeprägt hat und die heute fast grundlegend gilt, ist nur eine Erweiterung dieses Möglichkeitsgefüges, wie sie der Kreis zeigt. Anzuerkennen ist lediglich, dass es eine «Gleitoptik» nur vom ober- in den unterfunktionalen Bereich gibt, das heißt vom größeren zum kleineren Wahrnehmungsfeld (und nicht umgekehrt). Ist ein aEZ erst einmal installiert, wird er immer wieder in Erscheinung treten, gleichviel, ob ich ihn abgelöst habe oder auch ganz aufgegeben. Der Leser denkt ihn sich, selbst wenn er ihn nie wieder zu Gesicht bekommt, mit. Eröffne ich allerdings mit dem pEZ oder iEZ, ist ein späterer Wechsel zum aEZ sehr kompliziert; nicht unmöglich, aber dekonstituierend für alles, was die Geschichte schon aufgebaut und dargestellt hat.

9.3.5. Interessant in diesem Zusammenhang ist die Systemtheorie Lotmans, die besagt: dass der Rezipient immer bemüht ist, literarische Komplexität aufzulösen und das Basalparadigma auf das Niveau seiner Ressentiments hin zu senken, anstatt sich neu zu orientieren und komplexsteigernd zu verhalten. Das ist wertvoll insofern, als der Erzähler gar nicht komplex genug sein kann, um dann zumindest in der kognitiven «Halbsumme» auch verstanden zu werden. Zweitens gibt es ganz offensichtlich ambivalente Potentiale des Lesens: einerseits, das Rebus lösen zu wollen, andererseits, es sich dabei so einfach wie möglich zu machen. Nehmen wir aber ein praktisches Bild dafür – der Bergsteiger an einem Hang –, dann erschließt sich uns dieser Widerspruch schnell. Denn natürlich klettert der Bergsteiger so, dass es ihm leichtfällt – für den steilen Hang hatte er sich ja schon vorher entschieden.

Der Ich-Erzähler

9.4. Der Ich-Erzähler ist die direkteste Form des Erzählens. Diese Haltung entspricht am ehesten dem Prinzip der unmittelbaren Narration, wie sie auch Odysseus benutzt, um von seinen Reisen zu berichten. Aber wenn wir uns den iEZ auf einem Marktplatz irgendwann in historischer Vorzeit denken, wie er mit einem Zeigestock vor einer Tafel voller fertiger Schaubilder steht und referiert, wann er was erlebte und sah, erkennen wir auch die Komplikationen – es gibt ihn nämlich in der Dichotomie: a) als iEZ, der gerade handelt (Präsens), und b) als iEZ, der seine Handlung erzählt (episches Präteritum oder historisches Präsens). Das erzählende und das erlebende Ich decken eine Differenz auf, die nicht leicht zu bedienen ist: einerseits aus der akuten Sprechhandlung heraus ein schon abschließendes Wissen von der Handlung zu haben, es aber andererseits so anbringen zu sollen, dass die Chronometrie des Erzählten wenigstens noch etwas erhalten bleibt. Denn wenn der iEZ ständig vom Ende her erzählt (Futur I oder Futur II), verliert er jede Bedeutungsproduktion, die sich linear und nicht retrospektiv konstituiert. Ein Beispiel: «Ich werde dann schwer verletzt schon im Krankenhaus gelegen haben, aber davon wusste ich noch nichts, als ich frohen Mutes in diesen scheußlichen Krieg zog.» Alles, was jetzt eingeschoben weiterhin erzählt wird, kann keine Spannung mehr entfalten, weil es sich schon vom Abschluss der Ereignisse her verstehen lässt. (Es sei denn, man will genau das – aber das braucht dann auch ein geschicktes narratives Arrangement.)

9.4.1. Der iEZ auf einem Marktplatz muss also sehr genau erkennen, wenn er der Ordnung seiner Schaubilder folgt, was er wann schon gewusst, gedacht und gefühlt haben kann, oder besser: wie groß sein jeweiliges Wahrnehmungsfeld (= Sehfeld + Hörfeld + Tastfeld) war, und wie groß demnach sein Erzählfeld (= Wahrnehmungsfeld + Subjekt $^{(erinnernd)}$ + Subjekt $^{(imaginierend)}$ + Sprache) nur sein kann. Genette nennt es die Dekonstruktion der Paralepse: der iEZ schießt über sein Erzählziel hinaus; er sagt mehr, als «der Fokalisierungskode, der das Ganze beherrscht, an sich gestattet». Das mag in wenigen Momenten nicht sehr erheblich sein – immerhin hat der Leser ein rezeptives Interesse daran, den doppelten Kode, wie ihn jeder Literaturtext besitzt, zu entziffern – nur als Prinzip geht es über jede Bereitschaft, logische Abweichungen zugunsten eines literarischen Ganzen zu tolerieren, hinaus.

9.4.2. Um diese natürliche Differenz von erinnerter und erlebender Zeit beim iEZ erzähltechnisch auszugleichen, gibt es zwei Möglichkeiten: a) die Zeitdifferenz zwischen dem historischen und dem agierenden iEZ möglichst klein zu halten (die Zeit des Erzählten fällt dann mit der Zeit des Erzählens fast ineinander, so dass es keine allzu großen Wissensverschiebungen gibt), oder b) die Zeitdifferenz ist so groß, dass jede Asymmetrie von Wissensvorrat und Erzählfülle in den Fokus einer glaubwürdigen Wahrheitsabweichung fällt, wie es für das Erinnern ja ohnehin signifikant ist. Über das Erinnern (in Abgrenzung zum Gedächtnis) hatten wir festgestellt: es ist sprunghaft, disparat, assoziativ, willkürlich, dysfunktional – mit einem Wort: alles, was zu einem «unzuverlässigen Erzähler» gehört, gehört auch zu einer Ökonomie des Erinnerns. Die Dichotomie für den iEZ besteht jetzt also darin, dass er, wissenslabil in der erlebenden Zeit wie in der erlebten, nur noch über begrenzte Möglichkeiten verfügt, analytisch zu denken und begründet zu handeln. Das richtig zu adjustieren ist ebenso schwierig, wie einer geistig beschränkten Figur das Amt des Erzählens zu überlassen und sie auf einen sehr engen Kreis festzulegen, über den sie niemals hinauskommen und -erzählen kann.

9.4.3. Das schließlich mündet in das größte technische Problem, das ein iEZ zu lösen hat: seine enorme Lust am monomanischen Sprechakt so zu kontrollieren, dass er seine Dienstfunktion einer zu erzählenden Sache gegenüber nicht vollends verliert. Der iEZ hört sich gern selbst, das entspricht dem vorgeformten Erzählbild, und er wird vom Leser bestraft, wenn er a) nichts Bedeutendes mitzuteilen hat, was seinen autodiegetischen Charakter erklärt, und b) – viel wichtiger noch – über keine subjektiv starke Sprache (*parole*) verfügt. Denn der gesamte Aufbau von textimmanenter Spannung reguliert sich bei einem iEZ über dessen rhetorische Leistung: *Wie* spricht er über etwas, das eben gerade dadurch an Bedeutung gewinnt, *dass er es*, dieser eine besondere Erzähler, *erzählt*. Was *discourse and story* meint, löst hier seinen ganzen Sinn ein: nicht *mit*, sondern *in* Sprache zu sprechen und das Konfliktmuster vom semantischen auf das syntaktische/semiologische Umfeld zu verlegen.

9.4.4. Interessant ist hier auch das Verhältnis des Sprechens zum Hören. Wie gut oder nicht gut, lange oder nicht lange *hört ein iEZ zu* ? Kurz: gar nicht. Er spricht nämlich, um nicht hören zu müssen, und er spricht deshalb so oft auch über sein Sprechziel hinaus. Der Sprechakt des iEZ ist hochgradig narzisstisch, und ihn zu unterbrechen ist immer auch eine Verletzung der Person, die ihn ausführt. Der iEZ in der Erzählung kann das gut disponieren, wann er sich unterbrechen lässt, und so, dass die Rede des anderen, dem er diese Unterbrechung gestattet, schon wieder zum Bestandteil der eigenen wird; der Monolog im kommunikativen Alltag hingegen ist klar aggressiv und durchzogen von einem Willen nach Machtübernahme einer mehrere Subjekte verbindenden Ausgangsbedingung des Sprechens. In seinen Tagebüchern beschreibt Fritz J. Raddatz eine Begegnung mit Hans Mayer, in der dieser ununterbrochen von sich selber redet, um dann recht plötzlich zu fragen: «Und nun zu Ihnen – haben Sie mein neustes Buch gelesen?»[39] Ein treffenderes Beispiel dafür, wie der Monolog einerseits literarisch funktional sein kann wie andererseits eine Zumutung, wird es kaum geben.

9.4.5. Gewiss ist auch der iEZ in der variablen Position, sich einen zweiten Erzählerstandort zu organisieren, mit dem er verschmilzt, nur ist eben das ohne Metadiegese kaum möglich – und die ist eher im Film als in einer Erzählung geeignet, wo sie auch etwas unbeholfen wirkt. Noch schlechter wäre ein Arrangement des iEZ mit dem aEZ, der seine Bindungen dann gleich zweifach verliert: an seiner produktiven Unzuverlässigkeit (*discourse/discours*) und an einer sich immer wieder selbst sabotierenden Logik (*story/histoire*). Fazit: Der iEZ ist nur stark, wenn *er auch stark ist*.

Der personale Erzähler

9.4.6. Am schwierigsten abzugrenzen von den anderen Formen des Erzählens ist der personale Erzähler (pEZ). Er kann mit dem Ich-Bereich ebenso verschmelzen wie mit dem des aEZ. Charakteristisch für ihn ist die Illusion der Unmittelbarkeit (Szene). Wenn wir uns noch einmal die Achse der Diegese (*telling*) zur Mimesis (*showing*) vergegenwärtigen, dann liegt der pEZ so ungefähr in der Mitte dieser binären Antagonisten. Der aEZ wäre die komplette Mimesis, der iEZ die komplette Diegese. Das macht den pEZ zu einer «Reflektorfigur» (Stanzel), das heißt, sie referiert, was der Erzähler ihr zuschreibt. Ihr *limited point of view* macht sie gegenüber einem aEZ oder iEZ zwar etwas schwerer beweglich und temporalabhängig; das aber ist auch

---

39 Raddatz, Fritz J.: Tagebücher, 1982–2001, Reinbek 2010, S. 715.

ihre Stärke: sich der Innenwelt einer Figur so stark zu nähern oder sie auszufüllen, dass wir aus ihr heraus die Geschichte verfolgen (erlebte, indirekte, innere Rede). Da die Reflektorfigur nicht mehr auktorial verwaltet wird, steigt ihre Glaubwürdigkeit und ihre Beherrschung der Rolle, für szenische Illusionen zu sorgen. Der iEZ ist ja immer der sprechende Vermittler, der über etwas spricht, das sich selbst gar nicht zeigt, während der aEZ zwar alles auch zeigen kann, aber an einem heterodiegetischen Faden hängt, der aus der Handlung herausführt.

9.4.7. Der pEZ bietet also sehr gute Möglichkeiten eines modernen (zeitlogischen) Erzählens: er teilt die sequenzielle Realität seines Lesers/seiner Figur, und er behält es sich vor, diese Sequenz zu reflektieren oder narrativ so aufzulösen, dass (obwohl EZ < Figur ist) ein informativer/emotiver Überschuss entsteht. Da der pEZ immer noch über einen gesicherten Abstand zum Reflektor verfügt und die Seinsbereiche von Erzähler und Figur mit einer Differenz ausstattet, kann er den Leser ganz unmittelbar mit dem Geschehen verkuppeln (illusionieren), ohne indessen verantwortlich zu sein für Widersprüche oder Paradoxien. Die Verhältnisse sind eben noch unbewältigt und im Fluss ihrer akuten Konflikte (und der pEZ ist nicht allwissend wie der aEZ und auch nicht vom Ende der Handlung schon informiert wie der iEZ). Zudem hat er rhetorischen Zugang zu jener Kontingenz, die aus dem unerkannten Präsens hervorgeht, das sich seine Signifikationen erst noch erarbeiten muss.

9.4.8. Interessant ist hier gewiss auch die narrative Nichtnotwendigkeit, nach der die Zeit in der Geschichte gerafft oder gedehnt, der Erzählstoff berichtet/beschrieben oder erzählt/geschildert wird. Der pEZ wird doch immer wieder überrascht und überwältigt von der Tatsachenmasse, die seine Figur ihm bereitet – und das wird zur Überraschung naturgemäß auch des Lesers. Erzählen und Bedeuten vollziehen sich stets zeitlich versetzt und brauchen die Reflexion, um sich in ihrer gegenseitigen Abhängigkeit zu entfalten. Der pEZ unterschlägt also nichts, wenn er nichts weiß (wie der aEZ oder iEZ), sondern er erzählt abhängig von *seiner Reflektorfigur*. Und wenn er sie intrinsisch gestaltet (also subjektiv ausformt), verringert sich die Optik nach außen noch einmal erheblich. Zugleich aber, wie die Signifikation der erzählten Zeit immer erst im Nachtrag (reflexiv) erfolgt, ist die Erzählzeit vorangeschritten und verklammert die Geschichte mit der natürlichen Zeit (des Schreibens und Lesens). Es herrscht also die Illusion einer relativen Echtzeit vor, eben dadurch, dass der Erzähler genau so lange/viel erzählen musste, um auf die Bedeutung des Erzählten zu stoßen, wie die Geschichte gebraucht hat, um sich selbst einen Sinn zuzuweisen. Das hebt die vermutete Beliebigkeit in der Auswahl des Blickes auf seine Objekte, von denen er im Moment des Benennens (und Erwählens) noch nicht sagen kann, inwiefern er sie für die Signifikation des Erzählten auch tatsächlich braucht, wieder auf. Diese positive Rückbildung eines arbiträren Betrachtens erinnert hier an das kinematographische Sehen/Filmen: immer etwas mit abzubilden, das für die Erzählung ohne Belang ist. Dann aber, in dieser mitgeschleppten Redundanz, werden neue Sinnschichten produziert, die intensional gar nicht verabredet oder vorherzusehen waren.

Der neutrale Erzähler

9.4.9. Das führt uns direkt zum filmischsten aller Erzählperspektiven: dem neutralen Erzähler. Er ist visuell und akustisch immer auf dem gleichen Stand, auf dem sich seine Figuren befinden, und er ist, im Unterschied zum pEZ, festgelegt darauf, nur berichten zu können, was auch von anderen gesehen oder gehört werden kann. Im Grunde ist er ein Transmitter und mehr Objekt als Erzähler, oder besser: er ist ein (pseudo-)objektiver Erzähler. Die Herausbildung des nEZ reicht von Flaubert (der schon einmal auch seine Leser danach fragt, was diese oder jene Regung einer Figur wohl zu bedeuten habe) bis zum *nouveau roman* der 1950er bis 1970er Jahre (Michel Butor, Alain Robbe-Grillet, Nathalie Sarraute oder Claude Simon). Bemerkenswert ist, dass sich parallel dazu ein Neobehaviorismus (Skinner, Harlow, Tolman) etablierte, der vorzugsweise Reiz-Reaktions-Ketten freistellt, anstatt sich für Phänomene der Introspektion zu interessieren (und einen wohl nicht geringen Einfluss auch auf die Pop-Art besaß). Es ist gewiss eine Verführung, die herkömmliche Spaltung von Sein und Schein, Urbild und Abbild, Natur und Kultur, innen und außen zu sprengen und alles als ein Agens der Oberfläche zu betrachten – also die Empirie zu verabsolutieren und die Kognition abzuschalten. Nur sehe ich nicht, dass die natürliche Widersprüchlichkeit eines unablässigen Für-sich- und/oder Für-andere-Seins sowie deren Darstellungsformen in den wie auch immer vorgeführten Objekten dadurch außer Kraft getreten wäre. Denn natürlich ist das Außen auch eine Chiffre des Innen, weil es alles in mindestens zweifacher Kodierung vorführt: für sich (idiomatisch) und in Beziehung (lexikalisch). Und das schließlich sprengt auch die durchaus faszinierende Vorstellung vom «reinen Sehen»: dass der Erzähler niemals gleichermaßen «unbedeutend» (im Sinne von Bedeutungen vorbereitend) erzählen kann, so wie eine Kamera aufnimmt (ehe ihr Produkt in die Schnittmaschine kommt). Der Erzähler – und eben auch der nEZ – *ist eine Schnittmaschine.*

9.5. Jetzt werden wir, nach diesem nicht zu umgehenden Theoriegebäude, belohnt durch ein Gemälde des wunderbaren Vermeer van Delft, um 1666: «Die Malkunst» (das an anderer Stelle auch «Allegorie der Malerei» genannt wird). Dieses Bild nämlich deckt fast alles ab, was zum Thema Erzählperspektive besprochen worden ist.

9.5.1. Der Erzähler ist hier der Blick des Betrachters aufs Bild: heterodiegetisch von außen (voyeuristisch) ins Innere (exhibitionistisch) der Diegese. Jemand hält vom linken Rand her den Vorhang für uns auf, damit wir eine große Sichtfläche haben. Es könnte, theoretisch, der Autor sein, aber es ist ganz sicher der aEZ. Er erzählt von einem Erzähler (Maler), der erzählt (malt), dass er sieht, was jemand sieht (eine junge Frau, die hier auch den Mittelpunkt zweier Kreuzachsen bildet und Klio, die Muse der Geschichtsschreibung, darstellt). Der Erzähler dieser Intradiegese erscheint uns aber von hinten; eine Rückenfigur, die in den Raum hineinspricht, den wir bezeichnet (gestaltet) sehen, nicht aber sinnlich erfahren. Auch wissen wir nicht, ob der intradiegetische Erzähler die Figur ansieht oder das Buch, das sie in ihrer Hand hält. Ebenso möglich wäre, dass er geradeaus auf die vor

Abbildung 3
(Jan Vermeer:
«Die Malkunst»)

Narrationsspiegel 3 = iEZ
(autodiegetisch)

Narrationsspiegel 2 = pEZ
(homodiegetisch)

Narrationsspiegel I = aEZ
(heterodiegetisch)

ihm hängende Landkarte schaut. Dann wäre er mit etwas anderem beschäftigt, und die beiden Referenten (Maler und Frau) wären nur zufällig am selben Ort zur selben Stunde, ohne semantisch miteinander verbunden zu sein. Aber auch wenn er (der Maler) sie (die Frau) im Blick hat, wird uns eine andere Geschichte erzählt, als fixierte er – und damit beide gleichermaßen – das Buch. In Fall 1 ist der innerste Blick aller Blicke der Blick jener zweiten (aber primären) Figur, in Fall 2 das Objekt, das sie in der Hand hält.

9.5.2. Sehen wir nun, dass die Frau, deren Blick auf das Buch der entscheidende Erzählgrund ist, am Fenster steht, dann ergibt das eine unendliche Erweiterung aller Diskursmöglichkeiten – denn jeder, den wir nicht sehen, da er im heterodiegetischen Gelände irgendwo außerhalb steht, kann sehen, was wir sehen. Sehens- und Zeigelust fallen damit in der Seinsgeschichte des Bildes auf eine erschöpfende Weise zusammen.

9.5.3. Fokussieren wir jetzt näher heran, so dass die Trennlinie (der Rahmen) in das Gelände eines Außen entfällt, dann wechseln wir auch vom aEZ zum pEZ. Damit steht uns allerdings nur noch eine reduzierte Erzählleistung zu – nämlich die, welche sich aus dem Wahrnehmungsfeld ergibt, das unser Erzähler (Maler) des Erzählten (Gesehenen, Gehörten, Gefühlten) besitzt. Da wir an einer kleinen Stelle rechts über seiner Schulter einen Ausschnitt des Lorbeerkranzes erkennen, den die Frau auf ihrem Kopf trägt, ist unser (jetzt homodiegetischer/personaler) Erzähler offensichtlich ganz mit dem Rätsel ihres Blickes beschäftigt – der gleichermaßen ihre Person wie das sichtbare Objekt eines geteilten Begehrens vermittelt.

9.5.4. Noch tiefer in die Bildmitte gezoomt – nämlich in den innersten Ausschnitt, der zugleich auch das Sehfeld der Figur des Erzählten bestimmt (die jetzt autodiegetisch erzählt), sind wir in der Konfiguration eines iEZ, der in allen Tempi und Tonlagen seine Wissenswelt öffnet und berichtet, was der unsichtbare Sinn seiner Betrachtungen ist. Er könnte, mit Genette gesprochen, eine fortlaufende Kette an Metadiegese erzeugen, wenn er das Buch etwa öffnen und vorlesen würde – oder erzählen, was darin erzählt worden ist. Mit jeder Refokussierung in einen größeren Bildraum zurück verschiebt sich auch die Erzählerposition entsprechend und auf einer Lineatur vom iEZ zum aEZ (der erreicht ist, sobald wir das Urbild mit heterodiegetischem Gelände wiedererkennen).

9.5.5. Zeichnen wir jetzt noch die Narrationsspiegel ein (was kann wo/wie gesehen, gehört, gefühlt und erzählt werden) zwischen den Erzählern erster, zweiter und dritter bis $x^{n\text{-ter}}$ Ordnung, dann haben wir auch eine recht genaue Bestimmung aller Wahrnehmungsfelder vor Augen. Spiegel 1 bedient dann die erste Außenachse (der Rahmen); Spiegel 2 die erste Innenachse (Seh-/Hör- und Tastfeld des pEZ); Spiegel 3 die zweite Innenachse (Seh-, Hör- und Tastfeld des iEZ); Spiegel 4 die zweite Außenachse (das Fenster) und so fort, bis der Bereich, der erzählt werden soll, vollständig abgedeckt ist.

Erzählte Zeit. Zeit des Erzählens.

9.6. Wenn wir uns diese faszinierende «Malkunst» für eine Einführung in die Probleme der Erzählperspektive nutzbar machen konnten, dann gilt das nicht ebenso für den Umgang des Erzählers mit der Zeit, die stets dichotom ist: als Zeit des Erzählens (*discourse time*) und als Zeit des Erzählten (*story time*). Genau das aber differentialisiert das Erzählen an und für sich: in der Weise des Tempos, mit dem etwas mitgeteilt wird, jenes Zeitgefühl zu rekonstruieren, das die Figuren (subjektiv) in der Zeit der Handlung (objektiv) haben konnten. In keinem anderen Verfahren eines mimetischen *showings* nämlich teilt sich die Überlegenheit des literalen Erzählers so deutlich mit wie in der Diskursführung von Zeit. Das Gemälde unseres Meisters aus Holland erreicht uns sofort; es steht in seiner ganzen erzählerischen Vielschichtigkeit und Tiefe vor unserem Auge, und wenn wir Zeit brauchen, die «Allegorie» allegorisch auch zu verstehen, dann hat das nichts mit dem Bild und seiner inneren Ordnung zu tun, sondern mit unserer relativen Langsamkeit eines lesenden Sehens. Die Zeit ist hier also nichts anderes als die Dauer zwischen perzeptivem und apperzeptivem Blick (also jenem Verzug, den wir schaffen, um das Angeschaute in ein Bewusstseinsbild übertragen zu können, in dem es erst wirken kann). Das auch bestimmt den Modus für Gegenwart, der, so die Kognitionswissenschaft, etwa drei Sekunden beträgt. Genau diese Zeit nun bietet sich an, zu einer impliziten Figur des Erzählens zu werden insofern, als auch hier Synchronie aufgelöst und Diachronie eingeführt wird. Der Nachteil eines sprachlich/stofflichen Nacheinanders im Diskursbau – der Autor verbraucht eine Seite (Lesezeit $2^{min.}$ / Schreibzeit $x^{min.}$) zur Beschreibung einer Mütze des armen Charles Bovary, um zu erzählen, was jeder in dieser Szene der Schuleinführung sofort gesehen haben kann – wird zu einem immensen Vorteil: Der Erzähler führt die Zeit auf ihren Raum zurück, in dem allein sie sich entfalten und mit Sinn erfüllen kann; er reguliert sie nicht nur diegetisch – *er stellt Zeit her* in Art und Weise seiner erzähltechnischen Verwendungen. Das Bild indessen verfügt über kein Vorher oder Nachher, es generiert eine fortwährend Gegenwärtigkeit, denn es kann aus dem Jetzt des Betrachtens niemals herausgelöst werden; es ist eine unendliche Folge von «Ich sehe es an». Nichts also konnte Vermeer seiner Erzählung des Blickes hinzufügen, das auch eine Erzählung über dessen Dauer geworden wäre. Wir haben keine Vorstellung davon, wie lange sich die Szene, die wir für den diegetischen Nullmoment des aufgezogenen Vorhangs zu sehen bekommen, gestaltet. Eine, oder zwei, oder drei Stunden? Oder doch nur Minuten? Auch die Performative des Films oder der Bühne können das nicht zeigen, obgleich es allerhand interessante Bemühungen und Experimente dazu gibt. Der Film würde das Bild festhalten, je nachdem, wie bedeutend die Szene für den Handlungsablauf wäre; das Theater könnte nur mit diesem einen Bild auf einer Bühne mit zwei Akteuren eine Geschichte erzählen – aber weder die kinematographische Sequenzzeit noch die Spielzeit des Stückes (die natürlich nicht deckungsgleich ist zur Zeit der Spielhandlung) könnte etwas von dem Zeitgefühl wiedergeben, wie es der Erzähler vermag, weil er Zugriff auch auf das Unsichtbare hat; und das, weil er diskursmächtig ist und allumfassend dispositiv eingreifen kann; und das wiederum, weil er ebenso fiktional ist wie die Zeit als einer Konfigurationsform des Raumes.

9.6.1. Schon Ingmar Bergman hatte versucht, eine Sprache der Zeit für die Zeit im Spielfilm zu finden, Andrej Tarkowski visionierte filmische *reality-time*, die deckungsgleich zeigt und erzählt, und der preisgekrönte Dokumentarfilm «Die große Stille» von Philip Gröning (2005) führt uns schon geradezu obsessiv vor, was «gedehnte» oder «geraffte» Zeit heißt. Aber selbst noch eine Eins-zu-eins-Schaltung von Erzählen, Zeigen und Sein kann unmöglich das narrative Rhizom erfassen, wie es sich jenseits des Erzählten/Gezeigten verhält und subkutan mitwirkt an dem Gewebe *eines dekodierten Sinns*. Wenn wir daraufhin die drei primären Zeitmodi: die Erzählzeit (EZ) ist größer (>), gleich (=) oder kleiner (<) als die Zeit des Erzählten (ZE), ihrer Funktionskraft nach zuordnen sollten, wäre die erste Variante auch die effizienteste. Warum? Weil sie am ehesten die (erfundene) Dauer von Zeit zur Zeit in der Sprache werden lässt.

9.6.2. Die physikalische Zeit (t) braucht uns jetzt nicht weiter zu beschäftigen. In der Relativität von Raumzeit (Dilatation) verlischt sie im Sinne eines «zeitlichen Fließens» ohnehin. Zeit als ein Kontinuum ist für das menschliche Bewusstsein nicht zu erfassen. Schon Augustinus schrieb: «Was also ist Zeit? Wenn niemand danach fragt, weiß ich es; will ich es einem Fragenden erklären, weiß ich es nicht.»[40] Für Kant war Zeit «reine Anschauungsform», für Freud eine «Funktion des Unbewussten» und für Lacan «antizipierte Nachträglichkeit». Für uns und unsere Zwecke des Schreibens ist sie eine Regel in der Grammatik.

9.6.3. Über die Prioritäten des Rhythmus haben wir ebenfalls schon gesprochen; hier können wir sagen: die Rhythmisierung eines Textes, seine Frequenz des Betonens und Unterlassens, des Verdeutlichens und Vernachlässigens, kurz: die Etablierung einer erzählerischen Relevanz gestaltet sich immer im Modus der Zeit. Ehe wir das schreibtechnisch weiterverfolgen, sollten wir die Tempora noch einmal grundlegend als eine Verräumlichung von Handlung verstehen. Zeit heißt *Entfaltung von Stoff* und verweist auf einen materiellen Vollzug, ehe sie ihn dann auch symbolisch (chronometrisch) konstituiert. Unsere Uhr im alltäglichen Gebrauch ist ein technischer Referent, der nichts anderes leistet, als Abläufe des Raumes in ein sprachliches System zu verpacken, durch das wir uns über ebendiese Vorgänge mitteilen können. Seine Konstruktionswahrheit zeigt er jedes Jahr zwei Mal offensichtlich: wenn er von der Sommer- zur Winterzeit und von der Winter- zur Sommerzeit wechselt. In kein anderes physikalisches System ließe sich dermaßen eingreifen wie in eines, das nur symbolisch existiert. Genau das aber: *Zeit zu empfinden, ohne dass es sie gibt*, macht sie zu einer exzellenten Sache der Literatur.

9.6.4. Michail Bachtin nannte den Zusammenhang von Ort und Zeitverlauf in der Erzählung einen Chronotopos, und diese Chronotopoi sind insofern wichtig, als sie uns Zeitbeziehungen zur Verfügung stellen, die immer schon da sind, noch ehe wir über sie schreiben. Das

---

40 Augustinus von Hippo: Confessiones XI, 14, Stuttgart 2009.

heißt umgekehrt, dass es Konventionen zu beachten und gegebenenfalls zu ändern gilt, die im Raum eines Erzählten bereits semantisch kodiert sind. Nichts anderes zeigen die Heterotopien (phänomenologische Ordnungssystematiken) bei Foucault: Diskursräume der Zeit vorzuführen, die verschieden funktional sind und im wesentlichen alle Zeitmuster von «leer/stehend» über «bewegt/beschleunigt» bis «angesammelt» – Foucault über «die Zeit der Bibliotheken» – repräsentieren.[41] Hinzu kommen die Abweichungsheterotopien, wie wir sie in psychiatrischen Kliniken oder Gefängnissen finden; oder in Wartegemeinschaften der verschiedensten Zugehörigkeiten *ohne absehbaren Schluss*. Lotman geht es mit seinem Begriff der Semiosphäre (Kultur ist eine Hierarchie der Zeichensysteme) gleich und grundsätzlich um die räumlichen Organisationsformen in erzählenden Texten und höchst sekundär nur um zeitliche Strukturen.[42] Halten wir jetzt zweierlei fest: a) Zeit ist die subjektive Verfasstheit einer Figur in einem bestimmbaren Raum, und b) Zeit ist nur räumlich zu konzeptionalisieren. Ist dem so, dann haben wir in der Behandlung der Zeitverhältnisse die präfigurierte Zeit der Dinge und der Ordnungen stets mitzudenken und zu sehen, wie und wo wir sie verlassen können.

9.6.5. Ein Satz wie: «Nach fünf Minuten verließ er den Raum» wäre allein protokollarisch, nicht aber erzählerisch von Belang, da es keine Stelle an ihm gibt, von der aus die Aussage (von Zeit) verstanden (das heißt *erlebt*) werden kann. Was bedeutet die Zahl «fünf» im Verhältnis zu dem, wofür sie gebraucht wird? Und welche «Nachbarobjekte» (Lotman) treten auf, an denen sich dieser Gebrauch relativieren ließe? Das aber nehmen wir uns vor, wenn wir erzählen: diesem Zeit/-raum ein Gefühl zuzuordnen und es emotiv dadurch zu sichern, dass es außerhalb einer Beschreibung erscheint (also eben auch *evoziert* wird). Es wäre eine Textübung wert, den oben genannten Satz so zu umschreiben, dass er seine Phrase verliert (und trotzdem sagt, dass die

---

41 Vgl. Foucault, Michel: Die Heterotopien. Der utopische Körper, Frankfurt am Main 2005.

42 Vgl. Lotman, Jurij M.: Die Struktur literarischer Texte, München 1993.

ganze Sache in fünf Minuten vorbei war). Denn fünf Minuten sind immer etwas anderes als *fünf Minuten.*

9.6.6. Eine Person (a) hat es eilig zum Zug und noch ein paar Hundert Meter zu laufen. Ständig aber wird sie aufgehalten – hier eine Anrede, dort eine andere, hier ein Bettler mit vorgestreckter Hand, dort ein Werbeangebot. Der eilige Schritt der Person (Rhythmus des Erzählens) wird permanent sabotiert von den Interessen der Umgebung (Rhythmus des Erzählten). Damit nun haben wir eine erste Inkohärenzschleife*: a (Person) will etwas anderes als b (Umgebung). Zeit a ist < als Zeit b, die, da sie keinen Weg vor sich hat, immer > ^{als} ist, und auch < oder = der Zeit, die (a) für den Weg (x) noch benötigt. Käme es jetzt, kurz vor Erreichen des Bahnsteigs, zu einer unerwarteten Begegnung mit einem anderen (a') – sie stürzt, er hilft ihr auf, sie sprechen miteinander und so weiter –, die auch ein neues Interesse (Begehren) erzeugt, würde sich eine zweite Inkohärenzschleife über die erste legen und das soziale Intensionsgeflecht* verdichten. Auf der Zeitachse bildet sich ab: a < b = x + a'. Auf der Intensionsachse: a > ^{als} + a' = b – x. Unsere Person (*Figur*) blendet alle ihre Verpflichtungen, Abhängigkeiten und so weiter aus und geht nun den Weg ins Innere ihrer Begegnung hinterher, der jetzt > ^{als} geworden ist und b + x außer Kraft setzt. Die Ökonomie des Erzählens wechselt ihr Arrangement von: EZ < ZE nach: EZ > ZE. Das heißt, die Frequenz des Erzählens im Verhältnis zum Erzählten verkleinert sich, während sich die Frequenz des Erzählten im Verhältnis zum Erzählen vergrößert. Im Film hätten wir jetzt ein Standbild vor Augen, eine Nulldiegese, die nichts mehr berichtet – oder aber das Bild würde in Zeitlupe weiterlaufen, um zu demonstrieren, dass sich die äußere Zeit in die innere verlagert hat durch einen subjektiven Schock oder dergleichen. Wir haben also die Zeit nicht nur in die bereits bekannten Oppositionspaare: objektiv/subjektiv, außen/innen, extrinsisch/intrinsisch zu trennen, sondern ebenso in einer Unterbeziehung zu den Registern des Psychischen: Reales, Symbolisches und Imaginäres (sowie in Überschneidung aller dieser Perzepte*). Und jetzt vergessen wir eines nicht: dass dieses temporale Ereignis mit seinen grammatischen Wechselfällen auf einer

Reihe von Plusquamperfekt $^{1+2}$ → Präteritum → Perfekt $^{1+2}$ → Präsens → Futur I → Futur II bereits in den Heterotopien der Räume vorgeordnet ist und sich, gleich wie auch immer, zu ihnen verhalten muss.

9.6.7. Die Syntagmen von außen nach innen: Weltall $^{\text{Zeit unendlich}}$ → Himmel $^{\text{Zeit > als}}$ → Landschaft $^{\text{Zeit = null}}$ → Ort $^{\text{Zeit < als}}$ → Straße $^{\text{Zeit < als (x)}}$ → Haus $^{\text{Zeit < als (x- n)}}$ → Wohnung $^{\text{Zeit < als (x-y)}}$ → Zimmer $^{\text{Zeit < als (x-z)}}$ → Boden/ Keller $^{\text{Zeit = unbestimmt}}$. Drehen wir das Okular um und sehen von innen nach außen, dann stellen sich die temporalen Vorbedeutungen umgekehrt dar: → Fötus $^{\text{Zeit unendlich}}$, Bett $^{\text{Zeit > als}}$ → Tisch, Fenster, Tür $^{\text{Zeit = null}}$ und so weiter und so fort. Fügen wir jetzt die Abweichungsheterotopien (Gefängnis, psychiatrische Klinik, Bordell, Suchtanstalt, Spielcasino und vieles mehr) noch hinzu, deren Zeitmuster in $^{+/- \text{ unendlich}}$ variieren, ergibt sich eine nochmals andere Struktur für die narrative Verwaltung von Zeit. Dann haben wir die vielen «Schleusenräume», in denen Zeit bewusst transformiert wird: die Kirche, der Park, die Andachtsstätte oder jene «Räume der Stille», wie sie die Krankenhäuser neuerdings bieten. Wir brauchen jetzt nicht erschöpfend darzulegen, welche Muster aus Chronotopoi/Heterotopien und Inkohärenzschleifen weiterhin zur Verfügung stehen und das Erzählen technisch begleiten, um die grandiose Variabilität kenntlich zu machen, die im zeit-/räumlichen *showing* angelegt ist. Klar muss dabei nur werden, dass die Exaktheit der Struktur über die möglichen Effekte einer rezeptiven Überraschung entscheidet, denn, wie Lotman es sagt, je besser organisiert ein Text ist, umso interessanter (und auch spannender) wird er in den Rissen und Brüchen seiner Verfehlungen empfunden. Regel und Regelverletzung spielen sich ihre Kraftfelder ebenso zu wie *discourse and story* im Erzählfluss es sowieso tun. Das Aussetzen von Struktur kann keine Struktur hervorbringen, die ästhetisch verwertbar wäre, wie wir es an jeder pathologischen (wilden) Äußerung sehen. Je austauschbarer die Beziehungslinien zwischen Zeit und Figur, Raum und Geschehen verlaufen, umso stärker füllt sich dieser Mangel mit den schon vorhandenen Erfahrungen des Lesers auf; er besetzt die Lücken im diegetischen System mit seinem Wissen und stößt dann naturgemäß immer auf das, was er schon kennt. Jene *suspense* aber, die

wir erzeugen wollen, geht genau dadurch verloren. Oder die Unterkomplexität des Ganzen gibt dem mimetisch anteilnehmenden Leser
das Gefühl, den Stoff zu beherrschen und selbst weiter als der Autor zu
sein: dann genießt er auf eine sehr traurige Weise (denn er behält
nichts an neuem Erfahrenswert für sich zurück). Umgekehrt aber gewinnen wir, was wir wollen, durch ein genaues, Zeit, Raum und Handlung bestimmendes Netzwerk, das quasi keine Zufälligkeiten mehr
zulässt und damit auch keine Lücken für Ressentiments. Wenn jetzt
die Kausalfolge $a \rightarrow b \rightarrow c \rightarrow x^n$ durchbrochen wird, haben wir das
Moment des produktiven Schocks, mit dem Hitchcock so gut wie
kein anderer in der Produktion von *suspense* umzugehen wusste. Jenes
«Aha-Erlebnis», wie Karl Bühler es nennt, resultiert aus ebendieser
Schnittstelle von Erwartung und Enttäuschung, Altem und Neuem,
Regel und Regelverlust.

9.6.8. Paul Ricœur schreibt: «Während die metaphorische Neube-
schreibung eher im Feld der sinnlichen, gefühlsmäßigen, ästhetischen
und moralischen Werte herrscht, die die Welt *bewohnbar* machen,
wirkt die mimetische Funktion der Erzählungen vorzugsweise im Feld
der Handlung und ihrer *zeitlichen* Werte.»[43] Die Zeitbeschreibung ist,
so lässt sich folgern, immer eine der literarischen Erzählung mitgelie-
ferte Metadiegese, denn sie bestimmt das psychische Wesen, von dem
die Rede ist. Nichts nämlich greift die menschliche Zeit, die immer
auch eine Zeit des Erzählens und der Erzählungen ist, so sehr an wie
die enthemmte Steigerungslogik des Kapitals und ihre exponentiellen
Verläufe. Während sich nun alles Verdinglichte, das sich der menschlichen Natur stets von seiner kalten äußeren Seite zeigt, tatsächlich
hypertrophieren lässt, ist die biologische/organische Zeit in engere
Schranken gespannt und damit auch nicht oder eben nur bedingt
anpassungsfähig. Die Lebenszeit verhält sich also korrelativ zur Zeit
eines Lebens, und das verstehe ich als einen installierten Schutz und
nicht als Versklavung durch die Imperative der Genealogie. Es gibt
also innerhalb der beweglichen, dehnbaren, profitabel zu verwenden-

---

43 Ricœur, Paul: Zeit und Erzählung, Bd. 1, München 1983–1985, S. 9.

den ökonomischen Zeit, die symbolisch beliebig generiert werden kann, eben auch eine natürliche Zeit, die nicht mithält und zu einem sogenannten «großen Anderen» im modernen Denkbild wird. Was hier als Fluch einer ontologischen Bestimmung erscheint, ist in Wahrheit die Chance vor den paranoiden Zirkeln eines Dauerbegehrens. Die Aporetik der Zeit, von der Ricœur in Verbindung mit den Erzählungen spricht, wird damit zu einem narrativen Knoten erster Ordnung: *Was fühlen wir, wenn wir sind*? Diese Frage ist nicht zu beantworten, ohne sie nicht auch durch moderne, aktuelle und aktualisierte Zeitgefühle zu supplementieren. Hier, während die Datencluster gnadenlos an uns vorüberrauschen, haben wir einen Standort der Literatur neu zu (er-)finden.

9.6.9. Es gibt zwei grammatische Zeitmuster, die den Ort, von dem aus gesprochen wird, radikal in Frage stellen und einen eigenen Kontingenzraum eröffnen, der erzählerisch aktiv wird: das doppelte Plusquamperfekt (*ich hatte gehabt*) und das Futur II (*Ich werde gehabt haben*). Beide Formen schließen nicht nur ab, sondern bestätigen den Abschluss durch einen Abschluss. Der Ausdruck «ich hatte» schleust die Gewissheit mit ein, es tatsächlich gehabt zu haben, da er die Aussage ganz unversichert in sich selbst ruhen lässt. Ein solcher Subjektort ist seinem cartesianischen Selbstverständnis nach labil, um nicht zu sagen, naiv. «Ich hatte gehabt» aber bestätigt das «Gehabt haben» aus einer zweiten, späteren Zeit heraus; es lässt eine Deixis (kontextualisierte Sprechsituation) erkennen, die sich in sich selbst noch einmal spiegelt. Komplexer und interessanter noch ist das Futur II, denn es umspielt den feinen Riss des Präsens, der sich durch die Trias von vergangener, seiender und künftiger Gegenwart schiebt, antizipatorisch – und damit in einer alles vorausbestimmenden Geste der Verneinung, die sich wie ein Firnis der Vergeblichkeit auf alles Existierende legt. Im Futur II gibt es kein Pathos, sondern nur Ironie, und keine Gewissheit, außer der einen zum Tode; es ist die konsequenteste Zeitform des Verbs, die wir haben.

9.7. Erzeugte Spannung im Text hat also immens viel damit zu tun, wie Räume gegliedert und Handlungsverläufe temporal sequentiert sind. Gewiss gibt es einige dem zugehörige Methoden der «Informationsverschleppung» (das Aktionsfeld wird immer dann verlassen, wenn es auf eine finale Situierung hinausläuft, und einiges mehr), nur sind sie ineffektiv, wenn sie sich ins Paradigma der Zeitverwaltung nicht einbinden lassen. Spannung beginnt immer und zuerst in der Sprache, ehe sie sich gleich einer Welle, die Energie, aber keinen Stoff überträgt, auf die Sache hin fortsetzen kann. Von Drehbüchern oder Texten ohne literarischen Selbstwert sehen wir hier freilich ab – diese Mechaniken verlaufen fast gegensätzlich der unseren, da sie andere Zwecke verfolgen und entsprechend anders gebaut sind.

9.7.1. Betrachten wir die Zeitachsen in ihrer Frequenzgebung für den Erzählfluss etwas genauer. Vorher aber halten wir fest, was sich auch auswirken wird auf die Entscheidung einer geeigneten Erzählposition: dass Ereignisdichte und Zeitgefühl ungekehrt proportional sind. Erleben wir in kurzer Zeit viel, so kommt uns diese gelebte Zeit kurz vor – sie vergeht «wie im Fluge». Umgekehrt gilt: geschieht exterior wenig, vergeht die Zeit langsam – sie wird «bleiern» und «steht». Darauf abgestimmt sind auch die Rhythmusverschiebungen. Gleichbleibende Rhythmen schläfern ein und führen die Zeit auf eine Endlosschleife. Hingegen erzeugen variable Rhythmen einen gesteigerten biophysiologischen Tonus, der Zeit im positiven Sinne auch spürbarer macht. In der Erinnerung nun gestaltet sich das Verhältnis von erlebter und empfundener Zeit genau umgekehrt: Ereignisreiche Zeiten werden in der Retrospektive als gedehnt erinnert («gefüllt» – wie das «gefüllte Sprechen» bei Lacan), ereignisschwache als gerafft. Die Klimax von Zeit, die mit dem biologischen Älterwerden angeblich immer schneller vergeht, hat genau damit zu tun, dass sich die sozialen Parameter eines älteren Menschen wesentlich schon gestaltet haben und den Alltag dadurch auch eher monoton werden lassen. Für eine Rhetorik der semantischen Phasen ist dieser Umkehrschluss von großer Bedeutung, denn es macht viel aus, welche Figur des Erzählens ich *wie* – und das betont hier die deiktischen* Aspekte von Figur-, Zeit- und Raumrelationierung – erzählen lasse; also, *was* sie *wie* hervorhebt durch temporale Signifikation.

9.7.2. Die Osmose einer Erzählung, ihr Fluss und ihr Tempo, reguliert sich wesentlich nach einem Wechsel von Bericht/Beschreibung zur Erzählung/Schilderung. Der Bericht (sachliche Information *einmaliger* Vorgänge) spannt die Zeit des Erzählens (ZE) zusammen und dehnt die Erzählzeit (EZ) aus. In kurzen Momenten wird ein diegetisches Panorama ausgebreitet, das sich mimetisch nicht festlegen lässt. Der Erzähler spricht indirekt oder auktorial, er konditioniert das Erzählte und erscheint objektiv. Die Erzählung (subjektive Gestaltung *einmaliger* Vorgänge) dehnt die Zeit im Prisma der individuellen Bedeutung des Erzählten für den Erzähler. Die ZE wird größer als die EZ. Die Zeitamplitude (ZA) ist dabei variabel, von der extremen Beschleunigung, nach der sich ein ganzes Leben auf einer halben Seite vollzieht (Quim Monzó), bis zur annähernden Auslöschung von Zeit durch die Totalität der Introspektion (James Joyce). Die Erzählung strebt Mimesis an und will eher *empfunden* als *verstanden werden* – oder verstanden eben in diesem heterogenen und subjektiven Komplex des Erinnerns. Der Erzähler erzählt, in Autoren- oder Figurenrede, *direkt* und eröffnet damit die Szene (und eine simulierte Anteilnahme des Lesers am Stoff). Dialoge gehören immer zur szenischen Illusion; sie sind dann gut, wenn sie auch die Handlung voranbringen und Informationslücken schließen oder öffnen wie der Erzähler im rhythmischen Vollzug seiner Erzählungen auch. Allerdings ist das Dialogische insofern suspekt, als es auf eine funktionale Interaktion schließen lässt, die tendenziell eher ausgeschlossen ist – es sei denn, der Dialog spiegelt die Verkennung des dialogischen Prinzips. Der Monolog hingegen, der nicht zwingend auch idiomatisch sein muss, absorbiert den singulären Lebensstil des modernen Menschen, dessen Bedürfnisse zunehmend virtuell errechnet, nicht aber unmittelbar auch erlebt werden können. Natürlich ist die Geste des Monologischen deskriptiver und auf eine Rede konzentriert, die immer auch für sich selbst spricht (respektive einer universalen Literatur, die über den unmittelbaren

Leser hinausweist). Aber in dieser Einschreibung in den sprachlichen Kosmos eines Für-sich-Seins berührt sie auch die Wahrheit des anderen, der gleichsam ein Monolog ist, nur umso tiefer.

9.7.3. Erzähler und erzählende Figur sind stets getrennt zu betrachten, auch wenn sie einen Zusammenhang ergeben. Wenn nun der Erzähler gerade eine Beschreibung des schlechten Wetters zur Stunde geliefert hat, und er lässt dann seine Figur mit dem Satz beginnen: «verdammt schlechtes Wetter», dann ist das allenfalls noch für eine Satire von Nutzen. Im allgemeinen gilt für Dialoge dasselbe wie für jede gelungene Dramaturgie des Erzählens auch: Aposiopesen gründen, semantische Anschlüsse kappen, Chiasmen verwenden, unzuverlässig mit dem Verlässlichen sein; eingedenk der Prämissen Lotmans, das Irreguläre aus dem Regulären heraustreten zu lassen (und nicht umgekehrt).

9.7.4. Das lineare Erzählmuster ist in seiner Organisation und schreibtechnischen Handhabung einfach und für kürzere Erzählungen geeignet wie etwa der *short story* oder einer Novelle, die sich auf nicht mehr als auf zwei bis drei Figuren beschränkt. Ich graphiere sie grob folgendermaßen:

Orientierung → Komplikation → Komplikation ^{2} → Schluss

Figur → Ort   1. und 2. narrativer Widerstand → Lösung des Konfliktfeldes

(didaktisch / neutral / ambivalent)

Die Anzahl der erzählten/erzählenden Personen multipliziert die daraus resultierenden Beziehungsfelder exponentiell: zwei Personen ergeben zwei Beziehungen, drei Personen sechs; sechs Personen zwölf, und so weiter, so dass ein zu großes Personal im linearen Erzählmuster nicht mehr zu überblicken ist – außer in der Persiflage natürlich. Gewiss kann der Erzähler gleich welcher Fokalisierung mit seinen Figuren verfahren, wie er das will – und wenn sie nur einen Satz sagen dürfen und dann überfahren werden von einem Porschefahrer im Vollrausch, haben sie halt Pech gehabt. Nur wissen muss er, dass diese armen Figuren symbolisch weiterleben im trauernden, mit-/leidenden Leser und sich rächen können (an dem Erzähler/Autor). Eine schlecht behandelte Figur fordert die Solidarität des passiven Zeugen (Lesers) geradezu heraus, der eine Allianz schmiedet gegen den, der sie so übel zugerichtet hat. Das große Wort von der «epischen Gerechtigkeit» wollen wir meiden, weil es sie nirgendwo zu kaufen gibt, aber auf dieser moralischen Ebene wäre durchaus zu sagen: Jede Figur ist eine Historie, und so muss sie verstanden und behandelt werden.

9.7.5. Das parallele Erzählmuster ist um einiges komplexer und führt zur Struktur des Romans oder einer längerer Erzählung mit mehreren Diegesen. Ich stelle es in nur primären Positionen dar:

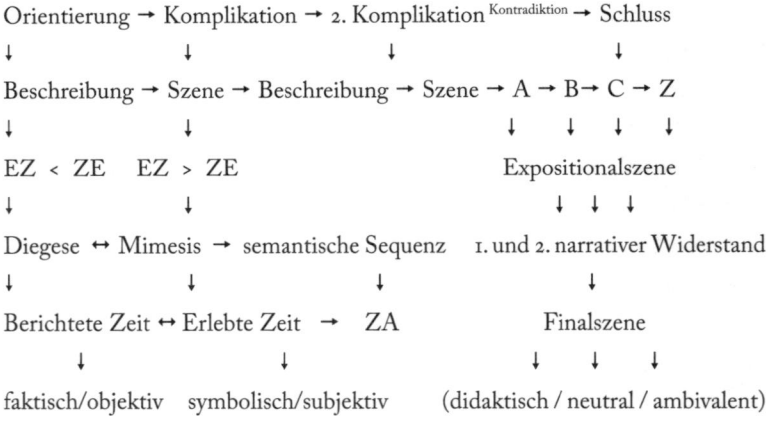

Parallel meint hier die stärker voneinander gelösten Sequenzierungen der Tempora und eine sich tiefer entfaltende Raumsemantik (Lotman). Erzählzeit (EZ) und Zeit des Erzählten (ZE) alternieren im Fokus der Nähe oder Ferne des Sehens. Es ist der legendäre «große Atem» des Erzählens, der sich pulsartig durchsetzt und die Erzählung über die gesamte Länge hin trägt. Über keinen solchen «Atem» zu verfügen hieße, auf einer einzigen Frequenz zu senden und dann erleben zu müssen, wie die Leser nach und nach ihre Bücher zuklappen.

9.7.6. Fabelhaft geeignet, sich paralleles Erzählen in Vollendung einmal anzusehen, bietet das Kapitel 8 in Teil II der «Madame Bovary» –

das «Treffen der Landwirtschaftsvereine». Emma und Rodolphe stehen auf dem Balkon des Rathauses (a) und schauen, während Rodolphe, um Emma werbend, hochgeschraubten Unsinn labert, auf den Marktplatz (b), auf dem die Würdenträger der Landwirtschaftsvereine ihre gleichsam leeren Reden halten, begleitet vom hart skandierenden Grunzen der Rinder auf einer Koppel unweit des Platzes (c). Kommentarlos und ohne Übergangsphrasen wechselt der Erzähler die Räume a, b und c so, dass sich die jeweiligen Diskurse überlagern und einen einzigen Redebrei ergeben, der dann auch noch in Form eines frisch ins Gras abgesetzten Haufens verbildlicht wird. Die räumlichen Semantiken werden dadurch aufs effektivste gegeneinander ins Spiel gebracht, so dass sie keiner weiteren Erklärung bedürfen und dennoch vollständig ausgefüllt sind; mehr noch: sie sind «überarrangiert» und sagen mehr, als sie sagen. Und das allein durch eine Technik des Schneidens, die hier die Funktion eines Spiegels übernimmt.

9.7.7. Das Erzählmuster im Kreis (Arthur Schnitzlers «Reigen») ist mit einem Rondeau/Rondell vergleichbar, das immer an den Ort seines Ursprungs zurückführt. Ontogenetisch bewegt sich der narrative Kreis in den Zyklen der Natur und sollte so auch (thematisch) abgeschlossen werden. Nicht jedes Sujet ist für diese verzögerte, langsame Form des Erzählens geeignet, denn ein Kreismuster impliziert eine Menge an Wiederholungs- und Parallelmotiven, da mit jedem beendeten kleinen Kreis der «Reigen» wieder erreicht wird und weiterlaufen muss.

9.7.8. In Erweiterung des Kreises steht die Erzählspirale, die sich aus vielen Subdiegesen zusammensetzt und versprengte Kreise neu arrangiert. In Allegorie käme sie einer Terzinenstrophe gleich, die reimschematisch auf A → B → A // B → C → B // C → D → C → (...) folgen lässt, um den Schlussteil dann auf den Eröffnungsvers zurückzuführen oder ein Quartett so abzuschließen, dass es lexikalisch/semantisch in den Titel mündet. Langsamer als in der immer wieder einen Versschritt zurücktretenden Terzine geht es in keiner lyrischen Denkform voran, weshalb sie sich für ambivalente, fast «stehende» Prozesse gut eignet. Da nun die Spirale aus sich selbst heraus Prolepsen und Analepsen erzeugt, also voraus- oder rückbedeutende Erzählsegmente, ist der Temporalmodus kaum mehr korrekt zu verwalten, mit der Folge einer narrativen Unter- oder Überversorgung an den Kreisübergängen. Interessanterweise, so Lotman, steigert diese akausale Beziehungslogik das rezeptive Interesse – der Leser *will verstehen*, warum der Erzählbau so unverständlich ist, und er *genießt* den Akt einer narrativen Komplettierung. (Jedenfalls war das früher einmal so; und das ist jetzt nicht ironisch gemeint, denn wir verfügen heute über gewiss andere neuronale Netzwerke mit anderen Fertigkeiten und eben auch Unfertigkeiten als früher, was natürlich Einfluss auch auf das Lese- und Konzeptualisierungsverhalten nimmt.)

9.7.9. Adäquates Erzählen ist immer historisch und kann nie geltend gemacht werden für andere Gesellschaften und Zustände des Schreibens und Lesens. Dass es seine Gültigkeit nicht zwangsläufig dadurch verliert, weil sich die Verstehenskultur ständig verändert, und das in immer kürzerer Folge und oft schon von der einen auf die andere Generation, liegt an einem kulturellen Basishintergrund, auf dem sich bewährte Konventionen erhalten und replizieren. Die Avantgarde – beziehungsweise jede aktuelle Kunst – agiert nun aber stets im Vordergrundbereich, und das umso erfolgreicher, je präziser die neue Information von der Basis einer bereits habituierten «abgeglichen» und in ein neues Erkenntnissystem übernommen wird. In diesem ästhetischen Geflecht eines Austauschs von *foregrounding* und *backgrounding* (nach van Holt und Groeben)[44] bewegt sich Erfolg (verstanden als Durchsetzungsleistung einer Substanz und nicht als Parade der Zahlen auf dem Konto der Hausbank) – und er ist immer erst später zu erkennen, mit einigem zeitlichen Abstand zur Entstehung und Verteilung des Produkts.

9.8. Über die mentalen, sozialen, charakterologischen und psychophysischen Ausgestaltungen von Figuren zu spekulieren – welcher Typ in welchem Genre wie gut agieren kann –, ist in einem größeren Zusammenhang des Schreibens eher unerheblich. Das ist für die Soziologie interessant oder die Politikwissenschaft. Wir haben den richtigen Fokus zu finden, was in welchem Handlungsspielraum wahrscheinlich

---

44 Vgl. Schrott/Jacobs: 2011, S. 502 ff.

sein kann, sprachlich, empirisch, kognitiv, und wenn es unwahrscheinlich wird, müssen wir es plausibel gestalten mit den Mitteln der Literatur. Dabei kann jeder Typus Protagonist sein und die Rolle des Erzählens ausfüllen; er muss nur über qualifizierte Reflektoren verfügen, die ihn dort erklären, wo er es selbst nicht mehr kann.

9.9. Etwas anderes und viel Wichtigeres ist der Umgang mit Namen. Wenn wir bedenken, dass jedes soziale Individuum mit einem Namen auf die Welt kommt, den es dann nie mehr verlassen soll bis hin zum Tod und einer Gravur auf dem Grabstein, dann kann die Aufmerksamkeit für die Namensvergabe gar nicht groß genug sein – in der Literatur *und* im Leben. Der Name ist wie eine Zusammenfassung aller Teile des Lebens, wobei jede Silbe, jeder Buchstabe eine Chiffre markiert, die retrospektiv gelesen werden kann und sich antizipatorisch entfaltet; bisweilen denke ich, wir werden, was unser Name schon immer gesagt hat, sich aber hinter einem Schleier verbarg. Das ist weitaus mehr als «der Name des Vaters» bei Lacan – es ist der Name einer Person, deren Wahrheit schon eingeschrieben ist in einen Text, den zu entschlüsseln ein Leben lang dauert. Ist es nicht so, dass wir, sobald ein Mensch in unserer Umgebung mit seinem Namen erscheint, uns keinen anderen für ihn mehr vorstellen können? Er ist zu einer skripturalen Haut geworden, ein Abdruck der Seele, eine somatische Konnotation. «Kar-la» oder «Ka-si-mir» – es bewegt sich ein Strom von Signifikanten, sobald diese personalen Zuweisungswörter mit einem Gesicht und einer Geschichte verknüpft werden können, so lange, bis sich die Kette der Morpheme nicht mehr zurückführen lässt auf die Formlosigkeit ihres Anfangs. Nicht: *werde, der du bist*, sondern: *werde dein Name*. Das ist umso schwieriger, als jeder Name auch eine Vorgeschichte hat, die sich über die Geschichte des Namensträgers legt – so wie sich die Sprache legt über den Sprechenden auch. Vielleicht war das der Grund, warum in früheren Gesellschaften die Vornamen der Väter an die erstgeborenen Söhne weitergereicht wurden, im Sinne ebendieser einen aenigmatischen Erbschaft. *Ich* ist bei sich angekommen, wenn es seinen Namen versteht; bis dahin muss ihn jeder, und jeder für sich, ertragen. Und das gilt auch für eine Figur in einer fiktionalen Geschichte.

Orte der Lyrik. Strahlkraft der Worte.

«Der Käse mit der grünen Seele»
Aus einer Fernsehwerbung

10.0. Nach all den Szenen des Schreibens, die wir gefunden und herausgestellt haben, ihre Konzentrationen und verschiedenen Verläufe, können wir die Lyrik als eine wohl radikale Zusammenführung aller Möglichkeiten verstehen, über Sprache ebenso funktional wie ästhetisch zu verfügen. Die poetische Rede, das Gedicht, ist eine äußerste Schaltstelle zwischen verbaler und nonverbaler Kommunikation und arbeitet sich auf semantisch kleinstem Raum am tiefsten ins Innere aller subjektiven Verstehenskompetenzen hinein; sie verbindet die entlegensten Felder des Denkens und Fühlens miteinander und generiert in ebendiesen Verknüpfungen neue Seh- und Verständnisweisen; kurz: *sie assoziiert optimal.*

Die Dominanz der Hypertexte

10.1. Vorher aber gilt es, die Frage zu klären, inwiefern Poesie im klassischen Verständnis ihrer Teile noch autonom sein kann, wenn ihre Mechanismen einer konstruktiven Polysemie schon so weit in die zweckbestimmte Rede eingegangen sind, dass sie gar nicht mehr differenziert werden können. Es ist erstaunlich, wie sich ein kommerzielles Interesse noch in die entlegensten Winkel subversiver Ausdrucksmöglichkeiten eingeschleust hat, um deren Kraftfelder mit Zweck zu besetzen. Schon 1934 schreibt Roman Jakobson: «Was ist Poesie? Wollen wir diesen Begriff definieren, so müssten wir ihm das gegenüberstellen, was Poesie nicht ist. Doch zu sagen, was Poesie nicht ist, fällt heute gar nicht so leicht.»[45] Seitdem hat sich die Welt in einer Weise verändert,

---

45   Jakobson, Roman: Poetik, Frankfurt am Main 1979, S. 67.

dass der Verfasser wohl ganz außerstande wäre, Poesie überhaupt noch zu qualifizieren. Denn in der Tat: ob Werbung im Fernsehen oder in Prints, ob der Slogan einer Firma oder die *homepage* eines Fußballvereins – alles ist in einer Weise ästhetisch formiert, dass das Ästhetische an sich zur Gewöhnlichkeit wird. Selbst vor den Tropen macht ein alle Territorien der Kapitalbildung ausnutzender Aneignungswille nicht halt, und die Metapher – quasi das Flaggschiff eines Gedichtes im Kampf gegen erstarrte, erkaltete Sprache – wird noch gegen sich selber gewendet, bis ihr semantischer «Schuss» nach hinten, in Richtung Urheber, feuert. Tote Metaphern aber sind das letzte, was einer lebendigen Sprachwelt noch zu ihrem Untergang fehlt.

10.1.2. So ist heute ein mit allem konkurrierender Hypertext verfügbar, der das Gedicht intensional schwächt, wenn nicht gar auflöst. Auf die Nachbarkünste trifft das gleichermaßen zu, wenn wir Visualisierungsformen für kommerzielle Produkte im laufenden Angebot haben, die alle Qualitäten eines gelungenen Bildes oder Filmes bedienen: paradoxe Schnittfolgen, Kontradiktionen, akustische oder semische Parallelismen und vieles mehr. Dass hinter dieser Enteignung der Mittel ein finaler Psychologismus zu sehen ist, der alle Subjektparadigmen beherrscht und vereinnahmt, ist unschwer erkennbar. Bei Lacan ist es die dauernde Präsenz eines Abwesenden, die nun dergestalt substituiert werden soll, dass ihr Ersatzobjekte untergeschoben werden (die ihrerseits neue Begierden erzeugen). Nun wissen wir auch, dass die Angst des Konsumenten nicht die ist vor einem Mangel, sondern vor einem *fehlenden Mangel* – was einem Kurzschluss in der Produktion des Begehrens gleichkäme. Nur gibt es weder moralisch, noch politisch oder ökonomisch, darauf ein Recht, diesen prekären psychodynamischen Strom gewinnbringend umzuleiten und reale Substrate an die Stelle imaginärer Defizite zu setzen (was man sich vorstellen kann wie ein Feuer im Dachstuhl, und zum Löschen bleibt nur Benzin). Die komplexe Verknüpfung aller psychischen Register, deren einziges Äquivalent im Symbolischen die poetische Rede ist, wird so zu einer Zielscheibe für vulgäre Marktinteressen – und das Gedicht, nein, der lyrische Raubbau, steht dabei noch Pate. Vielleicht spitze ich die Problematik jetzt zu, um sie überhaupt einmal kenntlich zu machen, aber weiterhin so vor sich hinzudichten, als hüte man den Heiligen Gral eines subjektorientierten Sprechens ohne Anerkennung permanenter Kanalisierungen der Produkte in den Betrieb ihrer ökonomischen Verwertbarkeit – das ist, mit einem Titel Paul de Mans gesprochen, *Rhetoric of Blindness*.

Jakobson und Mukařovský: Die Prager Schule

10.2. Es kann also, gerade in der Lyrik, keine Unschuld am Schreibprozess geben; dies zumal, da nirgendwo sonst dermaßen viele und auch komplexe Simultanreaktionen angeregt werden wie beim Produzieren und/oder Rezipieren von Gedichten. Die Nachweise hirnphysiologischer Aktivitäten in Verbindung mit Strukturen der Sprache und des Sprechens sind erbracht, und sie haben eben auch gezeigt, wie sehr die theoretischen Grundlagen schon der Prager Schule um Roman Jakobson, Jan Mukařovský und Nikolai Trubetzkoy einer modernen Beschreibung neurolingualer und kognitionspsychologischer Prozesse entsprechen. Deren Aufmerksamkeit galt von Anbeginn dem poetischen Nexus als einem autonomen und von der Kommunikationslogik der Sprache abgeschnittenen – oder besser: mit ihr rivalisierenden – Modus lyrischen Sprechens. Die Doppelkodierung der Sprache in ein hierarchisch verschieden gefülltes Für-andere- und/oder Für-sich-Sein führt bei den Prager Linguisten (*Cercle linguistique de Prague*) zu dem Begriff der Plurifunktionalität, wodurch auch die Beschreibung der Metapher (semantische Selektion) in Abgrenzung zur Metonymie (syntaktische Kombination) kenntlicher wird. Eine Axialverschiebung vom Syntagma (Grenzverschiebungstropen) zum Paradigma (Sprungtropen), die sich nur kontextuell herausstellen lässt, wäre ohne derartige Modifikationen in der Textanalyse nicht nachzuvollziehen. In einer Zeit der äußersten Instrumentalisierung der Kunst für einen rigiden Ideologietransfer – vor allem eben auch in der noch jungen Sowjetunion und ihrer Lyrik – ist eine solche Freistellung des

Dichters von einem monokausalen Wirkungszusammenhang seiner Dichtung geradezu revolutionär.[46] Majakowski war es, der vom Dichter «gestaltete Zukunft» und nicht rekultivierte Vergangenheit verlangte, und das durch eine schöpferische Ausbeutung der Sprache. Erwähnenswert in diesem Zusammenhang ist, wie gegenläufig seine rhetorisch ausschwingende, offene, dem Futurismus zugeneigte Behandlung der Verse im Verhältnis zu ihren akklamatorischen Inhalten zu sehen ist – ein Widerspruch, der schicksalhaft für Majakowski insofern wurde, als er, bei aller betonten Simplifizierung der Redeinhalte, von denen, deren Sprecher er sein wollte, einfach *nicht verstanden wurde* und später ja in jeder Hinsicht auch verraten. Hier war der Dichter nicht mehr teilbar mit sich selbst als einer politischen Person, und das war die ganze Tragödie bis hin zu seinem (allerdings bis heute umstrittenen) Freitod.

10.2.1. Der Dichter kann um seiner selbst willen nicht hintergangen werden: das ist die Botschaft und das Vermächtnis über das lyrische Werk Majakowskis hinaus, das wir vor allem in der Vorrevolutionszeit in voller Blüte und Kraft von ihm haben, um dann hauptsächlich noch Zeuge eines langsamen poetischen Verlöschens zu sein. Das Prager Konzept, das durch Jakobsons Flucht vor den deutschen Invasoren ab den 1940er Jahren in den USA seine Fortsetzung fand, verweist somit auch auf einen primären Anschluss der lyrischen Genese an das Unbewusste der schreibenden Person. Der Autor ist wohl gewiss nicht das Medium einer transzendentalen Universalstimme, wie es vom deutschen Idealismus mehr oder weniger pathetisch vorgetragen wird, aber er ist an Urprogramme linguistischer Verständigung gebunden, die ihm selbst nur schreibend erscheinen, nicht aber bewusst verfügbar sind. Eben das macht jede syllabische, auf eine rein technische Silbenfunktionalität eingestellte Poesieproduktion kaum wirklich brauchbar: das unbewusst arbeitende Verweisungssystem prosodischer, syntaktischer und semantischer Beziehungen kognitiv steuern zu wollen. Das

---

46 Vgl. Jakobson, Roman: Von einer Generation, die ihre Dichter vergeudet hat, in: Poetik, 1979, S. 158.

Produkt selbst kann nachträglich «bearbeitet» werden, verfeinert, erweitert und modifiziert, aber es hat seine Struktur unmittelbar aus seiner Verknüpfung mit einem Unbewussten, das singulär *und kollektiv ist*. Diese Verknüpfung garantiert auch den gewaltigen Überschuss an Information, der nicht mehr abschließend erkannt werden kann, sondern immer neue Signifikationen anstößt. Bereits in August Wilhelm Schlegels «Vorlesungen über schöne Literatur und Kunst» können wir dazu lesen: «Das Medium der Poesie aber ist eben dasselbe, wodurch der menschliche Geist überhaupt zur Besinnung gelangt (...) Daher ist sie auch nicht an Gegenstände gebunden, sondern sie schafft sich die ihrigen selbst; sie ist die umfassendste aller Künste, und gleichsam der in ihnen überall gegenwärtige Universalgeist.»[47] Auch für Hegel galt die Poesie als die höchste Form eines ästhetischen Ausdrucks, und Platon wollte die Dichter vielleicht auch nur deshalb verbannen, weil er deren dispositive Kraft spürte, wie sie die Philosophie (respektive er selbst) niemals hervorbringen kann.

10.2.2. Jakobson bereitet ebenso Lacan vor, der gleich und in aller Verkürzung von «Lyrik ist Wissen vom Unbewussten» spricht und den Term *lalangue* (Begehren nach Sprache) dafür verwendet. Bei ihm wird die religiöse Komponente des Poetischen am eindringlichsten, wie wir es auch an seiner Beschäftigung mit der Epiphanie bei Joyce in den 1950er Jahren sehen.[48] Über den Beitrag des Unbewussten am Produktionsakt haben wir schon gesprochen – immer aber waren die Verhältnisse relational und auf einer Horizontalachse (x) abgebildet, die für metonymische Reihen verwendet wird und der Verschiebung entspricht. Hier nun ist das Unbewusste in der Lage, auch die Achse der Verdichtung (y) zu besetzen und seine Struktur unmittelbar freizulegen. Während die Prosa stets metonymisch geleitet wird und damit noch immer die Illusion der Kohärenz sicherstellt, bricht die Lyrik durch die ihr eigene Assoziationsdichte in diese Vorstellung ein und

---

47   Vgl. Schlegel, August Wilhelm: Bd. 5, 1801–1804, 1962–1967, in: Kittler, 1995, S. 144.

48   Vgl. Hammermeister, Kai: Jacques Lacan, München 2008, S. 37.

entlarvt die Sprache als das, was sie ist: eine Folge von Auslassungen und semantischen Rissen, in denen das Nichts seinen Anfang nimmt und seinen je unermesslichen Abgrund. Mehr noch: sie reaktiviert auch den Wert des Zeichens, indem sie auf andere, nicht mehr vertraute Bindungen hinweist und auf eine frühe, vergessene Geschichte. Das auch ist bei Jakobson mit *Axialverschiebung* gemeint, dass Sprachbilder ihre Eigenschaft ändern («drehen») können, wenn sich ihre kontextuelle Matrix von x/y nach y/x verschiebt. Wittgenstein hatte einmal mit dem Begriff «Handgriff» gespielt und gezeigt, wie untauglich er ist, etwas auszusagen. Schon die Frage, ob ein Ding gemeint ist oder eine Form der Bewegung, bleibt ohne Antwort. Ein Wort wie «Fliegenfänger» kann ebenfalls alles Mögliche sein, denn in ihm selbst ist noch keine Bedeutung fixiert. Unser signifikatives Vorurteil würde nun einen Klebestreifen vermuten, der von der Decke hängt und die Fliegen festhält, die sich darauf abgesetzt haben. Und das allein, weil dieser Signifikant am schnellsten abgerufen und visuell memoriert werden kann. Man könnte auch sagen: *Die Sprache hat es uns eingeredet*, ihre historische Vorform, ihre Produkthaftigkeit. Sie ist Objekt und Subjekt zugleich, Objekt, wo wir sie subjektiv brauchen, Subjekt, wo sie uns objektiv braucht. In dieser gleitenden Funktion verschieben sich die Verhältnisse zwischen Sprecher und Gesprochenem notorisch, bis der Diskurslauf gestoppt wird. Kämen jetzt zu unserem Ausgangswort noch einige Prädikative hinzu – «er war der *Fliegenfänger* der Geheimpolizei» –, öffnete sich auch ein neues Begriffsfeld bei gleichzeitiger Axialverschiebung von der Homonymie zur Metapher. Aber auch die Metapher muss wieder neu verabredet und semantisch adjustiert werden, denn redeten wir jetzt mit einem Eingeborenen irgendwo im subtropischen Busch, würde er möglicherweise einen fuchtelnden Polizisten mit einem Schnappverschluss sehen, beileibe aber keinen Agenten. Und so arbeitet Lyrik. Jakobson nennt es «Poesie der Grammatik/Grammatik der Poesie.»[49]

---

49 Vgl. Jakobson, Roman und Pomorska, Krystyna: Poesie und Grammatik. Dialoge, Frankfurt am Main 1982.

10.2.3. Greifen wir jetzt noch einmal auf zwei theoretische Modelle zurück, um zu verstehen, welche sprachlichen Bewegungen dafür zuständig sind, dass es erfolgreiche Kommunikationsakte überhaupt gibt: das semiotische Dreieck bei Ferdinand de Saussure (mit noch nur zwei aktiven Funktionen – bei Ogden/Richards kurze Zeit später wird es dann triadisch vermittelt) und das Organon-Modell bei Karl Bühler. Schon Aristoteles führte aus, dass es keine direkte Beziehung vom *semeion* (Wort) zum *Ding* (Referent), über das Auskunft gegeben werden soll, gibt. Das *symptom* (Seelenregung) ist nun dafür zuständig, ein *Ikon* (nach Charles S. Peirce ein «Ähnlichkeitsbild») zu finden, mit dem das *Ding* repräsentiert werden soll. Saussure lässt den Referenten, da er nicht erfasst werden kann, außer acht und beschränkt sich auf die dyadische Funktion des sprachlichen Zeichens als Bezeichnendes (Wort) und Bezeichnetes (mentales Bild). Dabei nutzt er die Metapher vom Blatt Papier, dessen Oberseite die Ausdrucksebene (*signifiant*) und dessen Unterseite die Inhaltsebene (*signifié*) bildet. Beide Seiten stehen in Kontakt zueinander, symbolisiert durch einen Balken zwischen S (dem Signifikanten) und s (dem Signifikat) → S/s. Man kann sich hier vielleicht vorstellen, dass die Schrift auf der Oberseite einen schwachen Durchdruck auf der Unterseite erzeugt und so von ihrem Material (Tinte, Handschrift, Papier) auf einen Inhalt verweist (Vorstellung von den Zeichen und ihrer Kombination). Bei Lacan wird dieser Balken später selbst signifikativ und gleicht einer Sperre, die das Signifikat unterdrückt hält. Das Vorgestellte ist dabei stets *arbiträr*, denn niemand kann garantieren, dass er genau das imaginiert, was erforderlich ist. Die Signifikation hängt also davon ab, in welchem Kontext ein Sprachzeichen steht und inwiefern es sich von anderen hervorhebt und unterscheidbar macht. Diese fluide Bewegung zwischen Lautfolge und Sinn ist so lange unerschöpflich, solange die Rede in einem Prozess steht. Vom Ende des Textes her verstanden, stehen die Zeichen für die Momente des Interpretierens dann fest. *These 1*: Der poetische Text arbeitet über diesen Punkt des Verharrens der Zeichen hinaus, da er keinen semantischen Abschluss und auch kein Diskursende festlegt. *These 2:* Signifikant und Signifikat können im poetischen Text nicht bilateral verstanden werden, weil es auch keine Form und keinen Inhalt, sondern nur eine Interdependenz innerhalb eines organischen Ganzen gibt. *Ein Gedicht ist keine Rede über etwas, sondern eine eigene sprachliche Realität.*

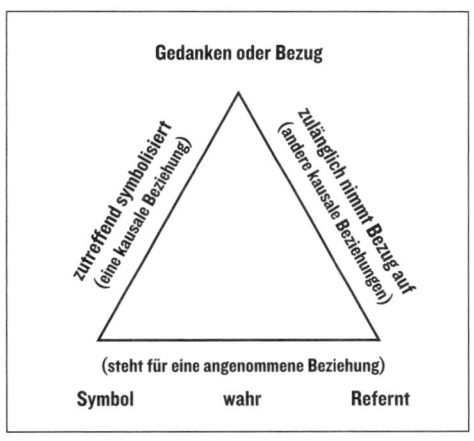

Abbildung 4 (Das semiotische Dreieck nach Ogden/Richards)

10.2.4. Das Organon-Modell bei Bühler (nach Sokrates im Sinne von «Werkzeug») geht nun einen großen Schritt weiter, indem es nicht nur vom Zeichen her operiert, sondern den aktiven Sprachgebrauch durch kommunizierende Subjekte voraussetzt. Bühler nennt sie *Sender* und *Empfänger*, die durch einen *Schallkörper* (Sprachzeichen) in Beziehung zueinander treten. In seiner Zeichnung (Abbildung 5) können wir die Lautebene durch einen Kreis um das Dreieck (Zeichen) herum, das verbunden ist mit dem Gegenstand, der vermittelt werden soll, erkennen. Den Ausdrucksmodus nennt er *Symptom*, den Appellmodus *Signal* und den Zeichenmodus *Darstellung*. Später wird Jakobson das dreigeteilte Organon-Modell auf sechs Sprachfunktionen erweitern, die neben der Botschaft (semantische Funktion), dem Sender (emotive Funktion) und dem Empfänger (konative Funktion) noch einen Kontext (referentielle Funktion), einen Kontakt (phatische Funktion) und

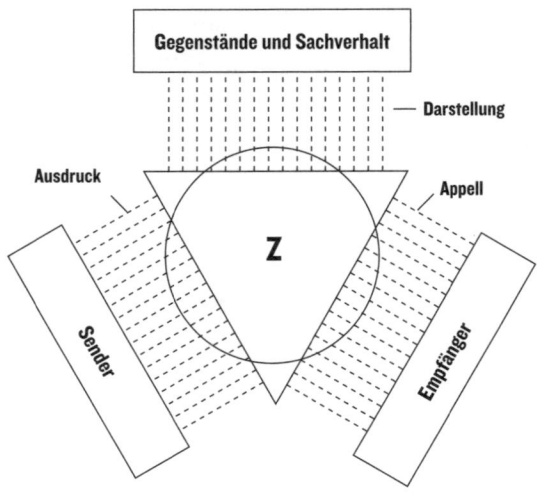

Abbildung 5 (Das Organon-Modell nach Bühler)

Im Diagramm: Gegenstände und Sachverhalt — Darstellung — Ausdruck — Appell — Z — Sender — Empfänger

einen Kode (metalinguale Funktion) bezeichnen. Das zu erinnern reicht, um jetzt *These 3* zu begründen: Die strikte Unterscheidung von Schallphänomen und Sprachzeichen, wie Bühler sie vornimmt (und die auch Phonologie differenziert von Phonetik), hat ihre poetische Konsequenz darin, dass ein Gedicht, das sich sehr wesentlich in phonematischen Skandierungen ausdrückt, offensichtlich auch über *eine Stimme ohne Inhalt* verfügt – also ein Teilobjekt besitzt, das sich aus bloßer Lautlichkeit ergibt und auf nichts als auf sich selbst zeigt. Das würde auch heißen, dass es immer eine Kette von Signifikanten gibt, die leer bleibt und – einer Interjektion gleich – aus dem Sinn wieder herausführt, der gebildet werden soll. Über die Unheimlichkeit einer Stimme als Partialobjekt geben uns zahlreiche Horrorfilme Auskunft, wenn jemand an einem Ort redet, aber im Bild nicht erscheint. Oder eine Hand wendet sich gegen den eigenen Besitzer als etwas Fremdes und gelenkt von irrationaler Gewalt, und so weiter und so fort. Wenn wir über den Vers reden, werden wir sehen, wie auch er (verstanden als metrisch gebundene Sprache) unterspielt wird von einer gänzlich anderen, selbstreferentiellen Prosodie, die sich zwischen Inhalt und Formabsicht drängt (sagen wir mal, wie ein Kind zwischen Vater und

Mutter). Es ist eine radikale freie Funktion, die im Lauthaften ebenso durchbricht wie im semantischen Kontext und die, da eben hier die Sprache auf eine Weise zu sich selbst kommt wie nirgendwo sonst, nur im Gedicht erkannt werden kann. Diese freie Funktion aber beherbergt auch einen Sinn, den das Gedicht unterdrückt halten muss, um sich semantisch entfalten zu können. Oder anders gesagt: um an den anderen appellieren zu können, muss übergangen werden, dass der Appell in seiner Wahrheit unkenntlich bleibt.

Wie Gedichte entstehen

10.2.5. Dem wohl entspricht auch die zögerliche, sich aus sich selbst als einer reinen Materialität der Sprache herausarbeitende Prozesshaftigkeit, mit der Gedichte entstehen. Nicht die Idee steht hinter dem Text, wie wir es von der Prosa her kennen, sondern das isolierte, nackte, morphologisch gegebene und noch zu keinem Sinn gefügte Wort; sein Klang, sein Geschmack, sein Gewicht, sein stoffliches An-und-für-Sich. Das meinte auch Mallarmé, als er auf Degas, der über stets zu lang werdende Gedichte klagte, erwiderte: Gedichte werden ja auch aus Worten, nicht aus Gedanken gemacht. Ich kenne es von mir selbst ebenso: Plötzlich ist ein Wort auf eine Weise verfügbar, die es geheimnisvoll werden lässt, seltsam und außergewöhnlich; es ist, als hätte ich dieses eine Wort zum ersten Mal gehört oder eben doch so gehört, dass es auffällig wird und als abgesetzt von der Sprache erscheint, als ganz und gar *stofflich*. Diese erste Form der Begegnung hat noch mit keinem Sinn etwas zu tun, mit keinem Zweck, keiner Funktion – sie ist nur für sich, so, wie wir auch Menschen begegnen, die wir blitzartig mögen und die schon wieder verschwunden sind, noch ehe wir etwas über sie erfahren konnten. Mag sein, dass eben das jenes kurz aufscheinende Unbewusste im Bewussten ist und ein Verlangen der Sprache (*lalangue*) nach sich selbst – eine wichtige Rolle spielt es im Rahmen der Entstehensgeschichte aber wohl eher nicht. Interessant ist vielmehr die jetzt zu treffende Entscheidung, wie (und ob) mit dieser vereinzelten sprachlichen Bildung umgegangen wird; höre ich tiefer in sie hinein, bis sie eine zweite, eine dritte und so weiter hervorbringt, oder nicht? In Fall a) kann ein Gedicht daraus werden; Fall b) fällt zurück *ins Reale des Imaginären* – das heißt: eine Entdeckung bleibt unentdeckt. Erst, wenn diese *Chora* (Julia Kristeva im Sinne von «ausdrucksloser Totalität») durchlaufen wird und eine Struktur sich findet, die als Wahrheit schon vorhanden, aber noch nicht notiert worden ist, bindet sich an die Genese der *logos*. Das einzelne Wort und seine Strahlkraft hatten ein Mandat, weitere Kontexte zu bilden, aus denen heraus Gedanken erst noch entstehen – und es sind ebenjene, die schon gedacht worden sind, ohne dass es dafür einen Beleg gibt. Der Vergleich mit einem Autofahrer ist hier sicher hilfreich, der ja auch nicht weiß, dass er fährt, wenn er fährt; jedenfalls so lange nicht, solange nichts Außergewöhnliches passiert. Dann aber, im Augenblick eines Unfalls, registriert er in geradezu hypostatischer Schärfe, was geschieht – doch was davor war, ist nur schwer zu ermitteln. Unser Bewusstsein könnte eine solche Überkonzentration auch nicht lange ertragen und braucht diese Wissensvorformen zur Ablage der Sinnesdaten in einen noch tieferen Bereich. Dieses präkonfigurierte Wissen ist kein unbewusstes und auch kein bewusstes – es ist kognitive Latenz und damit poetisch verfügbar. Wir können also sagen: Ein Signifikant erlangt gerade dadurch Totalität, weil er nichts ist außer eine Folge von Lauten. Sobald er prädikalisiert wird, wirkt er semantisch und verliert seine Rolle der leeren Form (Gefäß). Ein Wort in einem Satz ist immer ein anderes, und es verändert sich erneut, sobald es in einem Textganzen auftritt.

10.2.6. Wie aber geschieht es, dass für nichts außer für sich selbst stehende Worte in einem solchen Ausmaß der Bildung und Lenkung von Gedanken zur Verfügung stehen? Es ist die in ihnen kodierte Reizbarkeit für Zusammenhänge, Erfahrungen, Anschauungen, Imaginationen, die sich in einem Subjekt reflektiert (oder auch nicht). Ein Wort stellt eine Verbindung her zu einem Assoziationsgeflecht, das seinerseits topologisch qualifiziert ist. Diese topologische Qualifikation garantiert noch kein allgemeines Interesse und bleibt in sich selbst eingeschlossen, bis zu ebenjenem Moment, in dem sie von mehr oder weniger vielen anderen gelesen werden kann. Dann, plötzlich, erreicht ein vereinzeltes Wort den Status eines Transzendentalsignifikanten, der alle anderen Signifikanten beherrscht; es ist *mythologisiert*. Auf eine etwas zu einfache Weise erleben wir diese Art von mythologischer Hervorbringung in der Ernennung eines Begriffs zum Wort oder Unwort des Jahres. Gleichviel, dass uns niemand erklären kann, was ein «Unwort» (also ein Nichtwort) je sein soll, besteht diese lexikalische Anmaßung in einem Verfahren der Auswahl, dem keine Arbeit der Sprache vorausging. Sicher klingen «Gutmensch» oder «Wutbürger» dumm, aber das kann doch keine Behörde oder Jury entscheiden. Der erste brauchbare Vers, und ebendiese Worte verhalten sich antonym. Das also ist lyrische Arbeit: aus Wörtern Worte zu machen.

10.2.7. An meiner eigenen Arbeit kann ich rückverfolgen, über welche Signalwörter sich welche semantischen Felder ergeben, die ihrerseits ein schon vorhandenes Wissen deutlich werden lassen und es mit einem neuen verbinden. Wir werden noch sehen, wie enorm beteiligt die Metrik, der Reim, die Metapher und so weiter an der Erschließung des *Wissens vom Wissen* sind – hier genügen uns bloße Nominative. Das Wort «Wende» zum Beispiel. Seit 1989/90 steht es für die veränderte Realität eines politisch zerstörten Ostens, und man müsste schon sehr weit unterwegs sein, um diesen Bedeutungshintergrund nicht mehr zu wiederholen. Bemerkenswert ist, dass ich noch heute, nach gut zwei Jahrzehnten «im Westen», auf Worte der westlichen Kultur- und Industriewelt reagiere, da sie für mich dieses ins Innere der Person ausschwingende aenigmatische Muster an sich haben, während sie diejenigen, die damit aufgewachsen sind, nur noch hohl, leer und stumpf finden können. Allein das Wort «Industriegebiete» übte für längere Zeit eine Faszination auf mich aus, der ich in einem Gedicht einmal nachgegangen bin, um folgende Disparität aufzudecken: Das Wort «Industrie» steht für denaturierte Gesellschaft und leeren Konsum, und in einer semantischen Gegenläufigkeit steht «Gebiete», das ich mit Feld, Raum, auf jeden Fall topisch und damit subjektiv zugänglich assoziiere. Übersetzt könnte es heißen: Der Mensch beginnt, wo seine Erzeugnisse enden. Und wirklich taucht dann fast am Ende des Gedichtes noch das Motiv der Liebe und der Liebenden in der mythologischen Verzauberung auf: «Wie Zwillingsbäume, die einander/ über dem Abgrund sich halten, so stehen,/ vom Lichtschein des Mondes entblößt// und Liebenden ähnlich, die Einsamen/ zweisam vereint, endlich verschmolzen/ zu einem Geheimnis, das sich selber verbrennt,/ die jungen Blüten und das alte Holz,/ märchenhaft schön in ihrer schrecklichen// Unschuld, an der Rückseite einer verlorenen/ Geschichte des Tages gelehnt.» Hier, in dieser letzten der insgesamt zehn Strophen zu je fünf daktylisch grundierten Versen, taucht das Wort «Liebe» synonymisch für «Industriegebiete» auf, das dann auch den Titel bestimmt: «Ich liebe Industriegebiete». Das Gedicht endet dann mit dem Satz: «Darüber/ hängen die Fahnen der Händler,/ nicht mehr im Winde, wirklich,/ wie gelbe Birnen / über dem See», der sich quasi von selbst geschrieben hat, weil der Chronotopos «Industriegebiete» das so erfordert.[50]

10.2.8. Als ich meinem Verlag diesen Titel auch als Haupttitel für einen Gedichtband empfahl, kam Skepsis auf – zu Recht, denn ich war der historische Restaurator einer Empfindung für Worte, die enger an meine Biographie als an eine exemplarische Situation gebunden war. Auch Freunde, die immer schon im Westen gelebt haben, fanden den Titel eher blass, während andere, die wie ich aus dem Osten kamen, begeistert waren. Mir wurde klar, wie tief der Sprechende durchzogen ist von einer Sprache, die ihn ebenso spricht wie er sie; soll heißen: wie diachron nicht nur die Worte, sondern auch die Wortempfindungen sind. In einem lyrischen Zyklus über Amerika ging es mir ähnlich. Ich lief in New York die Wall Street entlang und war wie magnetisiert von Wörtern, die sich mit dieser Straße verbanden. Es waren gewiss keine schönen Wörter, aber sie hatten einen für mich so fernen Klang, dass sie in Rätseln zu mir sprachen und sehr belebt dadurch wirkten. In einer sehr aufmerksamen Besprechung ebendieser Gedichte konnte ich später den einen und mich nachhaltig beschäftigenden Relationalsatz lesen: «Dass D. sich aus den klischeehaft angeschlagenen Motiven

50 Drawert, Kurt: Idylle, rückwärts, München 2011, S. 162.

eines verbreiteten Amerika-Bildes (Lehman Brothers, Hedgefonds, Wall Street, Ground Zero) nicht entbindet, dass das Textsubjekt immer wieder zwanghaft zurückfällt auf seinen eigenen Boden – das nehmen wir als irritierenden Überschuss dieser Gedichte wahr.»[51] Nun ist ein «irritierender Überschuss» wohl eben das, was ein Gedicht erreichen sollte und will – nur eben hier meint er gewiss etwas anderes: dass in der so verwendeten Sprache keine Sprache mehr klingt. Und exakt das erregt mein Interesse. Denn ist/war es nicht umgekehrt auch so, dass Kulturwörter des Ostens über sich selbst hinaus «sprechend» gerade dadurch wurden, dass sie so seltsam und unvertraut klangen? Allein das Wort «Kombinat» taucht vielfach und überall dort auf, wo eine ökonomische Einrichtung ihre Besonderheit zur Schau stellen will. Ebenso «Kollektiv» oder «Stützpunkt». Der Neologismus «Komplexannahmestelle» ist rhetorisch sowieso nicht zu überbieten und hat auch im Westen ein paar Liebhaber gefunden, die ihn einfach nur «geil» finden und neu konnotiert wiederverwenden. Wie alle Zeichen, so auch werden die sprachlichen zum leeren Design, sobald sich die Verhältnisse ändern, unter denen sie erscheinen. Einsam wird es für jene, die diese Veränderungen nicht mitvollzogen haben und an den Worten in ihrem Ursprungswert hängen wie an den Sachen dieser Worte selbst. «Spreewälder Gurken» werden vielleicht nur gekauft, weil sie so heißen und nicht, weil sie besser als andere schmecken. Ebenso der legendäre «Rotkäppchensekt», von dem ich leider nur Kopfschmerzen bekomme. Und wenn Heiner Müller kurz nach der Wende demonstrativ mit einem Trabi zur Volksbühne fuhr, dann war das ein ironischer Kommentar und keine nostalgische Geste.

10.2.9.   Das alles nun heißt, dass Worte, welchen Verkehrsweg sie von welcher in welche politische, soziale oder kulturelle Ordnung auch eingeschlagen haben, immer dann ironisch zur Verfügung stehen, sobald sie asynchron (also gegen sich selbst gerichtet) verwendet werden. Und das heißt auch, dass diese Ironie zur Hälfte in sich selbst ver-

---

51 Räkel, Hans-Herbert: «Was war das für ein Land, dem wir entkamen?», in: Süddeutsche Zeitung, 7. Januar 2012.

schlossen bleibt – weil die andere Hälfte noch (oder schon) in anderen Verhältnissen lebt. Der Rest ist banaler, ewiger Machtdiskurs.

Poesie und Religiosität

10.3. Um die Stellung des Poetischen in seiner zutiefst religiösen Dimension zu erfassen, die auf ein magisches, transzendentales, gnostisches Denken zurückführt, ist ein Satz des frühen deutschen Humanisten Nikolaus von Kues sehr bemerkenswert: «Gott ist der Zusammenfall aller Gegensätze.» Diese scheinbar so lakonische Bemerkung trifft dermaßen tief, zumal verstanden in ihrer Zeit des beginnenden 15. Jahrhunderts, dass wir sie hier nicht weiter besprechen können und lediglich für unseren Zweck einer Allegorisierung verwenden: nämlich die Begriffe Gott und Poesie zu substituieren und dann ihre Verträglichkeit zu testen. So wird notiert: «Poesie ist der Zusammenfall aller Gegensätze» – das trifft es fast. Fügen wir noch hinzu: «… ist der *günstige* Zusammenfall aller *unaufhebbaren* Gegensätze», dann sind die aporetischen Verhältnisse und gegeneinander ins Spiel gebrachten Kräfte, wie sie unser Leben beherrschen, fügen und spalten, benannt (und *gebannt*).

10.3.1. Gewiss sind die Ursprünge lyrischen Sprechens, die Anrufung der Götter, anderen Entstehensgründen gewichen, die heute als ebenso säkularisiert gelten können wie die Lehren der Kirche. Aber das Religiöse als eine Besetzung ebenjener abwesenden Präsenz, von der auch die Psychoanalyse fortwährend redet, taucht im Poetischen ganz unvermittelt auf – und zwar *als lyrischer Mehrwert*. Das Zentrum des Gedichtes ist stets die bezeichnete Stelle einer nicht in Erscheinung tretenden Substanz, und damit ist es sehr gut geeignet, Transzendenzerfahrung zu regenerieren. Ob Theismus oder Deismus – Poesie ist religiös, auch wenn sie es ihrem Inhalt nach nicht ist. Die Frage, die Heinz Schlaffer in seinem glänzenden Buch «Geistersprache»[52] auf-

---

52 Vgl. Schlaffer, Heinz: Geistersprache. Zweck und Mittel der Lyrik, München 2012.

wirft, ob das Gedicht seine Funktion nicht gerade dadurch eingebüßt hat, dass es für diesen hohen religiösen Appell, wie er für frühe Kulturen einmal galt, keine Verwendung mehr gibt, ist vielleicht so nicht zu stellen. Die Entthronisierung Gottes seit Nietzsche – der im gleichen Atemzug einen neuen und «letzten Gott» heraufbeschwor – hat die Lyrik gewiss nicht nur nicht geschwächt, sondern eher gestärkt (eben in dieser frei gewordenen Rolle einer Sprache für sich selbst). Wir werden dieser Frage noch einmal begegnen, wenn wir über die Dispersionen metrischer Grundregeln sprechen, und inwiefern sie tatsächlich gleichbedeutend sind mit einem poetischen Verzicht. Hier soll es um die Genesis der lyrischen Rede gehen, die sich aus dem Gesang herausgebildet hat und über eine Skalierung der Redeteile mnemotechnische Funktion* übernahm. Der orale Ursprung der Sprache brachte es mit sich, dass nur eine begrenzte Menge an Informationen überbracht werden konnte – stets eben so viel, wie das Gehirn aufzunehmen und wiederzugeben imstande war. Nun wissen wir auch, dass ebendiese orale Tradition des Sprechens zu Leistungen des Memorierens geführt hat, die wir uns heute gar nicht mehr vorstellen können; dennoch waren zwei Erfindungen von ausschlaggebender Bedeutung für die Verschiebung von der phonozentrischen zur skripturalen Kultur: die der Schrift (Bild- oder Zeichensystem, etwa 4 T. v. Chr.) und der Datenträger (Keilschrift, Tontafeln, Papyrus, Buch, etwa 3 T. v. Chr., und durchschlagend dann mit der Gutenbergpresse im 15. Jhr.) Bis zur mittelhochdeutschen Klassik zur Zeit der Staufer, der Ritterdichtungen und des Minnesangs herrschen gewiss noch die mündlichen Sprachwege vor, aber mit der zunehmenden Verbesserung der drucktechnischen Erzeugnisse verlagert sich auch das Verständnis für Sprache vom Gesprochenen zum Geschriebenen der Schrift. Ich nehme an, dass in dieser Periode der Veränderung eines Denkens von akustischer zu visueller Wiedererkennung auch die poetischen Erfassungssysteme, die für eine gezielte Ökonomie des Redens und Reproduzierens von Inhalten zuständig waren, an natürlicher Zweckmäßigkeit und damit an Sinn eingebüßt haben. Sprache als ästhetisches Ereignis, der kommunikativen Funktionspflicht enthoben, autoreferentiell, das waren sicher keine tradierten Werte der Antike – eher wohl Begleiterscheinungen eines erstarkenden Anspruchs auf Individualität durch aufgeklärte und sich ihrer selbst bewusste Leser und Schreiber. Das Alleinsein mit Schrift, die sich gerade in der erstmals möglich gewordenen Zeitlosigkeit eines Buches ereignet, heißt ja auch: Absonderung von einem Ganzen. Der Genuss kommt also hauptsächlich dem zu, der sich entzieht und ins Gespräch mit der formal isolierten dichterischen Sprache bringt, die nur für ihn, den einen in diesem einen Moment, geschaffen zu sein scheint. Dass man sich später in literarischen Zirkeln oder feinen Salons darüber austauschen wird, wie metaphysisch oder gar spirituell der Akt des Lesens für jeden einzelnen war, unterstreicht nur noch die Weise eines konsequenten Für-sich-Seins, in der wir den literarischen Konsumenten ab dem 18. Jahrhundert anzutreffen haben. Ich gehe gewiss nicht zu weit in der Vermutung, dass diese psychedelischen Versenkungen in die Lektüre vor allem von Lyrik subreligiöse Akte waren, Sublimationsrituale für ein abhandengekommenes göttliches Prinzip. Das von Wissenschaft und Technik geprägte Maschinenzeitalter leistet sich eine Wiederauferstehung der verlorenen Gefühle, die durch religiöse Beschwörung allein nicht mehr gebannt werden können – und das Gedicht ist der Fetisch. Wer die Möglichkeit hatte, schrieb Verse, feine Damen mit unendlich viel Zeit, bis hin zu den literarischen Exzessen einer Friederike Kempner, die ihre Nekrophobie in Reime verpackt und damit auf eine furchtbare Weise berühmt wird.

10.3.2.   Wenn eine Lehre zum Dogma erstarrt, verliert sie an Zuspruch. Dann ist es nur noch eine Frage der Zeit, bis sie abgeschafft und ausgetauscht wird. Warum sollte, was so für die Gesellschaften im allgemeinen gilt, nicht auch für Poetiken gelten? Es ist hier nicht die Frage, ob der *vers libre*, wie er sich zuerst in Frankreich herausgebildet hat – sicher als ein Reflex der Abwehr auf den höfischen Alexandriner –, generalamnestiert und die Regelpoetik für alle Zeiten verstoßen sein soll; aber wenn allein die asklepiadische Odenstrophe zwei auftaktlose Zwölfsilber von metrischer Gleichheit und einem Hebungsprall in der Mitte der Verse verlangt sowie zwei darauf folgende Kurzverse mit männlichem Abschluss, kann von eingeschränkter Beweglichkeit der Versläufe und einer ihr unterstellten Kontrolle des Denkens wohl eher die Rede sein als von einem poetischen Gewinn. Reguläre Versmaße erreichen zweierlei: sie disziplinieren die Anarchie der Sprache und halten eine wilde Assoziationsflut in Schach, zugleich aber nehmen sie dem Gedicht eine Entschlossenheit, die im Regelverzug liegt und im konstruktiven Bruch. Nicht umsonst verlangen gerade feierliche Inhalte, die machtgetragen sind, die komplizierteste Metrik, die es überhaupt gibt.

Klopstock

10.3.3. An dieser Stelle nun machte sich ein Mann hochverdient, der als Poet eher nur zweite Reihe blieb: Friedrich Gottlieb Klopstock. Er vereinfacht die antike Ode so, dass sie auch der deutschen Dichtung zugänglich wird. Verlangte etwa die sapphische Strophe drei Verse zu je vier trochäischen Takten und einem Daktylus nach der zweiten Hebung sowie einem Adoneus, der sich aus einem Daktylus und einem Trochäus notiert, so gibt Klopstock dem dreisilbigen Takt – hier in «Die Tote Clarissa» – eine andere Stellung:

> Blume, du stehst verpflanzet wo du blühtest,
> Wert, in dieser Bestattung nicht zu wachsen,
> Wert, schnell wegzublühen, der Blumen Edens
> Bessre Gespielin.

Im Schema finden wir vor:

> ´xxx/´xx/´xx/´xx/´xx
> ´xx/ ´xxx/ ´xx/ ´xx/´xx
> ´xx/´xx/ ´xxx/ ´xx/´xx
> ´xxx/´xx.

Wir sehen, wie sich der Daktylus um jeweils einen Takt verschiebt. In Vers 1 ist er an erster, in Vers 2 an zweiter, in Vers 3 an dritter und in Vers 4, wie bei Pindar, wieder an erster Hebungsstelle. Ebenso die für Oden beliebte alkäische Strophe: im Ursprung mit zwei Elfsilbern, einem Neunsilber und einem Zehnsilber, einem Daktylus nach der dritten Hebung in den ersten zwei Versen sowie zwei Daktylen im vierten Vers, während der dritte Vers ein jambischer Vierheber ist. In Hölderlins «An die Parzen» (ohne Klopstocks Vorarbeit undenkbar) wird daraus:

> Nur einen Sommer gönnt, ihr Gewaltigen!
> Und einen Herbst zu reifem Gesange mir,
> Daß williger mein Herz, vom süßen
> Spiele gesättigt, dann mir sterbe.

Hier sehen wir die Umgestaltung der Pindarischen Strophe im Weglassen eines Daktylus in den Versen 1 und 2 sowie eine männliche anstelle einer weiblichen Kadenz:

> x/´xx/´xx/´xxx/´xx/´x
> ´xx/´xxx/´xx/´x
> x/ ´xx/ ´xx/ ´xx/ ´xx
> -/ ´xxx/´xxx/´xx/´xx.[53]

Nicht zu vergessen die Einführung des deutschen Hexameters, der noch die 6 Hebungen, den auftaktlosen Einsatz und den klingenden Abschluss übernimmt, im Unterschied zum griechischen dann aber ein ungerades Taktgeschlecht erhält. Es folgt ein bitterer Streit mit Gottsched, der eine «vernünftige Poetik» fordert – aber es war eine Instabilisierung des Regelkanons in Gang gekommen, die über eine Krise des Verses zu einer Krise des gesamten lyrischen Systems werden sollte. Und Klopstock ist es denn auch, der mit «Genesung» 1754 die erste Ode in freien Rhythmen verfasst.

---

53   Vgl. Arndt, Erwin: Deutsche Verslehre, Berlin 1975, S. 211 ff.

10.4. Ironie dringt in den Ernst einer lyrischen Erhabenheit und zersetzt sie beharrlich. Christian Morgenstern etwa in seinen «Galgenliedern» von 1905:

Das ästhetische Wiesel

Ein Wiesel

saß auf einem Kiesel

inmitten Bachgeriesel.

Wißt ihr

weshalb?

Das Mondkalb

verriet es mir

im Stillen:

Das raffinier-

te Tier

tats um des Reimes willen.[54]

Die aufgelöste Linksbündigkeit zugunsten einer Mittelachse, von der aus die Verse in gleichen Abständen nach links und rechts des Blickes zerfließen, ist die erste Eigenwilligkeit, die sofort ins Auge fällt. Wir können annehmen, dass der Autor eine Schreibmaschine besaß und besessen mit diesem die Ästhetik des Schreibens komplett verändernden Gerät experimentierte (was ihm dann auch schon erste Vorformen der konkreten Poesie eingebracht hat). Die Bildlichkeit der Schrift wirkt nervös, wie kleine flinke Tiere huschen die Buchstaben, Silben und Wörter über das Blatt und hinterlassen nur zögernd die Spur eines semantischen Zusammenhangs. Dass das Wiesel, das hier den Anlass der Rede bestimmt, nicht einfach ein Tier unter anderen ist, sondern hervorgehoben wird als «ästhetisch», rückt es in die Nähe des Menschlichen – zumal es wohl auch zu sprechen versteht, wie es

---

54 Vgl. Conrady 2000, S. 541.

uns das Erzählsubjekt in der dritten Strophe versichert. Natürlich sitzt die Pointe sofort: Wer oder was auf sich etwas hält, fügt seine Gedanken in Reime – egal, ob man sie so/ oder anders/ auch meine. An anderer Stelle wird es noch absurder: «Der Architekt jedoch entfloh/ nach Afri- od- Ameriko.» Die Subversivität wird hier um vieles größer noch als bei Klopstock, der Regeln ändern, nicht aber abschaffen wollte. Morgenstern macht sich einen Witz daraus, dass es so etwas Komisches wie Reimklammern und Versmaße überhaupt gibt. Und er kopiert, was er angreift: die Form. Aber eben nur halb, denn zum Ende des Gedichtes hin zerfällt sie und wird sogar noch mit einem morphologischen Zeilensprung abgeschlossen, der eine weibliche Kadenz zu einem Schuss oder Stich oder Hieb werden lässt: «Das raffinier-/ te Tier» – gereimt auf «mir» – hinterlässt die freie Silbe «te», für die es keine Reimbindung gibt. Eine Waise ist aber gerade dadurch radikal, dass sie nirgendwo zugehörig ist und empfindlich den rhythmischen Fluss stört. Sie ist das Sandkorn im Getriebe der Regelmäßigkeit. Raffiniert ist also vielmehr das abgelöste Phonem desselben Wortes und weniger das Tier, das damit prädikalisiert werden soll; oder in Umkehrung: Es gibt nichts Raffiniertes daran, auf raffinierte Weise poetische Wahrheit dem bloßen Gleichklang der Worte und einem geordneten Rauschen der Sprache abzugewinnen. Das ist die literarische Pforte, die geöffnet wurde und die Möglichkeiten des Gedichtes auch um die Möglichkeit, es zu verraten, enorm erweitert hat.

10.4.1. Morgenstern ist auch radikaler noch als Arno Holz, der (von den Dichtungen des Barock einmal abgesehen) als erster die Zeilenordnung von der Linksbündigkeit befreit und sie um eine Mittelachse symmetrisch zentriert hat. Etwas viel Wirkungsvolleres als die Verlagerung der lyrischen Rede auf die bloße Bildlichkeit von Zeichen ist bei Morgenstern die Erinnerung an das, was schon verlorenging: die Zuverlässigkeit der lyrischen Grundelemente Vers, Strophe und Reim. Gerade in den ironischen Zitaten dieser Elemente liegt der tragische Verlust: das Ausbleiben wird, im Unterschied zu Holz, *markiert* und damit erst wirklich subversiv. Arno Holz ging weiter voran. Zeilen wie:

«Schönes,/ grünes, weiches/ Gras. // Drin/ liege ich.// Inmitten gold-
gelber/ Butterblumen!»[55] beenden eine Regelmäßigkeit schon nach
dem dritten Takt und gehen über in das Stakkato der freien Rede. Der
Anschluss: «Über mir … warm … der Himmel» ist bereits Prosa.
Merkwürdigerweise sinkt diese für damalige Schreibverhältnisse
enorme Verweigerung lyrischer Grundbedingungen unter eine Emp-
findsamkeitsschwelle für Originalität. Man liest es so weg – und sicher
nicht nur, weil wir heute anderes gewohnt sind. Doch die Empörung,
die sich gerade über die Formlosigkeit einstellen soll, will nicht so
recht zünden. Warum? Weil jede Relationalität mit dem, was verfehlt
werden soll, ausgeschlossen bleibt und extern auch nicht erfolgen kann.
Lyrik kommt von *versus* (rückwärts) und Prosa von *prorsa* (vorwärts),
und das heißt, dass sie, während Prosa antizipiert, reflektiert und *erinnert*. Ein Gedicht lebt – darüber sprechen wir gleich – von der Wie-
derkehr rhythmischer Muster oder somatischer Erfahrungen wie Ge-
dächtnisschmerzen oder dergleichen, die über viele Epochen hinweg
geprägt worden sind. In der Wiederholung liegt auch der Appell an
die Götter, und ein Gedicht kann sehr wohl die Götter verraten und
den Appell beenden – aber nicht, ohne nicht gleichzeitig auf sie zu
verweisen. Diese Verweisungsbedingung kann bei Holz allenfalls aus
einem literarhistorischen Kontext heraus verstanden werden – textimmanent ist sie, im Vergleich zu Morgenstern, nicht.

10.4.2. Und dann, kaum zehn Jahre später, geschieht etwas geradezu
Atemberaubendes in dem berühmten Gedicht des Jakob van Hoddis,
über den wir in anderem Zusammenhang schon gesprochen haben:

Weltende
Dem Bürger fliegt vom spitzen Kopf der Hut,
In allen Lüften hallt es wie Geschrei.
Dachdecker stürzen ab und gehn entzwei,
Und an den Küsten – liest man – steigt die Flut.

---

55 Ebd., S. 397.

Der Sturm ist da, die wilden Meere hupfen
An Land, um dicke Dämme zu zerdrücken.
Die meisten Menschen haben einen Schnupfen.
Die Eisenbahnen fallen von den Brücken.[56]

Das Gedicht beginnt mit einem Auftakt, der immer, im Unterschied zum abfallenden Trochäus, für positive Grundstimmung sorgt. Dem folgen fünf Hebungen in alternierendem Wechsel für jeden der zwei mal vier Verse. Das ist die Melodie eines Liedes, in heiterem Ton, leicht memorierbar. Beweglicher kann kein Gedicht sein, störungsfreier, folkloristischer. Und jetzt der kontrafaktische Inhalt, der fast schon gesungen werden will: Untergang, wohin das Auge reicht. Härter geht es nicht. Der Regelvollzug ist *perfekt* → und führt *direkt* in den Abgrund. Nur ein harter Zeilensprung vom ersten zum zweiten Vers der zweiten Strophe fällt aus dem Rahmen, und er beeindruckt umso mehr, als er die Überschwemmung des Landes durch ein «wildes» – sprich: verrückt gewordenes – Meer versgraphisch nachformt und damit auch symbolisch erweitert. Die Subversion gelingt aber gar nicht so sehr durch das inkongruente Verhältnis von Metrum und Narration (oder nicht *nur*), sondern durch ein zweites Wesenselement der lyrischen Rede – den Reim. Im Schema haben wir einen umschließenden Reim – a/bb/a – für die erste Strophe und einen Kreuzreim – cd/cd – für die zweite. Die Kadenzen sind durchgehend weiblich – außer «Hut» auf «Flut»: ein Reim, der, in Allegorie gesprochen, alles auf sich nimmt und in einem topologischen Außen agiert. Alles andere ist mehr oder weniger subjektives Interieur, das erst mit dem letzten Wort noch einmal – und dann auch endgültig – durchbrochen wird. Den Genderaspekt, den das Gedicht nebenbei liefert, können wir hier nicht weiterverfolgen, aber die gewaltigen Kohärenzrisse, wie sie durch eine kaum für möglich gehaltene Assoziationskette eingeleitet werden und die die Realität grundverschiedener Bildwirklichkeiten zu einem «Weltbild» zusammenfügt, das gewiss nur noch ein «Ende» sein kann. Die

---

56 Ebd., S. 443.

Macht der Reime ist dadurch so unerschöpflich, dass sie über linguale Ähnlichkeitsbeziehungen stoffliche Verschiedenheiten in Kontakt zueinander bringen und damit eben auch die Erfahrung generieren, dass den Bildern, die wir kennen, andere und ebenso *mögliche Bilder* folgen. Das und nichts sonst meint die vielbeschworene Wahrheit der Reime: die Entdeckung semantischer Lineaturen im dunklen Reich der Kontingenz. Ab hier nun werden wir reguläres lyrisches Sprechen auch in seiner Antithese vorfinden – als eine grandiose Selbstschussanlage der Sprache. Oder, wie es Ernst Jandl so schön formulierte: «die rache/ der sprache/ ist das gedicht.»

10.4.3. «Erst wenn der Reim in Labors und Irrenhäusern auftaucht, muss er vom bedruckten Papier verschwinden, sollen Dichter und Psychotiker nicht zusammenfallen», schreibt Kittler und spielt auf die vorherrschende Meinung vom Zusammenschluss ästhetischer und psychopathologischer Kategorien an, die um 1900 hoch in Mode sind.[57] Die Kunstleistung dem feinen Willen zum Schönen entrissen zu sehen durch das monströse Faktum einer rätselhaften Krankheit, das kann nur zu einer Erschütterung im Glauben an das Erhabene, Hohe und Edle geführt haben, wie Kunst sie zu verkörpern hat. Es desavouiert auch das «schöne Gedicht» und macht es verdächtig, zwischen den Zeilen nicht vom Göttlichen, sondern von einem Pakt mit dem Teufel zu sprechen, wie ihn Faust exemplarisch für seine und alle folgenden Generationen eingegangen ist. Gewiss werden immer wieder Gedichte in gebundener Rede geschrieben, aber es wuchert und keimt der lyrische Widerstand in jeder kühnen Metapher und in jeder Assonanz. Auf gar keinen Fall steht das Gedicht noch für eine Anrede, die außerhalb des Gedichtes selbst liegen könnte, frei zur Verfügung. Es ist monologisch geworden, eine Unterbrechung der Literatur im Zustand ihrer verstandenen Unzulänglichkeit.

---

57 Kittler, 1995, S. 277.

Die Rückkehr der Mutter

10.5. In gewisser Weise lässt sich darin auch eine Rückkehr der Mutter erkennen, die sich gegen die Regeln «im Namen des Vaters» erhebt. Wir erinnern uns an die vorödipale Antinomie einer mütterlichen (weiblichen) und einer väterlichen (männlichen) Stimme, die sich im Kampf um die Besetzung der Innenwelt des Kindes rivalisierend gegenüberstanden. Dabei unterlag der Vater naturgemäß, während die Mutter in der Weise eines nichtsignifikativen Sprechens eine Maßnahme traf, die einerseits den Vater (als den Hüter der Ordnung) befriedigte, indem sie es auf ihn vorbereitet hat, es andererseits aber so an sich gebunden hielt, dass jederzeit die Rückführung des Zeichens in einen gemeinsamen somatischen Haushalt, der stets auch latent blieb, möglich war. Diese Reservierung eines mütterlichen Anteils im innersten Kern der Verständnissysteme, der nicht mehr geteilt werden kann und jederzeit im Sinne einer symbiotischen Bindung aktualisierbar ist, wird gleichbedeutend mit jenem [Fehlenden], das ein poetisches Ereignis überhaupt erst ermöglicht. Das Gedicht ist, ich wiederhole es, der Aufstand der Mutter gegen die Vorherrschaft einer männlichen *jouissance*, wie es Lacan sagen würde; und er ist immer allgegenwärtig. Dieser Aufstand gilt auch für die Ablösung des Regelkanons durch einen prosodischen Individualismus.

10.5.1. Das nun heißt auch, dass sich lyrische Dichtung in der «Stimme der Mutter» vollständig realisiert und ihrer Besonderheiten entledigt. Jene Vertrautheit, wie sie das Kleinkind in seiner sprachlichen Unschuld empfing, als sich die Mutter mit weicher Lautung einer mehr musikalischen als literalen Struktur an es wendete, war schon eine Vorwegnahme des Poetischen im semantischen Nexus des Vaters; es antizipierte eine Wahrheit als Bestandteil der Sprache, die sich noch gar nicht erfüllen konnte, aber schon erlebt wird in der exklusiven Kombinatorik des Alphabets. Der Leser oder Schreiber von lyrischer Dichtung macht damit von einem psycholinguistischen Reservoir Gebrauch, das vermutlich jeder auch nutzen könnte, würde er nur zulassen, es zu besitzen.

266

10.5.2. Wenn Lacan bemerkt, dass es keine weibliche *jouissance* gibt – und wenn doch, so wäre sie *phallisch* (also ein Substitut der männlichen *jouissance*) –, dann ergibt sich gerade aus dieser dauerhaften Nicht-signifikation des Weiblichen ein Überschuss an Energie. Genau das füllt die poetische Hülle im Vollzug eines lustvollen Sprechens aus: *den* Sinn zu berühren, der im Sinn der Sprache nicht mehr erscheint. Jene leere Signifikation, wie sie das weibliche Sprechen bestimmt, um in den Akten aller vor- und nichtsprachlichen Äußerungen als tatsächlich *weibliche* (das heißt nichtphallische) *jouissance* aufzuerstehen, begründet das Gedicht – oder kürzer: das Poetische ist eine Information *ohne Information*. [Das Fehlende] kehrt hier in der Funktion eines Containers zurück. Allerdings liefert diese Speicherungsweise nichts aus – der Container ist eine Einwegverbindung insofern, als er zwar aufnimmt, aber den Inhalt sofort an das Imaginäre weiterleitet und nicht rückführbar in das Register des Symbolischen macht. Genau das aber bestimmt den *Genuss* am Gedicht, der konkret nicht fixiert werden kann und als eine Art «Überschuss» zurückbleibt, der unbezeichnet und dennoch «gefüllt» ist. Jede jetzt einsetzende Semiose ist ein Kontakt mit dem Vater als dem legitimen Erben der Sprache. Wir können also sagen: Die poetische Konstituierung entsteht in der Überschreitung der *weiblichen jouissance* zur männlichen Ordnung – sie ist ein Zwischenlager, in dem sich die Autonomie eines subjektives Begehrens (von Sprache) und die Konventionalität einer männlichen Grammatik vereinen.

10.5.3. Erhalt und Auflösung einer poetologischen Matrix sind Rede und Widerrede von Mutter und Vater in einem Gedicht. Die lyrische Rede ist die gewiss weiblichste Form einer Verwendung von Sprache, aber sie akzentuiert sich männlich. Lacan hat nicht recht, wenn er die weibliche *jouissance* einer männlichen unterstellt; umgekehrt würde es gleichermaßen sinnfällig sein. Der Phallus: das ist die Mutter *hinter dem Vater*. Sie ist nur deshalb nicht sichtbar, weil sie außerhalb eines sprachlichen Zugriffes steht.

10.6. Diese Umwege einer Zerstörung von Form, um Form zu erhalten, waren nicht zu vermeiden. Dafür erleben wir gerade im Gedicht unserer Tage eine Reaktivierung von Vers, Rhythmus und Reim, die vielleicht auch aus einem Überdruss am Beliebigkeitston der für alles offenen Lyrik entstand. Mehr noch aber ist die verzweifelte Suche nach einem existentiellen Halt bezeichnend, den keine soziale oder politische Struktur mehr anbieten kann und den das Gedicht jetzt ausgleichen soll. Ich halte es für eine enorme Bereicherung, ein lyrisches Verfahren nach beiden Seiten hin offen zu halten, Regularität und Dispersion gleichermaßen zu praktizieren und in ihrer verschiedenen Anwendbarkeit ebenso zu verstehen wie in ihrer Abhängigkeit. Gedichte, die keine Ordnung erzeugen, können nicht gelingen – es muss nur keine Ordnung der Fachbücher sein, sondern ebenso kann sie aus einem Zusammenhang der Materialien erst noch entstehen. Es ist gewiss eine lyrische Simulationshäufigkeit mit dieser Freiheit zum freien Rhythmus und Vers (der ja oft keiner mehr ist) eingetreten, und es ist bisweilen beleidigend, mit welcher Kühnheit Sätze der Prosa unterbrochen und optisch einfach so abgesetzt werden wie ein zu heißer Kochtopf irgendwo auf dem Weg von der Küche zum Tisch. Aber wieviel Kitsch hat zum Beispiel das Biedermeier gebracht, und wie gefährlich kann eine Alliteration wie H. H. sein. Natürlich ist es leichter, einen unreinen Rhythmus zu entdecken oder ein beschädigtes Versmaß; aber ebenso kann es eine gelungene Textanalyse für Gedichte geben, die sich aller Vorgaben entziehen, dieses Entzogene aber neu und anders gestalten. Darin bleiben sich Prosa und Lyrik immer verwandt: sie müssen das Gesetz ihrer Form, das sie gefunden haben, in ihrer Stringenz auch vorführen können; der einzige Unterschied ist vielleicht, dass ein Prosatext die ganze Zeit seiner Länge dafür hat – ein falsches Wort in der Lyrik aber rächt sich sofort.

10.6.1. Formkrisen sind Gesellschaftskrisen, weswegen die Kulturwächter erst recht eines absolutistischen Systems sehr gereizt reagieren, sobald ästhetische Normative außer Kraft gesetzt werden – während Inhalte lediglich eine Sache, nicht aber *alles in allem* angreifen. Wir sehen also durchaus eine Bedeutungssetzung auch in der Form, die vielleicht noch gewaltiger ist als jede ideologische Rhetorik, da sie viel tiefer ausstrahlt. Im Umkehrschluss heißt das, dass sich keine unmittelbare Verbindung aus der Art der Behandlung der lyrischen Grundelemente, die immer beides sein kann: innovativ und konservativ, für eine qualitative Beurteilung von Gedichten ergibt; erst in einer historischen Zuordnung sind derartige Rückschlüsse nachzuvollziehen.

10.6.2. Nicht also das gebrochene Paradigma der Metrik ist schuld an einer Dispersion der lyrischen Rede, sondern der Ausverkauf der Zeichen innerhalb eines sprachlichen Vollzugs, der nicht außerhalb einer kommunizierenden Gemeinschaft stattfinden kann. Wir haben gesehen, wie beide Varianten – ob freier oder gebundener Vers – mit oder gegen die Intensionen einer Poeisis (oppositiv zur Mimesis) gestellt sein können und dass sich Regelvollzug und Regelverletzung sinnvoll ergänzen. Daraus folgt, dass sich die analytische Beobachtung nicht nur auf Teile, sondern auf eine Verbindung aller Teile zu einem poetischen Ganzen einstellen muss. Zum Beispiel verwaltet das Enjambement enorme Kraftfelder, wenn es Bedeutungen «staut» und am Höhepunkt ihrer Stasis dann freisetzt, was der Reim in seiner Dominanz für den Vers oder die Zeile eher blockiert.

10.6.3. Das gilt auch für die Rolle des Satzes, der durchaus sein Reservat der Prosa verlassen und lyrisch funktionalisiert werden kann. Entscheidend ist, wie er sich kontextuell einfügt und welche semantischen Überschneidungen und rhythmischen Akzente er übernimmt. Das Gedicht als irregulär zerschnittene Prosa ist kein Problem seiner Länge, sondern seiner nicht oder nicht genügend stattfindenden Konzentration (und die kann in einem kurzen Gedicht ebenso fehlen). An Gedichten des großen Robinson Jeffers ließe sich exzellent zeigen, wie sich einzelne semantische Inseln immer wieder absondern können aus einem langen rhetorischen Fluss und für partielle Verdichtungen der Sprache ebenso sorgen wie für eine enorme Bildhaftigkeit. Selbst das sogenannte Prosagedicht, bekannt seit Baudelaire und Rimbaud, kann reichere metonymische Kombinationen oder metaphorische Sprünge vollziehen als noch der kleinste aller Vierzeiler, und es kann alles erfüllen, was wir vielleicht nur von einem auf wenige Worte gebauten Gedicht so erwarten: *sich selbst sprechende Sprache zu sein.*

10.6.4. Der Vers ist ein Wertesystem. Aber der Satz ist es auch – er hat nur einen größeren Raum zur Verfügung, um diesen Wert zu platzieren. Um dieses andere, größere Bedeutungsfeld auf das konzentrierte Maß des Gedichtes zu bringen, muss die Konstituiertheit des Satzes im Grunde gar nicht verlassen werden, wie es fabelhafte Gedichte gerade der angelsächsischen und amerikanischen Poesie zeigen. Der Satz selbst hat nur jene Spannungszustände mitzuproduzieren, wie sie der reglementierte Vers durch seine *Taktungsgesetze*, seine Zäsuren und Dihäresen erzeugt, und dafür stehen jede Menge rhetorische und metarhetorische Stilelemente zur Verfügung. Dass auch der Satz sich sprengen und atomisieren kann in kleinste morphologische Teile, die dann nur noch optisch verwaltet werden können und abgelöst sind von jeder semantischen Bindung – das hat die Lyrikgeschichte auch produziert, seit DADA und dem Expressionismus und reaktiviert im visuellen Gedicht der 1950er Jahre. Es gibt keinen Sinn, Konzepte gegeneinander ins Verhältnis zu bringen, sondern nur, sie an sich selber zu messen. Die zweite Betrachtungsweise ist dann der historische Bezug. «Rose is a rose is a rose is a rose …» kann man eben nur einmal sagen – auch wenn man Gertrude Stein heißt.

Parallelismus

10.7. Am tapsenden Gang eines Vogels vor meinem Fenster lässt sich ein Rhythmus erkennen, der nur schwer darstellbar ist, weil er seine Regel nicht zeigt. Die kurzen Pausen, um mit dem Schnabel etwas aus dem Gras aufzuheben, sind wie Zäsuren zwischen den Takten. Im Grunde entstehen Verse, und wenn wir nur glauben, dass auch Tiere denken, haben sie sogar einen Sinn. Das Bild ist also ein Text, der Text ist ein Bild. Ich fange einmal willkürlich an, dazu eine Zeile zu schreiben: «Er ist so leicht/ wie sonst nur das Meer.» Es fällt mir so ein und bedeutet wohl nichts. Doch. Der Rhythmus, alternierend bis zur dritten Betonung, formt eine Welle, die sich wohl aus dem Wort «Meer» so ergeben hat. Dann aber schiebt sich eine unbetonte Silbe dazwischen und setzt einen Daktylus nach. Die Welle läuft in den Sandstrand hinein und verebbt. Ebenso hat der Vogel gerade einen Zwischenschritt getan und mir damit seine Regel erklärt: x´x/ x´x/ x´x/ xx/´x. Ich habe demnach den Schritt des Vogels unbewusst nachgezeichnet und einen Vorgang übertragen auf einen anderen. Es ist also denkbar, dass die Rhythmisierung von Versen in Allegorie vor sich geht. Wir denken uns nicht aus, wie etwas gegliedert sein müsste – und vielleicht noch nach einem fertigen Bauplan –, sondern die Gliederung entsteht aus der plötzlichen Verklammerung zweier verschiedener Ereignisbereiche: dem visuellen (mein Blick aus dem Fenster) und dem imaginären (das Erblickte mit einer Vorstellung von etwas anderem zu verbinden). Die Eröffnung des Verses ist demnach ein assoziierter Parallelismus, der aus Bildern und Gegenbildern, Bewegungen und Gegenbewegungen entsteht (so wie sich auch die Motive eines Gedichtes *ergeben* und nicht bereits sind).

10.7.1. Die drei wesentlichen Komponenten, nach denen Gedichte sich gründen – Lauttextur, syntaktischer Aufbau und Bildverwirklichung –, entstehen hauptsächlich durch Parallelismus. Es ist die Immanenz der Ähnlichkeitsbeziehungen, durch die Vergleiche angestellt und Assoziationen hervorgerufen werden. Gerard Manley Hopkins, einer der bedeutendsten Dichter des 19. Jahrhunderts, erkannte das schon sehr früh und formulierte in seiner Poetik: dass der «Vergleich um der Ähnlichkeit willen» ebenso getroffen wird, wie um «der Unähnlichkeit willen.»[58] Was heißt das anderes, als dass alle Dinge und Ereignisse nur in Relation zu anderen Dingen und Ereignissen verstanden werden können und isoliert davon wenig oder gar nichts bedeuten. Dabei wird das Fremde zuerst auf Bekanntes

---

58 Hopkins, Gerard Manley: The Journals and Papers of Gerard Manley Hopkins, London 1959, S. 106.

zurückgeführt, um es sich in Ableitung davon aneignen zu können. Diese Art von Parallelität meint *versus* auch, und es ist eine Rückbezüglichkeit, die keine Reminiszenz im stofflichen (oder gar nostalgischen) Verhaftetsein meint, sondern eine poetische Betrachtung der Welt.

10.7.2. Wenn also poetische Texte durch ein vielfältiges Geflecht von Ähnlichkeits- und Kontrastbeziehungen gekennzeichnet sind, dann muss es ein anthropologisches und organisches Programm dafür geben, das dieses System unterstützt. Und so ist es auch. Je älter die Dichtung, umso stärker ist sie auf Parallelfiguren phonischer, syntaktischer oder semantischer Art gegründet. Gebete, Exorzismen, Zaubersprüche, Litaneien und so weiter sind endlose Wiederholungsschleifen lexikalisierter oder visualisierter Vergleiche, wobei die Magie der Zahlen eine mindestens ebenso große Bedeutung erhält wie die ihrer rationalen Funktion. Allein die Zahl 3, die sich als Synthese zweier Antipoden versteht, ist mythologisch tief verankert; kein Abzählvers, kein Märchen, kein Glaubensspruch führt an ihr vorbei. Oder die 5 mit ihrem geheimnisvollen Pentagramm, den fünf Sinnen und den fünf Wunden Christi. Ebenso gehört der grammatische Parallelismus zum poetischen Kanon der Volksdichtung, die nie so recht integriert werden konnte in die Standards der Regelpoetik und aufgrund ihrer vorwiegenden Mündlichkeit auch nur teilweise – vor allem durch die deutsche Romantik – überliefert worden ist. Selbst Martin Opitz nahm keine Volkspoesie in seinem 1624 erschienenen Standardwerk: «Von der Deutschen Poeterey» auf, weil sie ihm nicht «glatt» genug war. Dabei ist sie es, die mehr noch als ihre dafür bekannt gewordenen Vertreter der Literaturgeschichte die spätfeudalen Metriken attackierte. Der Parallelismus ist also archaisch grundiert und ein Ort der Anarchie. Nicht, weil er keine Form hat, sondern keine, die sich normativ verwalten lässt.

10.7.3. Die Strophenform der Volkslieder bis ins Spätmittelalter sieht einen Stollen und einen Gegenstollen, einen Aufgesang und einen Abgesang vor. Der Stabreim reicht bis in die Zeit der germanischen Sippengesellschaft zurück und gilt als eine der ersten Versformen überhaupt. Interessant daran ist die Negation von Semantik durch einen gleichen lautlichen Auftakt. Das erste Phonem gibt ein Signal, das sich lexikalisch sofort transformiert und eine Kette von Signifikanten freilegt, deren Zufälligkeit auf einen vermeintlichen Sinn zeigt. Schüttelreime sind gerade im Barock sehr beliebt und «schütteln» die Silben der Wörter so lange um, bis sie neue Bedeutungen haben. Der biblische Parallelismus ist Hauptgegenstand der Exegese. Kurz: Je tiefer wir den Spuren unserer Körperlichkeit folgen, die immer auch ein Abdruck der Evolution sind, desto mehr werden wir auf Ähnlichkeiten verwiesen, die uns als Teile anderer Systeme vorführen. Das ist das Unheimliche, das gebannt werden soll durch die Magie sprachlicher Zeichen. Auch die Angst hat ihren Sitz ja nicht eigentlich im Anderen, sondern in der Ähnlichkeit, die wir mit ihm haben. Das, was mich mit dem Anderen verbindet, löst Angst aus, und nicht, was mich klar von ihm trennt. Denn diese markierte Gleichheit reicht aus, um das Andere mit mir zu ersetzen, und ebenso entreißt sie mir die Gewissheit, dass ich nicht das Andere bin. Die Überführung in Furcht beginnt, wo das Andere fremd werden und sich absetzen kann vom eigenen Selbst. Vielleicht ist das auch ein wesentlicher Aspekt von psychoanalytischer Therapie: Das Ich auf sich selbst zurückzuführen dadurch, dass es seinen Unterschied zu anderen Ichweisen findet. Die psychische Regression, in der Atavismen und bizarre Rituale eine neue Bedeutung erlangen, ist ja stets verbunden mit einem Ausfall der Ichfunktionen und einer daran gekoppelten Überflutung des Gehirns mit Sinnesdaten. Demnach gibt es eine direkte Beziehung von der ursprünglichen Unabgegrenztheit der menschlichen Psyche zur Welt und dem literarischen Parallelismus, der das stofflich verklammert. Die Poesie ist dann – und nichts spricht dagegen – die restitutive Form einer kollektiven Psychose, die stets latent ist und im sozialpolitischen Raum abgewiesen und medikamentiert werden muss. Oder einfacher: Ein Gedicht darf tun, was seinem Schöpfer stets verboten sein würde – alles mit allem verbinden, um zu entdecken, dass es gar nichts Unverbundenes gibt. Psychotiker wissen es unbewusst, Dichter stellen es her, und Kinder können es zeigen.

10.7.4. Das auch begründet die Dichotomie von Sinn und Unsinn in einem Gedicht. Die sprachliche Überinstrumentierung, mit der Lyrik hervortritt, ihr Pleonasmus, ist ja stets auch ein Aspekt der Widerrede zu dem, was sie sagt. Ein anderer ist das Spiel mit dem Ernst, und der Ernst mit dem Spiel. Ein dritter die Lust am Verstecken und Finden, Sprechen und Verschweigen, Zeigen und Verheimlichen. Es sind durchgehend Ergänzungs- oder Ausschließungsfunktionen, die sich in der Weise eines fortlaufenden Parallelismus durch die Dichtung bewegen und sie elementar strukturieren. Einige Buchstabenspiele sind: das Anagramm – Vertauschung der Buchstaben in einem Wort. Das Tautogramm – alle Wörter eines Verses oder Gedichtes beginnen mit demselben Buchstaben. Das Chronogramm – Buchstaben werden als Zahlzeichen benutzt. Das Abecedarium – das Gedicht folgt mit seinen Anfangsbuchstaben der alphabetischen Reihe. Das Lipogramm – ein bestimmter Buchstabe des Alphabets wird ausgelassen. Das Palindrom – ein Wort, Wortpaar oder Satz kann vorwärts wie rückwärts gelesen werden. Das Akrostichon – die Anfangsbuchstaben aller Verse ergeben untereinander gelesen einen neuen Begriff. Das Gleiche finden wir als Silbenspiele, Wortspiele, Versspiele, Reimspiele, Suchspiele, Rätselverse und sehr vieles mehr. Natürlich fungiert das Gedicht auch als Kassiber, immer dann, wenn es unter Zensur steht und Inhalte zurückhalten oder eben gut genug verstecken muss. Aber das erweitert auch wieder die Spielfunktion, macht sie raffinierter, metaphorischer, reicher. Und es komplettiert das Anliegen der Narration, die hymnische Auskunft, die kritische Meinung, die verzweifelte Geste.

10.7.5. Deshalb auch braucht ein Gedicht immer zwei Verse. Nicht nur, weil der zweite Vers den ersten übernehmen oder ablehnen muss, affirmieren und steigern oder negieren und zerstören – es braucht sein symmetrisches Bild, seinen Parallelmythos. (Oder etwas kühner gesagt: es braucht beide Geschlechter *in der Umarmung*.) Sehr gut kenntlich wird es an dem berühmten Zweizeiler von Ezra Pound: *In a Station of the Metro* (in der Übersetzung von Eva Hesse):

In einer Station der Metro

Das Erscheinen dieser Gesichter in der Menge:

Blütenblätter auf einem nassen, schwarzen Ast.[59]

Keine der beiden Zeilen kann ohne die andere sein. Der erste Halbsatz ist Prosa und gibt keine Auskunft darüber, was an diesem als Gedicht angekündigten Kurztext lyrisch sein oder noch werden soll. Er ist, schon seiner strengen syntaktischen Kombination nach, ein reiner männlicher Ausdruck, der weiblich aufgelöst wird. Denn mit dem zweiten Satzteil in der zweiten Zeile dreht sich diese kalte Mitteilung in eine Metapher, die isoliert von ihrem Kontext nicht bestehen könnte. Die axiale Verschiebung von der x- zur y-Achse ist also keine Willkür oder hermeneutische Beliebigkeit, sondern die einzige Möglichkeit, das Gedicht zu verstehen – eben in seinem grammatischen Parallelismus. Wir brauchen jetzt die Bildäquivalente der Zeilen 1 und 2 nicht näher zu betrachten, um die enorme Wirkungskraft zu sehen, die aus solchen Vergleichsfeldern entsteht.

10.8. Die Gliederung in einen semantischen, einen syntaktischen und einen synthetischen Parallelismus, wie sie Jakobson vornimmt und dann auch noch weiter modifiziert, wollen wir hier nicht mehr verfolgen. Zwei dominante Parallelfiguren aber sollen kurz noch erwähnt sein: der Reim und die Metapher. Reime sind Klangverbindungen ohne schriftliche Ähnlichkeit, und sie assoziieren – wie die Metapher – paradigmatisch. Das heißt, dass es einen Übertragungsweg gibt von der phonetischen Affizität in die imaginative Vorstellungswelt, der konventionelle Kausalwege ausschließt. Im Alltag sind wir auf Zufälle angewiesen, um neue Begegnungen und Erfahrungen machen und zu neuen Erkenntnissen gelangen zu können. Später können wir sagen, wir wären rein zufällig darauf gestoßen, und rein zufällig haben wir sie oder ihn kennengelernt. Dass es diese «Zufälle» weder physikalisch noch anthropologisch gibt, vernachlässigen wir jetzt, denn

---

59 Vgl. Enzensberger, Hans-Magnus (Hg.): Museum der modernen Poesie, München 1964, S. 77.

in unserem Ereignisraum waren sie real und haben stattgefunden. Wenn nun die Algorithmisierung unseres Lebens über ausgewertete Datenspeicher im Internet die Engführung von Zufällen dadurch immer weiter voranbringt, dass sie uns unser Begehren quasi mathematisch errechnet, werden wir immer mehr in einem festen Kreislauf bekannter Verhältnisse bleiben; es kann dann auch keinen Austausch zwischen Transparenz und Kontingenz mehr geben – und nichts anderes regelt unsere Evolution.

Die Macht der Reime

10.8.1. Vor diesem Hintergrund haben Reime auch Konjunktur, denn sie übernehmen ästhetisch, was sozial ausfällt: Zufälle herzustellen. Dass der Reim als poetisches Mittel erst relativ spät – nämlich durch Otfried von Weißenburg im 9. Jahrhundert (von dem auch der berühmteste aller Reime: «Herz» auf «Schmerz» stammt) – in die deutsche Dichtung gelangt, liegt an der Akzentmetrik, wie sie die germanischen Sprachen herausgebildet haben. Die Quantitätssprachen wie das Französische oder Spanische etwa eignen sich morphologisch besser, Reime verstechnisch zu integrieren. Das führt immer wieder zu gravierenden Übersetzungsproblemen von der einen in die andere Sprachart und ist ebenso ein Grund dafür, dass der Reim in der deutschen Lyrik nie wirklich ankam, bis ihn die Romantik dann vollends erschöpft hat. Aber das sagt nichts gegen ihn. Im Gegenteil wird er stark gerade dadurch, dass der Vers so geschwächt ist und es eine rhythmische Taxonomie so gut wie nicht mehr gibt – von Laut- und Vortragsgedichten einmal abgesehen, die vielleicht durch ihre gute mediale Verwertbarkeit eine bessere Zukunft erwartet als das in Schrift gebrachte und womöglich noch auf Papier gedruckte, also ganz und gar antiquierte, alte Gedicht. Dabei müssen wir nicht unbedingt den Endreim – und den männlichen ohnehin nicht – favorisieren: der Mittelreim etwa (das Reimpaar liegt in der Mitte zweier aufeinanderfolgender Verse) oder der übergehende Reim (das Reimpaar deckt das

Zeilenende des einen und den Zeilenanfang des nächsten Verses ab) sind gute Möglichkeiten, die Stofflichkeit eines Gedichtes durch die Implikation einer Regel zu leiten. Etwas wenigstens – dem Verfall im Ganzen entgegen.

Metaphern (III)

10.8.2. Über die Metapher haben wir schon ausführlich gesprochen; allerdings ist sie in einem Kontext zum Lyrischen noch einmal anders einzuschätzen. Gedichte sind ja auch deshalb eine sehr kühne Art der sprachlichen Behauptung, da sie schon allein durch ihre äußere Form Signale einer außergewöhnlichen Mitteilung liefern, die dann eben auch außergewöhnlicher Mittel bedarf. Der Leser von Gedichten lässt sich also auf ein Versprechen ein, das wortwörtlich niemals erfüllt werden kann: eine unsichtbare Welt sichtbar zu machen. Das dennoch zu erreichen gelingt nur dadurch, dass der Empfänger eines Gedichtes eine imaginierte Übereinstimmung mit dem Sender (Autor) findet – also einen Vorstellungsbereich so in sich aufrufen kann, dass er subjektiv kohärent wird. Man kann durchaus sagen: Der Leser/Hörer schreibt mit und reproduziert eine akustische und semantische Textvorlage auf sich zu. Das kann er leisten, weil er erstens sinnlich begabt ist, emotional gebildet und sprachlich interessiert. Vor allem aber, weil er an das, was er bekommt, *glaubt*. Ohne Glaubensakt, der durchaus partiell religiös ist, kann diese implizite Form einer mit Sprache an Sprache vorbei- und über sie hinwegsprechenden Kommunikation nicht gelingen. Und in dieser zusätzlichen Vereinbarung, die stets unausgesprochen ist und beginnt, sobald der Leser ein Buch mit Gedichten öffnet und liest, wird die Metapher (wozu auch die Katachrese und das Oxymoron gehören) begründbar. Jedes etwas niveauvollere Streitgespräch ist immer auch ein Kampf der Rhetoriken, deren probatestes Mittel der ständige Wechsel von Stilebenen ist. Der Allegorie wird die Analogie und der Analogie die Buchstäblichkeit entgegengehalten, diese wiederum der Allegorie und so fort. Daraus entstand irgendwann einmal die stehende Wendung: Er drehte mir die Wörter im Munde um. Bei der Metapher im poetischen Gebrauch – ich nenne sie *Vereinbarungsmetapher* (die, im Unterschied zur toten Metapher, gerade erst entstanden und also *aktiv* ist) – kann es dieses Spiel eines beabsichtigten Falschverstehens gar nicht erst geben, weil alle Ebenen des Sagens und Meinens *immer schon da sind*; sie brauchen nur noch abgerufen zu werden. Wenn Paul Ricœur die Metapher trennt in Ereignis und Bedeutung, dann gilt das sicher für jede andere sprachliche Verwendung – allein im Gedicht fallen diese zwei getrennten Funktionen in eine zusammen; und die ist der Glaube des Lesers an das Gelesene. Oder wie Hölderlin in *Mnemosyne* es sagt: «Lang ist/ Die Zeit, es ereignet sich aber/ Das Wahre.»

Plötzlich ist es erreicht, das Ziel, das kein Ende ist, aber etwas mehr als ein Anfang. Hätte ich geahnt, ein Labyrinth zu betreten, als ich dieses Thema, das Schreiben, zu meiner Sache werden ließ, ich wäre auf der Schwelle dieser Entscheidung wieder umgekehrt, wohl aus Furcht, mich zu verlaufen und nie mehr einen Ausgang vor Augen zu haben. So bleibt es ein Versuch, die Verstrickungen und gegeneinander ins Spiel gebrachten Abhängigkeiten der drei Kernfelder «Bedingungen», «Bildungen» und «Techniken» im Zusammenhang mit dem Verfassen literarischer Texte betrachtet und – oft nur fragmentarisch – besprochen zu haben. Doch jeder Text ist, mehr oder weniger, immer Fragment, und die Form, die ich für meine Zwecke gefunden habe, ist offen genug, um korrigiert oder ergänzt zu werden. Dies zumal, da ich allzu viele Nebenwege vermeiden und interessante Fragen infolge nicht uninteressanter Antworten auslassen musste. Aber es kann auch dann, in der Fortsetzung des Denkens darüber, nur ein mehr geahntes als gewusstes Unterwegssein werden, bei dem man hier und dort ein paar gute Funde macht, von denen man vorher nichts wusste, Begegnungen, die sich überraschend ereigneten, Einsichten, die ohne dieses Gehen durch ein Gebiet, das ebenso aufschlussreich wie undurchdringlich ist, nicht zustande kommen würden. Es ist das Schreiben selbst, das das Schreiben, über was auch immer, zu einem Abenteuer macht, das keine Ab- und Einschlüsse kennt, keine semantischen Fertigteile und geistigen Unumstößlichkeiten, nichts, das sich im Sinne einer Lehre gleich welcher Art und Profession verwenden ließe. Allenfalls sind es theoretische Modelle, die ich favorisiere und aufgenommen habe wie der Blinde seinen Blindenstock – die klassische und die strukturale Psychoanalyse, die Zeichen- und die Sprechakttheorie, die ontologische Phänomenologie und die antike Poetik. Darüber hinaus verstehe ich Philosophie nur literarisch, wie ich Literatur philosophisch verstehe. Und ich nehme auch das Recht gern in Anspruch, mich geirrt zu haben; am liebsten dort, wo ich ohne Zuversicht bin.

Beerfurth im Odenwald, Juni 2012

I.2.3. *Signifikant* → *Signifikat*: Nach Saussure steht der Signifikant (signifiant) für die Ausdrucksebene (Lautbild, Wortkörper) eines sprachlichen Zeichens (sème), während das Signifikat (signifié) auf eine Vorstellung verweist und mit Inhalt gefüllt ist. Das Ding (Objekt, Referent), das sprachlich vermittelt werden soll, kann demnach nur über den Umweg einer Entfaltung des Signifikanten zum Signifikat erfolgen (→ Signifikation). Das Objekt bleibt dabei stets seinen Begriffen entzogen, weshalb es auch bald schon nicht mehr diskutiert worden ist. Die Begriffe Signifikant und Signifikat werden in der Literatur sehr verschieden verwendet. Lacan löst sie auf und überträgt die Doppelfunktion des Zeichens ganz auf den Bedeutungsträger – das Morphem. Das ist sinnvoll insofern, als wir keine verbindliche Vorstellung von einer Vorstellung haben, aber eine Struktur, die darauf hinarbeitet. Das heißt, es gibt einen Kode für Bedeutung, der im Material der Sprachfigur schon angelegt ist und unbewusst auch abgerufen wird. Die Signifikation ist demnach kein individueller Prozess mehr, sondern ein kulturelles Produkt. Dem möchte ich folgen. Allerdings wäre es verwirrend, auf das Signifikat (Konnotat) begrifflich ganz zu verzichten; eingedenk eben dessen, dass es nur eine schwache Leistung vollbringt und äußerst labil ist (außer in einer Psychose natürlich, wo es sich selber vorantreibt).

Lacan: Die zugegebenermaßen nicht leicht zugänglichen Theorien Jacques Lacans gehören für mich, gerade in ihrer Überschneidung von Strukturtheorie und Psychoanalyse, zum Interessantesten in der moderneren Philosophie. Dass seine Popularität in Frankreich und Südamerika um vieles größer ist als in Deutschland, hält mich nicht davon ab, ihn für unsere Zwecke, die innere Welt des literarischen Schreibens zu entdecken, methodisch aufzugreifen und zu verwenden, wo immer es mir als sinnvoll erscheint. Außerdem interessieren mich Autoren gerade dann, wenn sie polarisieren und keine Mode mehr sind; und beides kann man von Lacan gut behaupten.

I.2.4. *[Objekt klein a]*: Diesen Term verwendet Lacan zur Beschreibung eines Begehrens, das nicht befriedigt werden kann, da es aus der Differenz von Begehren und Erfüllung hervorgeht und einen irreduziblen (nicht rückführbaren) Mangel produziert. Das Subjekt ist somit ein immer begehrendes, und [Objekt klein a] das Begehrte in seiner persistenten Abwesenheit. Später entwickelt er dazu die Theorie vom Borromäischen Knoten, die besagt, dass die drei Register des Psychischen – Reales, Symbolisches und Imaginäres – so ineinandergreifen, wie die drei Ringe im Familienwappen der Borromäer (einer italienischen Adelsfamilie zu Zeiten der Renaissance). Entfernt man einen dieser Ringe, löst sich der Knoten auf und das psychische System kollabiert. Das begehrte [Objekt klein a], das auch ein Begehren nach dem Begehren formuliert, findet sich nun in jenem innersten Überschneidungsfeld der drei Ringe, die alle Elemente miteinander vereint; es ist die Urszene einer substantialen Gründung und leere Mitte zugleich – abwesend anwesend wie das Reale.

I.3.7. *Idiolekt*: Individualsprache, auf einen Sprachteilhaber begrenzt, unverständlich. Da der Begriff sprachwissenschaftlich determiniert ist und eine extreme Position auf der Lineatur der Verständlichkeit im Kontext von Sprache belegt, möchte ich ihn auch verwenden; gerade eben auch dort, wo ich weibliche Texte erkläre und die Stimme der Mutter.

I.6.2. *Der Referent*: Objekt, das erklärt werden soll und sich selbst jeder Erklärung entzieht → siehe auch *Signifikant*.

Haltepunkte: Bei Lacan «Steppunkte» genannt, die ein unendliches «Gleiten der Signifikate» verhindern, wie wir es von der Psychose her kennen, wenn eine Bedeutung der anderen folgt, ohne «gestoppt» zu werden. Der Steppunkt verhindert demnach die unendliche Assoziation; er beendet eine sich immer wieder selbst in Gang bringende Signifikation.

I.7.2. *Dispositive Bedingtheit*: Ein Beziehungs- und Verweisungssystem, das alle Mittel und Möglichkeiten zum Erreichen eines Zieles in sich aufgenommen hat. Und das meint auch die Energiefelder außerhalb der Positive (Gesetz, Recht, Struktur, Instanzen und Institutionen bei Hegel) → siehe auch *Dispositive*.

Phantasma: Es mit Sinnestäuschung, Trugbild oder Halluzinationsobjekt zu übersetzen, trifft es nur unzureichend. Die Psychoanalyse bei Freud führt es auf einen Abwehr- und Verdrängungswunsch zurück. Für Lacan bedeutet es die psychische Repräsentationsform eines Objektes, an das sich das Subjekt erinnert. Das Phantasma gehört hier dem Register des Imaginären an, das auch als reales oder symbolisches Imaginäres erscheint. Ich verstehe es als ein Zwischenspiel in Bildern, das Perzeption (sinnliche Wahrnehmung) und Apperzeption (begrifflich urteilendes Erfassen) miteinander verknüpft. Das Phantasma ist der Raum der Erfahrung, die erst noch gemacht werden muss. Wir kennen es, wenn wir Geräusche hören, die wir nicht zuordnen können und die uns etwas sehen lassen, das im Unbewussten schon vorhanden ist. Besonders interessant sind Phantasmen in der Literatur, wo sie schon auf gesellschaftliche Umbrüche reagieren, ohne dass es dem Autor bewusst ist. Die rasante Entwicklung von Wissenschaft und Technik in der Industriegesellschaft des 19. Jahrhunderts, und dann die Entdeckung des Monströsen in Mary Shelleys «Frankenstein» zum Beispiel.

2.2. *Signifikation*: Entfaltung des Signifikanten zum Signifikat; Prozess der Übersetzung einer Lautfigur in ein Vorstellungsbild; Bedeutungsvorgang.

2.3. *Dispositiv*: Hier verstanden als Bedeutungsüberschuss → siehe auch *Dispositive*.

2.5.2. *Das Reale* lässt sich nicht sehen und gestalten – es geschieht, wie das Mienenspiel hinter einer Maske *geschieht*. Zieht man die Maske herunter, erstarrt auch das Mienenspiel und verschiebt das Reale auf einen anderen körperlichen Bereich. Wir bekommen es niemals zu fassen. Was wir zu fassen bekommen, ist immer schon das Symbolische des Realen, sein rhetorisches Dogma. Eben deshalb aber ist das Reale im RSI bei Lacan (Reales → Symbolisches → Imaginäres) Anfang und Ende aller Erzählungen.

3.4.I. *Chiasmus*: Stilfigur der Rhetorik, die aufeinander bezogene Wörter oder Redeteile in eine syntaktische Kreuzstellung bringt, Beispiel: groß war die Mühe, die Ernte ist klein. Im allgemeineren Sinn meint C. eine Parallelfigur, die zugleich eine Entgegnung ist, eine zweite Behauptung, ein Widerspruch.

3.6.2. *Palimpsest*: Im Altertum eine gereinigte und wiederbeschriftete Manuskriptseite. Ebenso steht P. für eine Wiederbeschriftung im Sinne eines dauernden Schreibens und Löschens.

3.6.4. *Jouissance*: Wörtlich übersetzt heißt es «Genießen». Durch Lacan erhält der Begriff die Bedeutung eines sexuellen Genießens, in Abgrenzung zu den Begriffen Lust und Begehren, die zur Repräsentationsform des Imaginären gehören. J. tritt immer als eine akute körperliche Handlung auf, später bezogen auch auf sexuelle Objekte sowie auf die Masturbation.

3.6.5. *Aporie*: Unmöglichkeit, zu einer Lösung oder Antwort zu kommen, grundlegende Widersprüchlichkeit einer Sache, Ratlosigkeit und Irritation.

4.7. *Syntagma*: Eine Begriffsbestimmung nach Saussure, die eine Anordnung sprachlicher Elemente auf einer identischen Bedeutungsebene (horizontale oder x-Achse) bezeichnet. Wesentlich dabei ist die syntaktische Zusammengehörigkeit dieser Wörter, Wortgruppen, Teilsätze oder Sätze. Das Syntagma – oder auch syntagmatische Reihe – konstituiert die Metonymie (→ oppositiv dazu steht die Metapher), siehe auch →

Paradigma: Ist eine Anordnung sprachlicher Elemente auf einer wechselnden, «springenden», Bedeutungslineatur (vertikale oder y-Achse). Was im Syntagma kombiniert worden ist, wird im Paradigma unvermittelt gegenübergestellt, weshalb auch die Metapher immer nur paradigmatisch organisiert sein kann, also in Überlagerung einander ausschließender Wirklichkeitsbereiche und ihrer grammatischen Formate stattfindet → siehe auch *Sprungtropen* und *Grenzverschiebungstropen*.

4.7.6. *Topologie*: Anordnung geometrischer Gebilde im Raum; ebenso Ordnungssysteme von Zahlen, Zeichen und Wörtern.

4.7.9. *Inferenzialität*: Wissen, das durch logische Schlussfolgerungen gewonnen wurde; abgeleitetes Wissen; verallgemeinertes Wissen.

5.3.2. *Deifikation*: Zu einem Gott erheben, vergöttern.

5.3.6. *Transzendentalsignifikat*: Nach Derrida im Sinne einer Überschreitung des Signifikanten auf eine nicht mehr rückführbare Vorstellung hin; festes, herrschendes Signifikat, das auch die Bedeutungsarbeit anderer Signifikanten bewirkt; Signifikation in ihrem ersten großen Abschluss. Lacan spricht vom *Transzendentalsignifikanten*.

5.4. *Rhizomatische Verflechtung*: Im Sinne von unüberschaubar, unterirdisch, anarchisch → siehe auch *Rhizome*.

5.4.4. *Extraversion*: Konzentration auf äußere Objekte, die durch mentale Interessen geleitet wird; zielgerichtete Aktivität.

5.7. *Szientistisch*: Wissenschaftlich im Sinne einer Lehre des rein Materiellen → siehe auch *Szientismus* (oder *Szientifismus*).

5.7.6. *Kontingenz*: Möglichkeit und gleichzeitige Nichtnotwendigkeit (einer Aussage oder Sache); mögliche Unerkennbarkeit; Deutungsverlust; Zufall.

6.6.2. *Diachron*: In zeitlicher Abfolge, geschichtlich, entwicklungsmäßig → siehe auch *Diachronie*.

7.1. *Aposiopese*: Rhetorische Stilfigur, die als bezeichnete Auslassung verwendet wird; ein plötzlicher Abbruch der Rede, der den Sinn dieses Abbruchs verrät; die Aposiopese ist eine Sprache des Schweigens.

7.3. *Transzendierte Transzendenz* ist eine terminologische Setzung, wie ich sie bei Sartre gefunden und hier übernommen habe: Der Blick des anderen lässt den, den er anblickt, in Faktizität erstarren, denn er ist, was er im Blick dieses anderen ist. Zugleich blickt er aber auf den, der auf ihn blickt, zurück, das heißt, er bricht die Transzendenz des Blickes des anderen. Dieser letzte und entscheidende Blick ist gebildete Macht und *transzendierte Transzendenz*.

7.3.3. *Apperzeption*: Begrifflich urteilendes Erfassen einer Situation; erkenntnismäßig; kognitiv → antonym dazu: *Perzeption*: Sinnliche Wahrnehmung; Reizaufnahme; vorbewusst und vorsprachlich → siehe auch *Perzepte*.

7.3.7. *Dekonstruieren*: Nach Derrida, Analyse einer Textaussage durch Zerlegung und Komparation ihrer Bestandteile Zeichen, Sinn und Bedeutung → siehe auch *Dekonstruktion*.

7.4.3. *Mimetisch*: Etwas nachahmen, darstellen, szenisch simulieren → siehe auch *Mimesis* → nach Platon/Aristoteles ist M. eine nachahmende Darstellung der Natur in der Kunst.

8.0. *Semiose*: Bezeichnet den Prozess, in dem etwas als Zeichen fungiert; nach Peirce ist Semiose ein Vorgang, der das Zusammenwirken von Zeichen, Objekt und Interpretanten beschreibt und immer triadisch auftritt (das heißt, nicht aufgelöst werden kann auf nur zwei dieser drei Gegenstände).

8.1. *Rhizome*: Ein in der Botanik unterirdisch wachsendes Pflanzensystem, das sich wild und willkürlich ausbreiten kann; als Metapher (in Antonymie zur Baummetapher als einer gesicherten Ordnung) von Gilles Deleuze und Félix Guattari philosophisch verwendet im Sinne einer unkontrollierbaren, enthierarchisierten Wissensorganisation des modernen Subjekts in der Gesellschaft → siehe auch *rhizomatisch*.

8.1.1. *Holismus*: Lehre von der Ganzheit der Dinge und Wesen, nach der alles in allem präsent und strukturell vollständig ausgebildet ist (Aristoteles, Leibniz, Hegel, Smuts).

8.2.9. *Desperationsphilosophie*: Philosophie der Verzweiflung → siehe auch *Desperation*, Verzweiflung.

8.3. *Onomatopöie*: Schallnachahmung, Lautmalerei bei der Bildung von Wörtern, reine Tonwiederholung ohne Bedeutungshintergrund.

8.5.I. *Prosodie*: Lehre von der metrisch-rhythmischen Behandlung der Sprache.

Behaviorismus: Sozialpsychologische Forschungsrichtung, die sich nur mit den objektiv beobachtbaren und messbaren Phänomenen des Verhaltens beschäftigt → siehe auch *behavioristisch* und → *Neobehaviorismus*.

Aenigma: Rätsel, Geheimnis → siehe auch *aenigmatisch*.

8.5.7. *Asianisch und attizistisch*: Schwülstig, ornamental, manieriert im Unterschied zu → streng, geordnet, reguliert → siehe auch *Asianismus* und *Attizismus*.

8.5.9. *Syllabismus:* Nach festen Regeln dichten, in Silben gliedern→ siehe auch *syllabisch*: silbenweise.

8.6. *Polysemie*: Vieldeutigkeit.

8.6.I. *Sprungtropen*: Die *Tropen* bezeichnen in der Rhetorik semantische Figuren, die (phonologisch oder syntaktisch) einen Parallelismus bilden → ein Wort oder eine sprachliche Wendung steht für einen jeweils anderen Sinn. Dabei unterscheidet man Sprungtropen (die Sprachfigur verändert ihr Paradigma → Metapher und Ironie) von *Grenzverschiebungstropen* (die Sprachfigur verändert ihr Syntagma → Metonymie und Synekdoche).

Intransitives Idiom: Ungebundene, auf nichts verweisende Redewendung; starre, unzugängliche Formulierung; eigensprachliches Objekt.

8.8.I. *Meiosis*: Verringerung, Verkleinerung, Reduzierung.

8.8.7. *Anapher*: Wiederholung eines Wortes oder mehrerer Wörter am Anfang aufeinanderfolgender Sätze oder Satzteile → siehe auch *Epipher:* Wiederholung eines Wortes oder mehrerer Wörter am Ende aufeinanderfolgender Sätze oder Satzteile.

8.8.9. *Klimax*: Steigerung des Ausdrucks; Übergang von einer geringeren Bedeutung zu einer höheren; Übertreibung.

9.1.5. *Mimesis* und *Diegese*: Nachahmung (*showing*) und Erzählung (*telling*).

9.6.6. *Inkohärenzschleife*: Ein sich fortsetzender Verlust an Zusammenhang und Dichte; Bewegung und Auflösung einer Figur.

Intensionsgeflecht → siehe auch *Intension*: Sinn, Inhalt, Kraft, Kraftentfaltung.

Perzepte: Sinnesdaten, Objekte jenseits einer Begrifflichkeit.

9.7.I. *Deiktisch*: Hinweisend (auf Eigenschaften bestimmter sprachlicher Einheiten) → siehe auch *Deixis*: In einen Kontext gestellte Personen, Orte und Zeiten; hinweisende Funktion von Wörter (zum Beispiel Pronomen oder Adverbien).

I0.3.I. *Mnemotechnische Funktion* → siehe auch *Mnemotechnik*: Technik des Lernens.

Literaturregister

Adorno, Theodor W.: Ästhetische Theorie, Frankfurt am Main 2010.
Agamben, Giorgio: Was ist ein Dispositiv?, Zürich 2008.
Aristoteles: Poetik, Stuttgart 1994.
Arndt, Erwin: Deutsche Verslehre, Berlin 1975.
Arndt, Rudolf: Lehrbuch der Psychiatrie, Wien und Leipzig 1883.
Asemissen, Hermann Ulrich: Jan Vermeer. Die Malkunst, Frankfurt am Main 1988.
Augustinus von Hippo: Confessiones/Bekenntnisse, Stuttgart 2009.
Barthes, Roland: Elemente der Semiologie, Frankfurt am Main 1983.

Barthes, Roland: Die Lust am Text, Frankfurt am Main 1999.

Bartmann, Christoph: «Die Performance-Falle», in: Süddeutsche Zeitung, 25.Januar 2012.

Bartmann, Christoph: Leben im Büro, München 2012.

Bode, Christoph: Der Roman. Eine Einführung, Tübingen und Basel 2005.

Borowski, Tadeusz: Bei uns in Auschwitz, Frankfurt am Main 2007.

Bühler, Karl: Sprachtheorie. Die Darstellungsfunktion der Sprache, Stuttgart 1999.

Canetti, Elias: Masse und Macht, Frankfurt am Main 2011.

Conrady, Karl Otto (Hg.): Der neue Conrady. Das große deutsche Gedichtbuch. Von den Anfängen bis zur Gegenwart, Düsseldorf und Zürich 2000.

Corino, Karl: «Aussen Marmor, innen Gips.» Die Legenden des Stephan Hermlin, München 1996.

de Man, Paul: Blindness and Insight, New York 1971.

de Man, Paul: Allegorien des Lesens, Frankfurt am Main 1979.

Derrida, Jacques: Die Stimme und das Phänomen. Einführung in das Problem des Zeichens in der Phänomenologie Husserls, Frankfurt am Main 2003.

Dolar, Mladen: His Master's Voice. Eine Theorie der Stimme, Frankfurt am Main 2007.

Drawert, Kurt: Idylle, rückwärts. Gedichte aus drei Jahrzehnten, München 2011.

Enzensberger, Hans-Magnus (Hg.): Museum der modernen Poesie, München 1964.

Flaubert, Gustave: Madame Bovary, Berlin 2009.

Flaubert, Gustave: Briefe, Zürich 1977.

Foucault, Michel: Wahnsinn und Gesellschaft. Eine Geschichte des Wahns im Zeitalter der Vernunft, Frankfurt am Main 1969.

Foucault, Michel: Die Heterotopien. Der utopische Körper. Zwei Radiovorträge, Frankfurt am Main 2005.

Freud, Sigmund: Studienausgabe in zehn Bänden und einem Ergänzungsband, Frankfurt am Main 1969–1979.

Freud, Sigmund: Das Lesebuch. Schriften aus vier Jahrzehnten, Frankfurt am Main 2006.

Freud, Sigmund: Abriss der Psychoanalyse, Stuttgart 2010.

Freud, Sigmund: Die Traumdeutung, Frankfurt am Main 2011.

Frey, Hans-Jost: Die Autorität der Sprache, Lana, Wien, Zürich 1999.

Frey, Hans-Jost und Lorenz, Otto: Kritik des freien Verses, Heidelberg 1980.

Frisch, Max: Tagebuch 1966–1971, Frankfurt am Main 1977.

Genette, Gérard: Die Erzählung, München 2010.

Hammermeister, Kai: Jacques Lacan, München 2008.

Hebbel, Friedrich: Sämtliche Werke in zwölf Bänden, Berlin und Leipzig 1908.

Hegel, Georg Wilhelm Friedrich: Phänomenologie des Geistes, Frankfurt am Main 1986.

Herbeck, Ernst: Im Herbst da reiht der Feenwind. Gesammelte Texte 1960–1991, Wien 1999.

Hocke, Gustav René: Die Welt als Labyrinth. Manier und Manie in der europäischen Kunst, Hamburg 1957.

Hocke, Gustav René: Manierismus in der Literatur. Sprach-Alchemie und esoterische Kombinationskunst, Hamburg 1959.

Hopkins, Gerard Manley: The Journals and Papers of Gerard Manley Hopkins, London 1959.

Jakobson, Roman: Poetik. Ausgewählte Aufsätze 1921–1971, Frankfurt am Main 1979.

Jakobson, Roman: Semiotik. Ausgewählte Texte 1919–1982, Frankfurt am Main 1992.

Jakobson, Roman und Pomorska, Krystyna: Poesie und Grammatik. Dialoge, Frankfurt am Main 1982.

Kant, Immanuel: Die drei Kritiken, Bd. 1–4, Frankfurt am Main 1995.

Kittler, Friedrich A.: Aufschreibesysteme 1800–1900, München 1995.

Kleist, Heinrich von: Ein Lesebuch, Berlin 1986.

Kleist, Heinrich von: Sämtliche Werke und Briefe, München 1993.

Kraepelin, Emil: Kraepelin in München II, München 2009.

Kretschmer, Ernst: Geniale Menschen, Berlin 1929.

Kristeva, Julia: Die Revolution der poetischen Sprache, Frankfurt am Main 1978.

Lacan, Jacques: Schriften, Bd. 1–3, Berlin 1986.

Lacan, Jacques: Meine Lehre, Wien und Berlin 2008.

Lang, Hermann: Die Sprache und das Unbewußte. Jacques Lacans Grundlegung der Psychoanalyse, Frankfurt am Main 1986.

Lange-Eichbaum, Wilhelm: Genie, Irrsinn und Ruhm, München und Basel 1979.

Lombroso, Cesare: Genio e follia, Turin 1864.

Lotman, Jurij M.: Die Struktur literarischer Texte, München 1993.

Melville, Herman: Bartleby der Schreiber, München 2011.

Moreau de Tours, Jacques-Joseph: Du hachisch et de l'aliénation mentale, Paris 1845.

Moritz, Karl Philipp: Anton Reiser. Ein psychologischer Roman, Frankfurt am Main 1998.

Nietzsche, Friedrich: Sämtliche Werke. Kritische Studienausgabe in 15 Bänden, München und New York 1980.

Ornea, Zigu: Anii treizeci. Extrema dreaptă românească, Bukarest 1995.

Poizat, Michel: Vox populi, vox Dei. Voix et pouvoir, Paris 2001.

Rabelais, François: Gargantua und Pantagruel, Frankfurt am Main 1974.

Raddatz, Fritz J.: Tagebücher. Jahre 1982–2001, Reinbek 2010.

Räkel, Hans-Herbert: «Was war das für ein Land, dem wir entkamen?», in: Süddeutsche Zeitung, 7. Januar 2012.

Ricœur, Paul: Zeit und Erzählung, Bd. 1–3, München 1983–1985.

Sartre, Jean-Paul: Das Sein und das Nichts. Versuch einer phänomenologischen Ontologie, Hamburg 1952.

Sartre, Jean-Paul: Der Idiot der Familie. Gustave Flaubert 1821–1857, Reinbek 1977.

Saussure, Ferdinand de: Grundfragen der allgemeinen Sprachwissenschaft, Berlin 2001.

Schlaffer, Heinz: Geistersprache. Zweck und Mittel der Lyrik, München 2012.

Schlegel, Friedrich: Kritische Ausgabe seiner Werke, Paderborn 1958 ff.

Schrott, Raoul und Jacobs, Arthur: Gehirn und Gedicht. Wie wir unsere Wirklichkeit konstruieren, München 2011.

Stanzel, Franz K.: Theorie des Erzählens, Göttingen 2008.

Wittgenstein, Ludwig: Tractatus logico-philosophicus. Logisch-philosophische Abhandlung, Frankfurt am Main 1963.

Žižek, Slavoj: Liebe Dein Symptom wie Dich selbst! Jacques Lacans Psychoanalyse und die Medien, Berlin 1991.

Žižek, Slavoj: Die Tücke des Subjekts, Frankfurt am Main 2001.

Abbildungen

Abb. 1 in: Lange, Anette: Die unverwechselbare Stimme, Stuttgart 2007. – Abb. 2 nach: www.leixoletti.de/theorie/perspektive.htm (Stand: September 2012). – Abb. 3 ohne graphisches Schema in: Asemissen, Hermann Ulrich: Jan Vermeer. Die Malkunst, F/M. 1988. – Abb. 4 in: Hügli, Anton u. Lübcke, Poul (Hg.): Philosophielexikon. Personen und Begriffe der abendländischen Philosophie von der Antike bis zur Gegenwart, Reinbek 1991. – Abb. 5 in: Bühler, Karl: Sprachtheorie. Die Darstellungsfunktion der Sprache, Stuttgart 1999.

Namensregister

Adler, Alfred 85, 90
Adorno, Theodor W. 206
Agamben, Giorgio 24
Antonioni, Michelangelo 208
Arendt, Hannah 35
Aristoteles 83, 189, 194, 199 ff., 211, 248, 282
Arndt, Erwin 260
Arndt, Rudolf 83 f.
Augustinus von Hippo 108, 229

Bachtin, Michail 229
Barthes, Roland 16, 53, 202
Bartmann, Christoph 160
Baudelaire, Charles 269
Beardsley, Aubrey 82 f.
Beckett, Samuel 11, 35, 80, 82, 143
Benn, Gottfried 84 f.
Bergman, Ingmar 228
Bernhard, Thomas 143
Bloch, Ernst 116
Bobrowski, Johannes 10 f.
Bode, Christoph 214
Borowski, Tadeusz 31
Bouilhet, Louis 191
Brecht, Bertold 108
Brentano, Clemens 173
Bruno, Giordano 179
Bühler, Karl 140, 148, 233, 248 ff.
Butor, Michel 223

Canetti, Elias 49, 182
Céline, Louis-Ferdinand 85
Cervantes, Miguel de 216
Chaplin, Charlie 181 f.
Chatman, Seymour Benjamin 174
Chomsky, Noam 167
Cioran, Emil M. 80, 85
Conrad, Joseph 120
Conrady, Karl Otto 134, 185, 203, 261
Copjec, Joan 153
Corino, Karl 106 f.

Davidson, Donald 168, 171, 189, 192
Deleuze, Gilles 282
de Man, Paul 181, 188 f., 206 f., 244
Derrida, Jacques 121, 197, 282

Dinouart, Joseph Antoine 4, 70
Dolar, Mladen 140
Drawert, Kurt 254 f.

Enzensberger, Hans Magnus 275

Fellini, Federico 208
Fichte, Johann Gottlieb 45
Ficker, Ludwig von 98
Flaubert, Gustave 30, 45 f., 65 f., 82, 84, 97,
    191, 217, 223
Foucault, Michel 13, 86, 230
Frankl, Viktor 90
Franklin, Benjamin 187
Frege, Gottlob 40
Freud, Sigmund 19, 28, 57, 59 ff., 62, 74, 84,
    90, 189, 229, 281
Frey, Hans-Jost 188
Frisch, Max 80, 91

Genette, Gérard 174, 214, 216, 219, 226
Goethe, Johann Wolfgang von 57, 72, 114,
    117, 171 f., 203
Gottsched, Johann Christoph 260
Greenaway, Peter 208
Grice, Paul 193
Grillparzer, Franz 108
Grimmelshausen, Hans Jakob Christoffel
    von 185
Gröning, Philip 228
Grün, Max von der 120 f.
Guattari, Félix 282
Gutenberg, Johannes 144, 257

Hammermeister, Kai 246
Harlow, Harry 223
Haydn, Joseph 183
Hebbel, Friedrich 108, 110
Hegel, Georg Wilhelm Friedrich 24, 281 f.
Heidegger, Martin 120
Herbeck, Ernst 88
Hermlin, Stephan 106 f.
Hesse, Eva 274
Hilbig, Wolfgang 121
Hitchcock, Alfred 45, 233
Hitler, Adolf 85, 201

Hocke, Gustav René 184
Hoddis, Jakob van 88, 263 f.
Hölderlin, Friedrich 88, 172, 260, 278
Holz, Arno 262 f.
Hopkins, Gerard Manley 271
Hoyers, Anna Ovena 185
Hugo, Victor 119

Jacobs, Arthur 180, 190 f., 240
Jakobson, Roman 181, 242, 244 ff., 249, 275
Jandl, Ernst 265
Jeffers, Robinson 269
Jessenin, Sergej 90
Joyce, James 88 f., 143, 236, 246
Jung, Carl Gustav 89

Kafka, Franz 16, 191
Kant, Immanuel 174, 201, 229
Kempner, Friederike 258
Kittler, Friedrich A. 140 f., 181, 194, 265
Kleist, Heinrich von 32, 108, 143, 152 f., 175 f.
Klopstock, Friedrich Gottlieb 172, 259 ff.,
    262
Kotzebue, August von 117
Kraepelin, Emil 86
Kretschmer, Ernst 84
Kristeva, Julia 252
Kurzweil, Raymond 78

Lacan, Jacques 9, 14, 19 ff., 32, 57, 81, 85, 136,
    164, 189, 229, 235, 241, 243, 246, 248, 266 f.,
    280 ff.
Lange-Eichbaum, Wilhelm 84
Leibniz, Gottfried Wilhelm 166, 282
Lenz, Jakob Michael Reinhold 172
Lessing, Gotthold Ephraim 198 f.
Lombroso, Cesare 83
Lotman, Jurij M. 218, 230, 232, 237 f., 240
Lynch, David 208

Majakowski, Wladimir 85, 90, 245
Mann, Thomas 91 f., 108, 217
Marinetti, Filippo Tommaso 85
Mauersberger, Rudolf 90
Mayer, Hans 221
McLuhan, Marshall 167
Meister Eckhart 179
Melville, Herman 16, 120
Montaigne, Michel de 111

Montesquieu, Charles de Secondat
    Baron de 111
Monzó, Quim 236
Moreau de Tours, Jacques-Joseph 83 f.
Morgenstern, Christian 261 ff.
Morgenthaler, Fritz 86
Moritz, Karl Philipp 77
Mozart, Wolfgang Amadeus 25
Müller, Heiner 255
Mukařovský, Jan 244
Myrick, Daniel 210

Navratil, Leo 86, 88
Nietzsche, Friedrich 84, 93, 172, 191, 193,
    195, 201, 257
Nikolaus von Kues 256
Novalis (Georg Philipp Friedrich Freiherr
    von Hardenberg) 22

Ogden, Charles Kay 249
Opitz, Martin 272
Ortega y Gasset, José 84

Peirce, Charles S. 248, 282
Pindar 260
Pinthus, Kurt 134
Platon 55, 168, 199, 211, 246, 282
Poe, Edgar Allan 82
Poizat, Michel 19, 182
Pound, Ezra 274
Prinzhorn, Hans 86 f.
Proust, Marcel 35, 82

Rabelais, François 185
Raddatz, Fritz J. R. 108, 221
Räkel, Hans-Herbert 255
Richards, Ivor Armstrong 249
Ricœur, Paul 278, 233 f.
Rimbaud, Arthur 20, 269
Rizzolatti, Giacomo 168
Robbe-Grillet, Alain 223
Rousseau, Jean-Jacques 111

Sánchez, Eduardo 210
Sarraute, Nathalie 223
Sartre, Jean Paul 282, 49
Saussure, Ferdinand de 280 f., 248
Schade, Johann Caspar 185
Schiller, Friedrich 172, 201

Schlaffer, Heinz 256
Schlegel, August Wilhelm 246
Schlegel, Friedrich 141 f., 193 f.
Schnitzler, Arthur 239
Schrott, Raoul 180, 190 f., 240
Shakespeare, William 72, 195
Shelley, Mary 78, 281
Simon, Claude 223
Skinner, Burrhus Frederic 223
Sokrates 179, 249
Stanzel, Franz K. 214, 217, 221
Stein, Gertrude 270
Strindberg, August 88

Tarkowski, Andrej 208, 228
Thorndike, Edward 180
Tieck, Ludwig 193

Tolman, Edward 223
Tolstoi, Leo 119
Trier, Lars von 202, 208
Trubetzkoy, Nikolai 244

Vallejo, César 90
Van Gogh, Vincent 89
Vermeer, Jan 224 f., 228

Wagner, Richard 201 f.
Watson, John B. 180
Weinrich, Harald 190
Weißenburg, Otfried von 276
Wilde, Oscar 82
Wittgenstein, Ludwig 64, 98 f., 180 f., 247

Žižek, Slavoj 58